经济瞭望译丛

HAPPINESS, GROWTH, AND THE LIFE CYCLE

Richard A. Easterlin
Edited by Holger Hinte , Klaus F. Zimmermann

幸福感、经济增长和生命周期

（美）理查德·A.伊斯特林 著

（德）霍格尔·欣特 克劳斯·F.齐默尔曼 编辑

李燕 译

东北财经大学出版社
Dongbei University of Finance & Economics Press | 大连

辽宁省版权局著作权合同登记号：图字06-2015-41号

图书在版编目（CIP）数据

幸福感、经济增长和生命周期 /（美）理查德·A.伊斯特林（Richard Easterlin）著；李燕译.一大连：东北财经大学出版社，2017.1
（经济瞭望译丛）
ISBN 978-7-5654-2589-9

Ⅰ.幸… Ⅱ.①理…②李… Ⅲ.劳动经济学 Ⅳ.F240

中国版本图书馆CIP数据核字（2016）第296954号

东北财经大学出版社出版发行
　大连市黑石礁尖山街217号　邮政编码　116025
　网　　址：http：//www.dufep.cn
　读者信箱：dufep@dufe.edu.cn
大连图腾彩色印刷有限公司印刷

幅面尺寸：170mm×240mm　字数：268千字　印张：20.75
2017年1月第1版　　　　　2017年1月第1次印刷
责任编辑：刘东威　刘慧美　责任校对：魏冰鑫
封面设计：冀贵收　　　　　版式设计：钟福建
定价：56.00元

教学支持　售后服务　联系电话：（0411）84710309
版权所有　侵权必究　举报电话：（0411）84710523
如有印装质量问题，请联系营销部：（0411）84710711

译者前言

理查德·A.伊斯特林是最早对幸福感进行理论研究的当代经济学家。他在1974年撰写的论文《经济增长是否改善了人类的命运?》中提出了著名的伊斯特林悖论,即通常在一个国家内,富人报告的平均幸福和幸福感水平高于穷人,但如果进行跨国比较,穷国的幸福水平与富国几乎一样高。伊斯特林悖论又被称为"幸福-收入之谜"或"幸福悖论"。现代经济学是构建于"财富增加将导致福利或幸福增加"这样一个核心命题之上的。然而,一个令人迷惑的重要问题是:为什么更多的财富并没有带来更大的幸福?而这就是"幸福-收入之谜"或"幸福悖论"的表现。

本书用生动的语言和丰富的内容充分探讨了幸福与经济增长之间矛盾又复杂的关系,并且展示了幸福经济学的起源、发展及前景。本书一共分为四个部分,第一部分主要是介绍作者伊斯特林的研究经历以及他对幸福经济学所做出的卓越贡献。本书的第二部分从幸福的概念及标准开始,通过一系列的实证进行国内、国际比较以及国家时间序列研究,从而探讨了"经济增长是否真的能够改善人类的命运?""提高所有人的收入会增加所有人的幸福感吗?""幸福感与经济增长:横截面数据是否能够预测时间趋势?来自发展中国家的证据""在转型中迷失:在通往资本主义道路上的生活满意度""幸福感与全球经济增长:幸福感——收入悖论的时间序列证据"等重要议题,阐述了经济增长与幸福感之间的关系。本书的第三部分通过"收入与幸福感：建立一个统一的理论""生命周期幸福感及其起源：心理学、经济学和人口统计学""美国女性和男性在生命周期中幸福感的交叉点""欲望、成就以及满意度：美国女性与男性生命周期的差异""幸福感和领域满意度：幸福经济学的新方向""解读幸福感"等议题探讨了生命周期幸福感。本书的第四部分是结语，对书中的一些重要事项做出了相关注释，罗列了参考文献及相关索引，并对作者及编辑的生平作了简要的介绍。

近年来，随着中国经济的发展和人们收入的增加、生活水平的提高，幸福感议题日渐受到广泛的关注。在这样的时代背景下，《幸福感、经济增长和生命周期》一书的引入能够更好地帮助我们了解经济增长与自身幸福感之间的联系，有着重要的参考价值。因此，本书特别适用于相关领域专业人士阅读参考，同时也很适合对于经济学以及幸福经济学相关内容感兴趣的大众读者。

本书的翻译工作由嘉兴学院李燕全面负责，翻译中多有不足但仍力求完整真实。在漫长的翻译过程中，译者受到了很多人的启发和帮助。首先要非常感谢一直关心和支持我工作的父母以及家人，尤其是母亲每每看到子女深夜工作担忧到无法入眠令儿深感不孝。其次要真诚地感谢那些曾经陪伴或者围绕在我身边的可爱的学生们，是他们虽然朴实甚至粗简但执着又真诚的行动感染和鼓励着我，让我每每想放弃又舍不得放弃，他们分别是檀靖、陶锡钰、施燕菲、陈秀秀、陈蓓蕾、舒若尘、王俪蓉、王梦、肖敏、方子晨、金雨亭、沈蓉、严芸芸、叶韵、植楚善、缪茂行、缪章仪、叶建华、杨陈、许慧等。还有身边的榜样——清华大学的"书神"冯立表弟，表弟对学术的单纯和执着感染了我，让我对梦想不敢轻言放弃。谢谢这群可爱的人，如果有遗忘掉谁的名字，请原谅我的匆忙，你们的帮助会永远留在我的心中，再次衷心感谢！最后要特别感谢一直耐心等待、鼓励和包容我的东北财经大学出版社刘东威编辑和刘慧美编辑以及众多不曾见面但已经亲如朋友的其他编辑们，谢谢你们的支持和鼓励，陪伴我到如今。

限于译者的水平，翻译中的错误和疏漏之处在所难免，恳请广大读者批评指正。

译　者

2016 年 12 月

德国国际劳动市场研究学院颁发的劳动经济学奖获得者

2009年   理查德·A.伊斯特林（南加州大学）

2008年   理查德·莱亚德（伦敦经济学院）

          斯蒂芬·J.尼克尔（Nuffi 老年大学）

2007年   理查德·B.弗里曼（哈佛大学）

2006年   戴卫卡（加利福尼亚大学伯克利分校）

          艾伦·B.克鲁格（普林斯顿大学）

2005年   戴尔·T.莫滕森（西北大学）

          克里斯托弗·A.皮萨里德斯（伦敦经济学院）

2004年   爱德华·P.拉齐尔（斯坦福大学）

2003年   奥利·C.阿申费尔特（普林斯顿大学）

2002年   雅克·伯明瑟（哥伦比亚大学）

德国国际劳动市场研究学院
劳动经济学奖委员会颁奖声明

　　德国国际劳动市场研究学院将2009年的劳动经济学奖授予了理查德·A.伊斯特林（南加州大学）。在众多开创性的文献中，他证明了人类行为中物质欲望以及相对经济地位的重要性。他的工作为传统经济学分析范畴的扩充奠定了基础，并且深化了我们对一些重要领域中的行为（如生育选择、劳动力市场行为以及个人福利）的决定性因素的理解。

　　在其两大开创性书籍——《人口、劳动力和经济增长的长期波动》（1968年）、《出生和财富》（1980年）以及一些有影响力的论文中，理查德·A.伊斯特林为这一全新观点的发展奠定了基础，即经济实力影响人口规模；反过来，经济实力也受人口规模的影响。他的中心思想，即所谓的"伊斯特林假说"或同一队列（cohort）规模假说，假定同一队列中经济和社会财富在相对值上往往呈现出截然不同的特征。

　　根据伊斯特林的说法，这种效果是由同一代人在青少年时期对于物质的渴望所引起的，以他们父母的经济收入作为比较的基准。这些同一队列中的人在经济繁荣时期长大，因而形成了对于自我高收入的渴望。与他们的期望相比，这些同一队列中的人往往面临着比较糟糕的前景。因为家庭、教育系统和劳动力市场中的拥挤机制（crowding mechanisms），导致这些同一队列中的人经济成功的可能性相对较低，而且一个更大的同一队列很可能会带来更多的家庭兄弟姐妹；反过来，又可能导致每个孩子对父母的时间和家庭资源的一个稀释。由于人力和物力资本存量在教育系统中往往相对稳定，因此在较大的同一队列中的学生，其人均资源也同样较低。这两种机制都会导致这种同一队列中的人其受教育质量的下降。最后，大规模的年轻又毫无经验的同一个队列中的工作者，进入劳动力市场往往会伴随着相对较低的工资和较高的失业率。最终，该队列中的人相比其欲望水平往往会感觉被剥削。为了能跟上自己的欲望，这样的一个队列很可能会表现出比预期低的出生率，生育一个更小规模的有着相对较低物质欲望的后继队列。伊斯特林的研究结果激发了学者们对生育和家庭决策进行经济分析的兴趣。通过整合人口学（demography）、心理学（psychology）和社会学（sociology）的多方观点，同一队列的规模效应有助于更好地理解一些现象，如生育能力的长期波动，以及劳动力波动和商品市场状况等。

对个人幸福感的分析，理查德·A.伊斯特林也做出了开创性的贡献。在他1974年所写的一篇名为"经济增长是否改善了人类的命运？"的文章中，他发现了现在被称为"伊斯特林悖论"的理论，即在各国主观幸福感的横截面分析中，平均而言有着较高收入的人幸福感更强。然而，收入与主观幸福感之间的关系并不存在于时间序列分析中。人们经常会发现，经历经济增长的国家并不一定会"更加幸福"。此外，比较各国的福利措施，发现只要物质财富能够满足关于服装、食物或住房的基本需求，幸福感就不会因国民收入的变动而有太大变化。

并且，伊斯特林认为，对相对收入的关注和欲望的形成，是这个令人费解的发现的关键。一旦基本需求得到满足，如果不是伴随着社会相对地位的提高，绝对收入的增加并不能提高幸福感。同时，收入的增加也会引起收入和消费需求之间的一个相互适应。伊斯特林对幸福感的研究使得众多经济学家和其他社会科学家开始系统地分析主观幸福感（subjective well-being）和社会经济特征，如婚姻状况、健康以及就业率之间的关系。相对收入和经济行为的物质欲望之间的关联性现在得到了广泛的认同。例如，它们有助于更好地了解女性的劳动供给决策以及失业者的求职。一些最近被"行为"经济学家所关注的重要理论，如参考-依赖效用（reference-dependent utility）理论或不公平厌恶（inequity aversion）理论，都吸取了伊斯特林早期研究的精髓。因为伊斯特林预测了采用心理学概念来分析经济学市场决策的潜力，所以他被认为是将心理学动机融入人类行为的经济学模型的一位先驱。

在如何衡量社会发展方面，伊斯特林的工作也同样影响着政治辩论。最近，世界各地的许多政府都发起了倡议，要结合主观幸福感研究中的见解来评估社会财富，而非仅仅关注一个有关国家收入的狭义概念。在方法论的尺度上，伊斯特林对调查技术的谨慎使用也增加了经济学家以主观标准作为可靠的工具来分析人类偏好与决策的信心。学术研究的最新进展是——至少有10 000篇研究论文被列在了"世界幸福感数据库"中——这表明伊斯特林关于幸福感衡量的主观和客观标准相互补充的梦想正在不断实现。

除了作为两大重要且不断发展的经济研究领域的创始人之一，理查德·伊斯特林还是一位非常富有创造性的学者。在过去的50年里，他在刊物上发表了大量的文章，如《美国经济评论》、《季度经济杂志》、《经济杂志》、《国家科学院学报》、《经济行为和组织杂志》和《经济史杂志》。理查德·A.伊斯特林于1953年获得宾夕法尼亚大学博士学位，目前是南加州大学的经济学教授。他是美国国家科学院院士，美国经济学会杰出研究人员，同时也是美国艺术与科学学院以及计量经济学会院士，古根海姆研究所前研究员。伊斯特林曾担任美国人口协会、经济史协会主席。他还曾就职于《美国经济评论》、《经济文献杂志》、《经济史杂志》、《人口经济学杂志》以及《经济行为和组织杂志》等期刊的编辑委员会。

乔治·A.阿克洛夫　　　加利福尼亚大学伯克利分校
马可·卡利恩多　　　　德国国际劳动市场研究学院
理查德·波茨　　　　　伦敦商学院，欧元区经济政策研究中心
简·海维那　　　　　　密歇根大学安娜堡分校
克劳斯·F.齐默尔曼　　波恩大学

致谢

　　首先我要感谢杰奎琳·茨威格，她耐心且专业地帮助我收集和筹备了本手稿。其次还想感谢与我合作的作者，他们非常友好地同意在这本书中发表我们的共同作品，他们是：劳拉·阿比奥拉（第5章）、恩里科·马瑟利斯（第8章）、安科·C.普莱格诺（第9章）、昂尼查·索昂法（第3章和第10章）。因为德国国际劳动市场研究学院颁发的劳动经济学奖，才使得这本书有被出版的可能，为此我要感谢协会主管——克劳斯·F.齐默尔曼和其他协会奖委员会成员（乔治·A.阿克洛夫、马可·卡利恩多、理查德·波茨、简·海维那）。我还想感谢德国国际劳动市场研究学院的工作人员，特别是霍格尔·欣特，他们在许多方面帮助过我。

理查德·A.伊斯特林

目录

第一部分

编辑引言：塑造幸福经济学
——理查德·A.伊斯特林的奠基性贡献

霍格尔·欣特和克劳斯·F.齐默尔曼

难道非得是全球经济危机和金融危机才能提醒我们，仅有金钱和物质财富并不能使人幸福吗？好像一直都是这样。尽管世界各国都忙于应对近期危机所带来的冲击，但是对于那些将幸福感和生活满意度作为要件包含在内的福利替代指标，已经出现了不断增长的需求。

然而这种印象，很误导人。一个历史悠久的经济学科分支不断地将行为经济学的成果考虑进来，从而提供了对"幸福经济学"和"个人福利"之间的深入分析。公认的幸福经济学科的奠基人——理查德·伊斯特林，在这些领域已经取得了多项开创性的贡献。他广泛而创新的方法已经对整个学术界产生了深远的影响，并将持续影响着学术研究乃至更多领域。

近年来，这一研究领域的知名度和它的开拓者们都在大幅增加。举例来说，正如社会科学引文索引（SSCI）显示的那样，伊斯特林的作品已被广泛地引用，尤其是在近些年里。伊斯特林1995年在《经济行为与组织》杂志中发表的奠基性文章《提高所有人的收入会增加所有人的幸福吗?》将在本书中以修订版的形式出现。这一著作在1997年至2004年间的科学研究中，平均每年有9次被引用记录。随后，引用次数在2005年激增到26次，在2008年更达到了顶峰57次。接着是2009年引用的次数达到了41次，并且在2010年10月被额外引用了36次。因此，这篇影响力巨大的文章至今至少有超过270次的引用记录。理查德·伊斯特林的其他作品也经历了类似的引用高潮，特别是在一些具有很高影响因子的期刊中，这表明，直到今天伊斯特林的作品仍十分具有影响力。

而这一领域的文章数量同样也在迅速增长，并日益多元化。早在十年前建立的"世界幸福感数据库"里对幸福感的研究就已经超过了 10 000 次。[1]那些来自行为经济学相关年轻领域的创新方法，往往让人很容易联想到伊斯特林的作品，即使他们得出了不同的结论。如果没有理查德·伊斯特林奠定的那些基础，很难想象"幸福经济学"会一直处于一个动态发展的阶段。

总体来说，更深入地了解财富与幸福之间的关系，是一个不断增长的强烈需求。这并不是巧合，由于气候变化，社会结构快速的变迁和惊人的南北差距（North-South prosperity gap），市场模式的局限性越来越明显。举例来说，由法国总统2008年任命的"经济绩效和社会进步标准委员会（Commission on the Measurement of Economic Performance and So-cial Progress）"，其成立在很大程度上就是受到了伊斯特林作品的启发。作为委员会的一部分，一个工作小组专职处理那些超越既定财富指标的生活质量的衡量问题。[2]事实上，这一委员会的许多声明也都是伊斯特林自己写的：

"生活质量包含了使生活更有价值的各种因素，包括那些没有在传统意义上的市场中进行交易的以及不受货币政策调控的因素。虽然在某些经济的扩展核算中，允许包括一些体现生活质量的附加元素，比如增加生活中经济福利的一些传统货币基础措施，但是其效果受限于这些政策实现的程度。非货币指标对衡量社会进步有着重要作用，近年来的最新研究成果至少在某些方面给生活质量带来了全新而可靠的标准。这些标准，不是取代传统的经济指标，而是提供一个丰富政策范畴的机会，以及使人们形成关于他们所生活的群体状态的视角。如今，他们已经具备了从研究转移到标准统计实践上的潜力。"（斯蒂格利茨，森，罗菲图西等。2009年，第216页）

在报告中，该委员会适时地重申了持续性和多样性应该被更加关注，并强调"我们的测量，从衡量经济产出转移到衡量人们福利的时机，已经成熟。"[3]

在此背景下，2009年德国国际劳动市场研究学院颁发的劳动经济学奖，对于理查德·伊斯特林来说，是一个迟到的荣誉，因为其已有的作品不仅对今天的经济学研究，而且对近来关于幸福感的政策争论，都产生了深远的影响。德国国际劳动市场研究学院认为其关于行为与个人经济学的研究项目，以及就业和发展的研究项目，都与伊斯特林的研究工作有着特别密切的联系。德国国际劳动市场研究学院的一项长达十几年的研究表明，伊斯特林已经发表了一系列对于德国国际劳动市场研究学院具有影响力的文章。总部设在德国国际劳动市场研究学院的《人口经济学杂志》编辑委员会，伊斯特林自其创办之初就任职其中。劳动经济学作为德国国际劳动市场研究学院研究的重点，伊斯特林对其的影响是不容置疑的。福利、社会地位、劳动力市场状况和收入之间的关系是众多个体行为如就业积极性、女性劳动力参与率、创业能力以及政治活动的一个关键性的决定因素。此外，伊斯特林关于生育能力的相对收入假设是人口经济学的核心理论，而这一领域与德国国际劳动市场研究学院在劳动经济学上的研究，也有着十分紧密的联系。

德国国际劳动市场研究学院在其授奖声明中强调了伊斯特林在证明物质欲望和相关经济地位对于人类行为的重要性方面发挥的主导作用。

"他的工作，为扩大传统经济学研究的范畴奠定了基础，并且加深了人们对如生育选择，劳动力市场行为，以及个人福利等几个重要领域行为的理解……他的中心思想——所谓的"伊斯特林假说"或队列规模假说（cohort size hypothesis）——假定同一队列的经济情况和社会财富往往呈现出截然不同的情况……理查德·伊斯特林的研究结果激发了对于生育能力和家庭市场决策方面经济分析的兴趣。通过整合人口学、心理学和社会学的多方观点，队列规模效应有助于更好地理解一些现象，如生育能力的长期波动，以及劳动力波动和商品市场状况等。"

与伊斯特林关于个人福利的研究有着同等重要的地位是"伊斯特林悖论"，它已经成为这一研究领域中家喻户晓的理论。尽管从国家内部主观幸福感的横截面分析来看，较高的平均收入确实宣告了较高的幸福感水平，但是收入与主观幸福感之间的关系，并没有在时间序列分析中得到一致的体现，即国家经历了经济增长后不一定会感到"更加幸福"。同时，来自不同国家的衡量结果也表明，一旦物质财富满足了基本的基础性需求，幸福感并不会随着国民收入而继续剧烈波动。

一旦基本需求被满足，如果不是伴随着社会内部相对地位的提升，绝对收入的增加并不会进一步提高幸福感。这个悖论不仅与人类行为相对于工作动机、激励机制和工资的分析息息相关，而且与社会凝聚力和福利制度改革方面的研究也有着重要的联系。如果收入的增加会引起对收入和消费欲望的相应改变，那么公司雇用战略以及公共政策就不得不考虑这一理性的悖论了。

　　基于伊斯特林的发现，基础性研究已被用于探讨社会经济、卫生和就业状况与个人福利之间的关系。从理查德·伊斯特林的开创性工作到近代行为经济学的发展有着一个明确的主线，旨在将心理学和经济学融为一体。德国国际劳动市场研究学院在这一领域的国际声誉，在一定程度上必须归功于伊斯特林。

　　理查德·伊斯特林也认为自己是一个"顽固的经济学家"。他的研究显示，经济学超出其原有领域仍然十分有效，因此理所当然地被视为是一门社会科学。2009年德国国际劳动市场研究学院颁发奖项表彰其在超越传统经济学领域限制，拓宽专业视野上所做的贡献。事实上，经济学家、社会学家、心理学家甚至神经科学家都不断发现：共同的基础和互惠互利已经被像理查德·伊斯特林这样的科学家当作是一个值得称赞的趋势。正如他的座右铭说的：做一个经济学家很好，但成为一个社会科学家更好。

　　本书提供了一个关于非凡终身成就的真实记录，其中包含了理查德·伊斯特林一系列开创性的论文。通过作者的重新编排与富有深思性的引言和结语，使得这成为一本任何对经济学分支有兴趣的人都不能错过的新作品，它对塑造全球社会的未来具有重要意义。

　　同时，见证伊斯特林的报告如何形成最终的结论也十分有趣。上面提到的"经济绩效和社会进步度量委员会"的主旨，就是更好地整合可持续发展的各个方面，而将主观幸福感纳入财富衡量。实际上这种想法，并不能保证在实践中被实现。事实上实现这一目标正是伟大的幸福经济学先驱——理查德·伊斯特林的终极目标，他的确是真正幸福感研究的先驱。

第二部分

经济增长与幸福感

1970年，我有幸来到加州斯坦福大学的行为科学高级研究中心，在这里经济学家们有机会与来自其他社会科学领域的学者进行交流。我相信，是一位社会学家引起了我对于那些，偶然包含了一些对个人幸福感浅显提问的公众意见调查的关注，例如"将所有因素综合起来考虑，你认为自己这些日子过得如何——你会说自己是非常幸福的，相当幸福的，还是不太幸福的？"

作为一名在西蒙·库兹涅茨接受过关于经济增长实证研究训练的经济史学者，我感兴趣的是：是否正如大多数经济学家所坚信的那样，现代经济增长会带来人类幸福感的增加？在本书的第1章，我试图回答这个问题。然而答案是自相矛盾的。尽管在某个时间点上，平均而言收入较高的人确实比收入较低的人感到幸福；然而，随着时间的推移，在现代经济增长中，随着收入普遍增加，幸福感的平均水平并没有提高。

在最初的研究中，关于悖论的时间序列证据仅与美国相关。本书中第二部分的剩余内容，主要反映了一个将关于幸福感与收入悖论的研究扩宽到建立实证范围的进步。而这也适用于其他发达国家吗？本书的第2章将进行讨论。那么，对于欠发达国家是否也同样适用？本书的第3章将进行讨论。而本书的第4章，将讨论国家体制的适用性问题？这一研究反映出，调查幸福感的新数据在逐渐扩充，特别是基于欧洲晴雨表（Eurobarometer）和世界价值观调查（World Values Surveys），已经能够提供大量的长时间序列来进行分析。研究同样被20世纪90年代中经济学家对幸福感的实证研究所激发，而且在很大程度上是得益于安德鲁·奥斯瓦尔德及其同事的工作。关于悖论实证范围问题的回答，则是基于目前为止所得到的数据。悖论是否看起来能在世界各地各种类型的国家，如发达国家、贫穷国家和转型国家都适用呢？（详见本书的第5章）。

然而，幸福感只是在短期是变化的。正是由于没有认识到，短期内幸福感与收入之间的联系是正相关的而在长期它们之间无相关关系的这一区别，所以才导致许多分析者对幸福感-收入悖论（happiness-income paradox）提出了质疑。事实上，最初关于美国幸福感稳定性的发现，源自一个跨越了25年的幸福感山型移动轨迹的研究成果，在这段期间，幸福感曲线最初上升，紧接着下降，最后在周期的尾部逐渐回归到它最初的水平。其他研究学者还发现，幸福感与发达国家的商业周期波动呈正相关关系（迪特利亚，麦卡洛克和奥斯瓦尔德，2001）。而在发展中国家中，幸福感的波动更有可能与经济情况的短期和长期波动有关。然而迄今为止最具戏剧性的幸福感时间序列变动证据，是在对中欧和东欧的转型国家的研究中发现的。这些国家在20世纪90年代经济产出经历了急剧的崩溃和复苏，他们的幸福感也伴随着相类似的变动（详见本书第4章）。一些分析人士指出，在经济复苏时期这些国家的幸福感与GDP呈正相关关系，以此作为对"幸福感-收入"悖论的反驳。然而，这样的推断并没有充分考虑经济复苏之前的幸福感。当考虑这一因素后，这一矛盾将不再存在。而且伴随着变迁，并没有发现显著的幸福感长期变化趋势。（详见本书第4章和第5章）

那我们该如何解释幸福感-收入悖论呢？我认为，谜题的关键在于主观变量，物质需求和家庭收入等客观因素之间的相互作用。在某个时间点上，个体间物质欲望的差异远远小于他们家庭收入之间的差距，因此那些较高收入的人相对地更能够实现他们的欲望，从而感到更加幸福。然而，总体来说，物质欲望的上升，在平均值上与平均收入保持着大致相同的比例，但更高的收入会带来额外的对于幸福感增加的抵消（详见本书第2章和第5章，同样还有第6章）。不管是在经济学还是其他社会学科中，与欲望直接相关的实证研究都是非常难得的（但范普拉赫先生的成果却是幸福经济学中的重要的例外（详见范普拉赫和弗里吉特斯在1999年所做的一项很好的调查和司徒泽在2004年所作的一份调查）。一些关于欲望的直接证据将在本书的第1章和第2章给出，同样可见书中的第三部分（详见第6和第9章）。希望在未来的时间里，严谨的实证研究能够转向关于欲望的直接实证分析，而不是现在这种常见的从一个理论模型中间接地推导出欲望的做法。

在长期关系缺失的情况下，我们该如何协调幸福感和收入之间的短期正相关关系呢？在第5章中所给出的答案认为，幸福感对于收入存在着不对称反应，反映出"损失厌恶（loss aversion）"的心理现象。人们可以愉快地适应收入的增加，他们的物质欲望会随着收入增加而相应地提升。但是物质欲望的下降却不是那么灵活的，因为人们一旦达到一定的收入水平，他们的物质欲望就会坚持在这个参考点之上。

为什么即使商品和服务的流通有了显著的提高，幸福感依然没有得到改善？第4章给出的证据指向转型时期中除物质商品以外的涉及个人安全感的其他相关因素的普遍恶化，如工作，健康和儿童保育。显然这是一个实质性的政策利益问题，但我们不大可能从中学习到什么——这些经验与转型本身相比，对于当代经济研究来说依然处于一个封闭的状态。

在本书中，一些如幸福感，生活满意度、净影响等概念，都是可以互换使用的。但也有充分的研究，特别是在心理学上的，证明这些概念虽然有关系，但并不意味着是完全相同的事情。衡量指标多样性的问题并不是幸福感研究所独有的，它同样适用于许多概念，比如经济学中的贫困和失业。在这里我的兴趣，并不是什么才是幸福感正确的衡量指标。更确切的问题应该是随着时间变化，不同的概念是否会产生实质上截然不同的画面？例如，一项大约在20年前由美国人口调查统计局（U.S.Bureau of the Census）（1992年，第17页）所做的研究，确定了15种贫困的衡量指标，其数值范围在1991年就包括了从一个10%左右的最低值到两倍于该值的最高值。但是这些衡量指标所给出的每年或更长时间间隔的变动状况，却是非常一致的。例如，在1979年到1991年这段期间内，贫困率增加的百分点都是在2.2到2.7点之间。可见对于贫困"最佳"定义的选择问题，对于贫困是否增加或减少，以及增加多少或减少多少的答案几乎没有影响。对于不同的主观幸福感概念，在长期变化时显示的一致性，相关研究做得很少。我们在这里尝试比较了可靠的数据，发现不同的主观幸福感衡量指

标有着惊人相似的变化路径。（详见本书的第3章）

一个与幸福感——收入悖论相关的重要教训就是，时间点（横截面）数据不足以成为推断长期变化的基础。幸福感与收入之间的正向横截面关系在国家内部以及国与国之间都能说得通，但是却并不适用于时间序列数据（详见本书第3、5章，伊斯特林，2005a）。然而关于幸福感的大多数论述，无论是在经济学、心理学还是其他社会科学中，都是基于时间点数据的。

对于横截面分析的偏爱，无疑在部分程度上，是由于比起一系列的年度数据，单一年份数据更加容易读取使用。此外，这里使用的时间序列数据类型都有着自己的特殊问题，而且很少有研究可以用来指导分析者如何系统地去处理这些问题。现如今的研究所显现出的困难是，幸福感问题或者答复选项可能一次又一次地发生着改变，从而改变了之前所给出的答案。当我们了解到这一情况，我们将数据进行汇总并在环节中使用了不同问题的虚拟变量。这些虚拟变量的值测量着因为一个调查问题或答复选项的改变而导致的相应水平上的平均移动。即使幸福感问题本身是保持一致的，但是，前期的问题可能会改变，而且这样的改变有时将会影响对幸福问题的后续效应。对于这个问题，解决方案之一就是集中考虑那些前期问题是在一致的年份中的幸福感观察值，这里所使用的一个程序在本书第5章中的欧洲晴雨表调查分析中也会用到。另一个在对发展中国家的世界价值观调查中经常遇到的问题是，调查的地理覆盖范围在长期会发生变化。如果可能的话，我们会尽量通过构建不同时期覆盖相同人口数量的序列来减少这种转变所带来的影响。有时，一项调查也会包括对主观幸福感的不同衡量指标的提问，比如幸福感、生活满意度，又或是财务满意度，从而使我们能够检测这些衡量指标的时间序列运动的一致性。又或者，不同的调查组织可以通过相同的衡量指标来组织独立的调查，使我们能够从不同的来源去检验时间序列的一致性。

已经有越来越多的人对那些长期追踪研究相同个体的专门小组调查有

兴趣，这成为一种广受欢迎的趋势。但由于长期研究中样本的消耗以及新的指标的编入，专门小组调查涉及众多重要的附加问题（伊斯特林和普拉尼奥尔，2008，详见附录B），不过这里没有研究它们，仅仅是因为缺乏数据的原因。

这样的介绍目前只集中于接下来的章节中——研究成果、解析、概念、研究方法以及隐含地假定对主观幸福感衡量指标的接纳。但是这些衡量指标都是相当新颖的，因此总是会担忧它们的意义性。这些担忧在自然界可能是非常常见，或相当具体的。

例如，一些经济学家轻易否定了在民意调查中征集到的所有主观证词。他们坚称"人们怎么做的，比怎么说的更加有意义"（福克斯，1983，第14页，详见原文中的强调部分）。这种观念导致了"硬数据"如出口或就业数据，与在公众意见调查中收集到的那些"软数据"之间进行区别对待。例如，在2007年的一次书评中，一位诺贝尔奖得主断然声称"作为一位经济学家，在这篇评论中我关注的是，作者对有力的统计数据的大量收集，而不是民意调查"（普雷斯科特，2007，第F648页）。

事实是，除了惯例以外，即使有所谓的关于国家产出的"硬"数据，被现代国民收入测量之父——西蒙·库兹涅茨所反复强调的范围、净值以及估值等问题，也从来没有得到解决。（库兹涅茨，爱普斯坦和詹克斯，1941；库兹涅茨，1948）而且如果这些衡量指标如膨胀率和失业率都是"硬指标"的话，那么为什么多年以来，没有成立一系列政府委员会来检验、评估，或修改这些衡量指标呢？正如上面所提到的，对于一个政府所公布的"贫困率"，给出了15个衡量的变量，"硬"数据？经济学家们已经习惯于不完美的数据是他们工作的重要组成部分，以至于他们忽视了这些数据中可能的偏差，甚至忘了他们的存在。但当他们开始应用那些不太熟悉的数据，比如公民意见投票时，经济学家们很快发现了自己的不足，并将这些数据作为"软"数据进行搁置，其实就是"没有意义"的一个委婉说法，同时也是一种避免新的研究发现破坏长期持有的信念的便利方式。

当然，事实是，在没有符合理想化概念的数据的条件下去研究和评估每一组数据与手上问题的潜在关联，正是学科专家的任务。公众意见调查所依据的学科，特别是社会学和心理学，对于其数据问题及解决方案已经发展出了实质性的方法论文献。这种文献，对于经济学中遇到的数据问题，既可以以一种寻找借口忽视这些数据的观点来阅读（伯特兰和穆兰纳森，2001），也可以作为如何明智地使用这些数据的有利指导。希望"硬"和"软"的数据之间的这种人为区别有朝一日会消失，取而代之的流行认知应该是，研究问题的关键在于所使用的数据中的偏差是否有可能会导致结论的严重扭曲。

与某些经济学家看法正好相反，许多心理学家对人们说的话特别感兴趣。这使得他们去仔细观察一些数据，尤其是那些本书中所使用的关于主观幸福感的自我评价数据。

例如，有这样一个问题：个体的自我评价一天天地不断变化，是否是由于个人的瞬间情绪波动？答案似乎是否定的，跟踪相同个体的长期数据调查显示，自我评价具有相当的一致性，表明主观幸福感问题也是一个相当稳定的感觉。

但是人们是否如实地反馈了他们关于幸福的感受？又或者人们是否能够真正理解那些概念，比如幸福感？答案似乎是肯定的。当其他人——如配偶、家庭成员、亲戚、朋友、专业治疗师——被要求评价一个调查中受访者的心理健康时，外部观察者们的评价与受访者的自我评价之间有着相当的一致性。同样，压力测试脑电波研究，以及面部表情与自我评价报告都是一致的。

不同个人的自我评价报告是否具有可比性？即使每个人都真实地报告着一个日复一日高度稳定的幸福感基本感受，但是人与人之间关于幸福感的定义难道是一样的吗？确实，当关于幸福感的问题被提出时，当下并没有任何关于幸福感含义的指导准则，每个受访者都可以自由地根据她或者他自己所独有的概念来进行回答。然而，当调查对象被问到什么东西使他们感到幸福和开心时，他们作为幸福感来源的答案有着高度的一致性：最常提到的通常是物质生活水平、家庭关系、健康和工作。事实上，在世界上所有的国家中，大多数人都将这些命名为对于他们来说，所谓幸福感的最重要的东西。（详见第1章，伊斯特林，2000，第9页，表1）这种存在于幸福感来源中的一致性，再三思考一下，其实并不完全令人惊讶。那些对于幸福感来说最为重要的细节，其实就是那些占据了人们大部分时间，在人们的生活中无处不在，并且人们往往感觉自己拥有一定控制权的东西。这表明，被大多数人用来评价他们幸福感的标准是相当类似的，因此如果不是个体而是人们的群体反应，是具有相当的可比性的。这一结论的实证支持，是由在微观幸福方程式中所发现的，跨越了众多国家的高度一致的结果所提供的。（奥斯瓦尔德，1997；布兰奇弗劳尔，2009）

在接下来的第二部分和第三部分，我已经校正了原始资料，删除重复的部分，并进行了缓和的过渡，使论文的本质保持不变。但有关幸福感的原始论文是一个例外（详见第1章），除了两个小的改动以外，大部分都与其第一次出版时保持了一致。

第1章 经济增长真的能改善人类的命运吗？一些实证证据[①]

　　摩西·阿布拉莫维茨在1959年发表了一篇名为"国民收入和产品的福利解释"的文章，在文中他总结道"我们必须高度怀疑，福利增长率的长期变化甚至能够大致上从产品增长率的变化中估计出来的观点"[1]，并呼吁"进一步思考国民收入增长率中那些长期缓慢的变化以及那些可以提供素材和巩固性的资料以进行分析的实证研究的意义"[2]。

　　本章就是本着这种小心翼翼呼吁的精神所撰写的，它汇总了在19个国家中组织的关于人类幸福感的调查结果，这些调查包含了自第二次世界大战开始以来一段时期发达国家和欠发达国家寻找关于收入与幸福感之间

　　① 本章是Easterlin,R.(1974年)《经济增长是否改善了人类的命运?》的一个修订版。参见：David,P.A.,Reder,M.W.(Eds.),Nations and Households in Economic Grouwth：Essays in Honor of Moses Abramovitz,New York,89-125,reprinted with permission from Elsevier.原稿受益于我在1970—1971年当研究员的加利福尼亚州斯坦福行为科学高级研究中心提供的机会和便利。在此期间，我虽然无法感谢所有使我受益的人，但仍然需要特别对Elliot Aronson,Leonard Berkowitz,David Krantz,William H.Kruskal,Amos Tversky,and Stanton Wheeler表示感谢。我还要感谢杰克迈耶在统计上的帮助。这项研究部分受到了美国国家科学基金会的资助，编号为GS-1563。论文的第一份草稿发表在1971—1972年间，并引起了许多积极的、有价值的响应，因此它尽可能地在这个版本中考虑到了少数的意见。为此我特别要感谢Paul A.David,Stefano Fenoaltea,Henry A.Gemery,J.Robert Hanson,Alex Inkeles,John C.Lambelet,and Melvin W.Reder.

联系的证据。是否社会中的富人群体通常比穷人群体更加幸福？富有的国家与贫穷的国家对比的情况又是如何？——是否更发达国家普遍地更加幸福？在经济发展过程中，随着一国收入的增长，是否也会促进人类的幸福——是否经济增长真的能改善人类命运？

当然，幸福感并不仅仅局限于经济福利。阿布拉莫维茨指出，"从庇古开始，经济学家已经普遍地能区分社会福利（social welfare）或者说广义福利（welfare at large）与狭义的经济福利的概念"并且"国民产出……被认为是客观的，可衡量的经济福利对应部分"（第3页）。幸福感对应着比社会福利或者广义福利这两个词更加广泛的概念。然而，正如阿布拉莫维茨所指出的，经济学家往往会忽视这两个福利概念之间可能的分歧，并采用庇古的名言"这里有一个明确的假设，那就是经济福利中的改变，如果不是在同一程度上也是在同一方向上标示着社会福利中的变化"（第3页）。正是这一名言，应用于经济增长之上的研究，是本章关注的重心。是否这就是经济增长与社会福利也就是人类幸福是正相关的证据？

"幸福感"这个术语，在经济学文献中虽然不够严格，但是仍被断断续续地使用。[3]然而，据我所知，这是第一次，尝试去着眼于实际的数据。本章的开篇部分致力于有关幸福感概念和衡量的一个略显啰唆的讨论，同样情况的还有这项研究中的术语。第二部分给出了实证分析的结果，而第三部分则是对研究结论的一个解析。简单来说，结论是证据基于一个很好的理由支持了阿布拉莫维茨对于产出和福利之间的一个正相关关系。那就是产量的增长本身就会造成人类欲望的增加，从而否定了其对于福利的预期正面影响。

1.1 幸福的概念和标准

1.1.1 概念

这里使用的基础数据，来自个体对于自己主观幸福感的陈述。这些自我评价有时意味着"公开声明的"或"宣告的"幸福感，强调了他们可能没有准确地反映受访者感受真实状态的可能性，而这种可能性将会很快得到验证。

数据有两种类型。第一类数据由那些对一个盖洛普民意测验类型的调查（Gallup-poll-type survey）的答复组成。在这项调查里，一个有关以下排序的问题会被直接问道："一般情况下，你会怎样描述自己的幸福感程度——你是非常幸福，还算幸福，还是，不是很幸福?"有些时候，事先还会要求受访者陈述一个问题：那就是："就你而言，'幸福感'这个词意味着什么?"

另一组数据来自一个更加复杂的过程。是由坎特里尔（Cantril）（1965）在一项对世界上14个国家的人们关于希望、恐惧和幸福感的开拓性研究中所设计的。由于坎特里尔的研究在接下来的分析中被认为是非常重要的，所以非常值得花大篇幅进行引述。他以一个他所称的"自我定位奋斗量表（Self-Anchoring Striving Scale）"的描述作为开篇。

"一个人被要求根据自己的假设、认知、目标以及价值观来定义这样两个例子，或者那些需要某些尺度衡量的系列定位点——例如，他可能会被要求定义所谓的"顶"和"底"，"好"和"坏"，"最佳"和"最差"。这种自我定义的连续统一体，将作为我们的测量手段。

尽管自我定位奋斗量表技术可以用于多种多样的问题，但在本研究中，它是被用来作为发现一个人所关心或关注的，并用来评估他自己生活价值的方法。他描述他所渴望和期望的顶部定位点，就是他自己所设想的，如果实现了将会构成他最好的生活。而在另外的极端，他描述了担忧和恐惧，当务之急和挫折，那些体现在他的理念里关于自己能够想象到的最糟糕的生活。然后，利用一个非语言阶梯方式（a nonverbal ladder device）显示一个从 0 到 10 的范围，象征着"生活的阶梯"，他被问到，认为当前自己站在阶梯的什么位置，顶端便是他所定义的最好的生活，底部是他所定义的最糟糕的生活……

关于受访者的真实问题以及附加说明的操作指南，如下所示：

（A）我们所有人都想要从生活中获得某些事物。当你思考自己生活中真正重要的事物时，什么才是你今后所渴望和期望的？换句话说，如果让你想象自己将来最美好的时光，那时你的生活看起来会是什么样子？你是否会变得快乐幸福？不要着急，慢慢回答，这样的事情用语言来表达并不那么容易。

调查可选项：你对未来的希望是什么？你的生活要成为什么样才会使你完全幸福？缺少的有什么能使你感到幸福？（如果有必要，也可以使用"梦想"和"欲望（desires）"字样）

调查必选项：还有其他的吗？

（B）现在，考虑另外一种情景，关于未来，你害怕和担忧的是什么？换句话说，如果让你想象自己未来生活最糟糕的时候，那时你的生活看起来会是什么样子？再一次，请慢慢来思考回答。

调查可选项：什么会使你感到不开心、不幸福？（突出"恐惧"和"担忧"这两个词）

调查必选项：还有其他的吗？

这是一张阶梯形状的图片。我们假设，阶梯的顶部（指向）代表了对你来说最美好的生活，底部（指向）代表了对你来说最糟糕的生活。

（C）你觉得自己目前站在这个阶梯的哪个位置？（在梯子图形上快速向上下移动光标）第几步？"（第 22 页到 23 页；详见原文中斜体部分）

这一技术由此产生出每一个体在一个从0（代表最糟糕的生活）到10（代表最美好的生活）的自我评价中的等级，这里的"最糟糕"和"最美好"都是由每个人自己所定义的。这一调查还要求取得对过去和未来的个人排名的当前评价，以及国家作为一个整体情况下每个个体评价的一个同类集合（similar set）。而在目前的分析中，仅仅使用了每个个体在调查当下他自己的个人幸福感等级。由于这与主观幸福感相关，因此宣告个体此时此刻的感受，可能比起那些在其他情况下个体可能的感受或过去的感受更加精确。

尽管盖洛普民意测验和坎特里尔阶梯研究法（Cantril approaches）的研究过程各不相同，但它们潜在的幸福感含义在本质上却是相同的，它们都依赖于受访者的主观评价——实际上，每一个人都被认为是自己感受的最好评价者，他们看起来似乎都有着一个定义自己从不快乐不幸福到快乐幸福的精神状态的参考框架。他们的总结反映出——无论是根据盖洛普民意测验中幸福感的分类，还是根据坎特里尔阶梯研究法中一个从0到10的数值等级，都是这一参考框架下对个体当前位置的一个说明，该方法具有一定的吸引力。如果对感到幸福的人的主观满意度感兴趣的话——那么，为什么不能让每个人都建立一套自己的标准，并自己决定如何接近目标呢？

获得外部观察者评价的替代指标或试图使用幸福感的客观指标，必将导致不知道应该依赖于哪些观察对象或指标的问题。此外，尽管等级的使用基于从一个个体到另一个个体的多样化规模，但还是有可能进行有意义的比较。例如，研究两类群体，在特定时期他们可能是一个国家内所有群体的两大部分（富人和穷人）；或者整个国家两个不同时期的群体，又或者在特定的时间内的两个不同国家的群体。不管怎样，根据个人幸福感序列研究，自我评价幸福感等级时，第一类群体中的平均个体是否与第二类群体有显著差异是有意义的，即使每一类群体以及这两大群体之间应用的尺度有所不同。毕竟，在关于相对价值的意见调查中，比如民意调查，受访者形成他们评价的标准无疑是有所差别的。事实上，讨论用于评价的标准是否存在系统性差异（systematic differences）是有意义的（这一观点我们会放到最后进行讨论）。当然由于它们对受访者预期行为的影响，政治民意调查是否是有价值的也有可能存在着争议，但也许对于个人幸福感的观点，也可以这么说——一个有着低幸福感等级的个体有可能被预期与那些具有较高个人幸福感等级的人的行为有所不同。

同时，一些对于所谓有意义的数据的保留意见开始浮现。首要问题是，有着截然不同文化特征的群体其幸福概念之间的相关性。诚然，现有的做法允许每个个体去定义自己的幸福标准，但这一思想本身能在所有文化中都有所体现吗？英克尔斯（1960年）观察了幸福感，并将其与其他一些有关情绪状态的概念相对比。有迹象表明，"可能为了更好地从一种语言翻译到另一种语言"（第15页）。坎特里尔（1965）投入相当大的精力来处理这一转换的问题：

"必须克服的问题之一，是将原始问题从英语翻译成各种已有的语言。在某些情况下，这绝不是一个简单的任务，而且需要花费大量时间和专家一起才能确保将细微之处翻译得十分准确。翻译过程中经常使用的方法之一，是利用一个懂母语同时也会流利地使用英语的人，例如一个会说英语的阿拉伯人，让他把我们的问题翻译成阿拉伯语。然后那些母语是英语，也可以熟练运用阿拉伯语的人再把阿拉伯语翻译回英语，然后就可以与初始问题做出一个比较，于是通过讨论和进一步比较，问题就可以得到解决。

有需要把英语翻译成以下26种其他语言，我们按字母顺序列出：阿拉伯语、孟加拉语、宿务语、德语、古吉拉特语、豪萨语、希伯来语、印度语、伊博语、伊洛卡诺语、隆戈语、马拉雅拉姆语、马拉地语、奥里亚语、波兰语、葡萄牙语、塞尔维亚语、克罗地亚语、斯洛文尼亚语、西班牙语、泰米尔语、泰卢固语、乌尔都语、瓦雷语、意第绪语、约鲁巴语。"（第26页）

显然这样的努力得到了回报，拒答率普遍下降。从这一经验来看，幸福感是一种超越个人文化的理念。

此外，不同的文化影响个人幸福感的事项也变得十分相似。在坎特里尔的调查中，他发现通常期望和担忧会比其他情绪更加频繁地表现出来。例如，以下是一个关于美国人在讨论他们期望时频繁提到的东西，以及每样东西所占比例的列表（坎特里尔，1965，第35页）：

自身的健康	40%
体面的生活	33%
孩子	29%
住房	24%
幸福的家庭	18%
家人健康	16%
休闲时间	11%
当前生活的维持	11%
晚年生活	10%
和平	9%
宗教问题的处理	8%
工作情况	7%
家庭责任	7%
他人的认可	6%
生活水平的提高	5%
就业	5%
情感诉求的满足	5%
现代化的便利设施	5%

为了方便处理这些数据，坎特里尔（1965，第36页）将上面列出的项目进一步整理，分成9个个人期望的"通用"类别：

经济	65%

健康	48%
家庭	47%
个人价值	20%
现状	11%
职位或工作状况	10%
国际形势、世界观	10%
社会价值	5%
政治	2%

在美国人的心目中，与经济问题相关的期望似乎是最重要的，但显然幸福感的内容还没有发掘完。

对于其他国家的答复采用相同的分类，可以使坎特里尔的阶梯研究法在截然不同的国家和文化环境中比较人们的个人期望（详见表1-1）。调查显示，与经济、家庭和健康问题有关的期望反复主导着不同国家中的个人幸福感认知，其中对经济的关注是最经常被提到的。

不得不说，这些关注的具体性质通常不同（一些在这上面有关经济欲望的证据，将在这篇文章的结尾提到），而且毫无疑问，各个国家的人与人之间也是存在差异的。如果一个人面对着一个类似的关于个人担忧而不是期望的调查表，国家间的相似性也会再次出现，尽管类别的相对重要性有些变化（如通常健康相对重要性是增加的）。经过思考，不同国家调查结果的相似性是合理的。在所有文化中绝大部分人花大把的时间做的事情都是相似的——比如工作，然后尽力去供养一个家庭。因此，他们当被问及有关幸福感的问题时，表现的忧虑也是相似的。

1.1.2 衡量指标

让我们转向去处理一些有关这些数据的技术问题。首先，答复的稳定性存在问题。情感状况是如此充满变数的吗？即关于个人幸福感问题的回答，往往会在短时间内伴随着日常生活的起伏而有大幅波动吗？这个问题

表 1-1 　　　　　　　大约 1960 年左右各个国家的个人期望[a,b]

国家	个人期望									
	经济	家庭	健康	个人 价值	职位或 工作状况	社会 价值	国际 形势	政治	现状	总计
巴西	68	28	34	14	8	1	1	—	1	115
古巴	73	52	47	30	14	4	3	15	1	239
多米尼加共和国	95	39	17	15	25	2	—	9	—	202
埃及	70	53	24	39	42	9	2	4	—	243
印度	70	39	4	14	22	8	—	—	2	159
以色列	80	76	47	29	35	10	12	2	4	295
尼日利亚	90	76	45	42	19	14	—	—	—	286
巴拿马	90	53	43	26	26	3	—	1	1	243
菲律宾	60	52	6	9	11	5	—	—	—	143
美国	65	47	48	20	10	5	10	2	11	218
联邦德国	85	27	46	11	10	3	15	1	4	202
南斯拉夫	83	60	41	18	20	4	8	—	2	236

　[a] From Patterns of Human Concerns by Hadley Cantril, Rutgers University Press, New Brunswick, New Jersey（1965 年）.

　[b] 涉及期望落在指定类别的人口百分比。因为一些受访者提及的期望会落在多个类别中，故百分比的总和会超过 100%。

已经在较短时间间隔内的相同人群调查结果之间的比较中被研究了。鲁宾逊和谢弗（1969，第 17 页）报告的结论是"该问题最吸引人的特点之一，就是两次实验所表现出的坚定的可靠性"。这个结论，被本文这里使用的数据所证实了。1956 年 9 月由美国公众意见学会（American Institute of Public Opinion，AIPO）所进行的关于幸福感问题的两项调查在两周内依次完成，两者结果几乎是相同的。半年后采取的第三个民意调查结果，仍只显示出非常小的变化（详见表 1-8）。

　　另一个重要的问题，是关于幸福感的报告的有效性。人们是否能够评价自己的情感状况呢？有一个测试，尽管不是决定性的那种，但是它检验了外部观察者、专业的心理学家以及其他人自我评价报告的一致性。威尔逊（1967）将这些测试的结论总结如下（1967）：

"从这几项研究中得到的数据表明，测试者们不太同意彼此之间的评价，但他们会在不同程度上同意自我评价，并且只有少数测试者的结论与自我评价是一致的。与此同时，数据还显示出大多数测试者在某种程度上都同意自我评价，并且测试者的评估集增加了对自我评价的认同。如果事实是这样的，那么这些事实似乎都是在支持自我评价的有效性。"（第295页）

已经将关于幸福感的自我评价报告和假设能表示幸福感的衡量指标进行了比较。如身体健康的指标与幸福感自我评价报告，以及抑郁、自尊等心理状态指标之间的比较（布拉德伯恩，1969，第39页；鲁宾逊和谢弗，1969，第26-31页）在这两种情况下，自我评价报告都显示出与其他衡量指标有着预期的显著相关性。在所有这些比较中，存在着不可避免的问题是，什么才是"幸福感"的最终衡量指标？也许，最有可能被提及的是，在人们能够有效评价他们自己感受的前提下，自我评价报告与其他评价在基础上的一致性，通常会提升他们的信心。

结论还存在着另一个问题，那就是一个人是否会把他的真实感受告诉一个外来采访者。自我评价报告用其他估值进行的基础检查，也相当程度地反映出受访者的反馈是可靠的。确实，鉴于已经成功获得了个人收入、性别等相关重要信息，所以让人们陈述自己的幸福感是怎样的，似乎也并没有多大问题。然而，这正是偏差存在的重要缘由。在对调查问题答复时，受访者会被他们所认为是正确的或社会所期望的回答所影响（戴维斯，1965）[4]。因此，如果按照社会标准来说幸福是一件好事，那么由于考虑社会期望，调查的答复可能会出现上扬的趋势。

对采访的答复和自填问卷的答复进行了比较，在基于人们可能在后一种情况下会更加诚实地作答的假设下，再次尝试对这一因素进行检测。同时，很多心理测试也表明：人们的幸福感有遵从社会潮流的趋势。但有时测试会显示：社会期望对答复有一定影响，有时没有。（布拉德伯恩，1969，第38页；威尔逊，1967，第295页）

当然，如果所有的答复都有同样的偏差，那么在当前研究中就没有真正的问题了。这里关注的是幸福感和收入的关系，但真正的问题是，基于收入水平的回复中是否存在偏差。举例来说，有没有可能对于富人来说他们会感觉到被期望回答自己"很幸福"。而反过来对于穷人呢，是不是正好相反？细想起来，并不能完全确定受访者所想即为他们所期望的。尽管大多数受访者可能会觉得社会的标准是"钱使人幸福快乐"，但是也有可能其他受访者会受到"无忧无虑，穷并快乐着"观念的影响。回答的预期偏差显然是不同的，这取决于什么被认为是社会的标准。除此之外，还有一个关于标准的普遍性问题。在美国自1946年以来所谓的标准一直如此吗？或者在19世纪60年代它已经由于公众的关注度而转变为"贫困问题"了吗？在19个不同国家中标准都是一样的吗？

在幸福感问题被问到时，这一情况同样适用于思考它的内涵。如果当一个人被问及收入，然后紧接着问他有多幸福，那么他的回答可能关系到这两个问题，而且他对社会标准的认知甚至有可能会使他的回答产生偏差。然而，这里使用的盖洛普民意测验调查，幸福感的问题是与50个甚至更多的调查问题混杂在一起的，其中许多涉及当前事件，通常是政治事件。关于经济地位的问题在这些调查的最后出现并伴随着涉及个人特征的其他询问。在这种情况下，受访者在给出他对于幸福感问题的答复时，不太可能会感觉到调查者正在将其作为一个"富人"或者是"穷人"看待，从而会以自身实际的情况来回答。而坎特里尔的阶梯研究法特别关注人们的感受——他们的期望、担忧，还有他们有多幸福。然而，即使在这种情况下，关于经济地位的问题仍然会在调查快结束的时候出现。受访者在考虑问题时不会明确感到自己是一个特例，如一个穷人与一个年轻人或一个已婚，或者任何一个有着一系列其他个人特征的人并无不同。

最后，关注幸福感问题措辞的多样性是有益的。全国民意研究中心（The National Opinion Research Center，NORC）已经提出了一个与美国公众意见学会（AIPO）调查中相类似的问题，但他们关于幸福感的类别有所不同，如下所示：

	(1)	(2)	(3)
美国公众意见学会	非常幸福	还算幸福	不是很幸福
全国民意研究中心	非常幸福	相当幸福	不太幸福

第一个类别和第三个类别几乎是相似的。然而，似乎可以合理地假设许多人会认为全国民意研究中心的等级（2），"相当幸福（pretty happy），"与等级（1）很接近，而且比美国公众意见学会的等级"还算幸福（fairly happy）"还偏离等级（3）。因此，也许有人会认为，一些在美国公众意见学会投票中选择类别（1）的受访者在全国民意研究中心民意调查中将会选择类别（2），在美国公众意见学会调查中选择类别（2）的一些人将在全国民意研究中心投票中选择类别（3）。在相似的期间内，投票的结果证实了这种预期——在全国民意研究中心民意调查中类别（1）在下降，类别（3）的比例则在上升（详见表1-8，A栏和B栏）。此外，这一类别的转变在所有收入阶层中都是很常见的，在大小上也并没有什么系统性的差异。[5]转变的方向和不同收入水平下的一致性都表明，群体中的受访者对于被问到的问题，至少在某种程度上会根据他们的真实感受给出类似的答案。

然而，当所有的都已经说明并处理时，由于收入水平而导致的答复中不同偏差的可能性并不能排除，尽管规模仍不确定，但是这一前提条件必须在解释这里所提出的发现时被牢记。我个人的想法是，虽然这些偏差可能存在，但这并不足以否定收入和幸福感之间关联的结论。关于判定的最重要基础也许就是，在不同时期以及处于不同文化背景和社会经济环境下令人印象深刻的一致性。

1.2 证据

1.2.1 国内比较

更强的幸福感是否与更高的收入有关呢？首先让我们看看在一个给定时期一个国家内部不同收入群体的相对地位。

表1-2给出了在1970年12月对美国人口进行的最新调查数据。最低收入群体中，表示他们非常幸福的人并不太多，但是要比第4次调查多。而最高收入群体中非常幸福的人则几乎是第4次调查的两倍。从低到高连续的收入群体中非常幸福的比例稳步上升。这明确表明了收入与幸福感呈正相关关系。

表1-2　　　　1970年[ab]美国按收入高低区分的人口幸福感分布比例

收入 （以美元为单位）	(1) 非常幸福	(2) 还算幸福	(3) 不是很幸福	(4) 没有回答
所有组别	43	48	6	3
15 000美元以上组	56	37	4	3
10 000美元至15 000美元组	49	46	3	2
7 000美元至10 000美元组	47	46	5	2
5 000美元至7 000美元组	38	52	7	3
3 000美元至5 000美元组	33	54	7	6
3 000美元以下组	29	55	13	3

[a] 数据来源于1970年12月美国公众意见学会（AIPO）的投票结果。

[b] N=1517（样本数为1517）

这个结论有多典型？表1-3到表1-5总结出了29份额外调查的结论。16份调查采用的类型是盖洛普民意调查；剩下13份采用的类型是坎特里尔阶梯研究法。其中10份调查涉及美国1946年到1966年这段时期，另外19份涉及其他国家，其中有11份是关于亚洲、非洲和拉丁美洲的国家。这些调查中关于社会经济地位的分类趋于多样化，并且通常由一些类型广泛的非数字化名称组成，例如"贫穷"和"富有"，"下层阶级"和"地位最高群体"但结论是清晰明确的。在每一个调查中，地位最高的群体，平均而言，比地位最低的群体更加幸福。

表1-3 1946至1970年[a]美国地位最低和地位最高群体中"不是很幸福"的比例

日期	组数	类别	地位最低群体		地位最高群体		
			不是很幸福 (%)	类别	类别	不是很幸福 (%)	样本总量
1946年4月	4	贫穷	11		富有	3	3 151
1947年6月	4	贫穷	9		富有	0	3 088
1947年12月	4	贫穷	12		富有	3	1 434
1948年5月	4	贫穷	10		富有	0	1 800
1948年8月	4	贫穷	15		富有	4	1 596
1952年11月	3	贫穷	12		平均水平以上	8	3 003
1960年1月	3	低收入	6		高收入	2	2 582
1963年7月	6	收入低于3 000美元	10		收入高于或等于15 000美元	0	3 668
1966年10月	6	收入低于3 001美元	6		收入高于或等于15 000美元	0.3	3 531
1970年12月	6	收入低于3 002美元	13		收入高于或等于15 000美元	4	1 517

　　[a]数据来源于表1-2和美国公众意见学会第369号、399号、410号、418号、425号、508号、623号、675号和735号投票。在第623号投票（1月，60）的数据中，所有的受访者都是在一个从-5到+5的范围内。对于当前而言，所有的负值都被归类为"不是很幸福（N.V.H）"。由于所问具体问题和指定群体的变动，调查之间的比较不一定是可靠的。

表1-4 1965年[a]7个国家中地位最低和地位最高群体中"不是很幸福"的比例

国家	组数	地位最低群体		地位最高级群体		
		类别	不是很幸福 (%)	类别	不是很幸福 (%)	样本总量
英国	3	非常贫穷	19	上，中上，中	4	1 179
联邦德国	3	中等偏下	19	上，中上	7	1 255
泰国	2	中/低	15	中/上	6	500
菲律宾	2	中等偏下	15	上，中上	5	500
马来西亚	2	中/低	20	中/上	10	502
法国	3	低	27	上	6	1 228
意大利	3	中等偏下	42	上，中上	10	1 166

[a] 数据来源于1965年的第三次世界调查。（World Survey Ⅲ）

[b] 表示"不是很幸福"。

这一发现也被其他有关幸福感和相关情感状况的研究结论所证实了。英克尔斯（1960年）早在10年前发表的一篇文章中，就总结说：

"那些在经济上富有的人，那些接受更多教育或因工作需要更多培训和技能的人，更常表达他们幸福，快乐，欢笑，远离悲伤，对生活感到满足。即使在某些情况下模式是不太明显或模棱两可，但并没有任何一个与模式相反的典型案例，认为幸福感衡量标准与社会地位的衡量标准呈相反的关系。在涉及15个不同的国家研究中——至少有6个国家的研究在两个不同的场合使用了稍微不同的问题。那么，这成为挑战"穷并快乐着"形象的很好理由。"（第17页；详见原文中斜体部分）

布拉德伯恩（1969），鲁宾逊和谢弗（1969），威尔逊（1967），古林、维洛夫和菲尔德（1960）都得出了相似的结论。在一个关于心理健康文献的综合性调查中，戴维斯（1965，第68页）指出："根据调查的研究表明，在心理健康和德国高级专家组织（简称SES）的一系列标准中，心理健康与社会经济地位是呈正相关的。"

表 1-5　　1960 年左右[ab]13 个国家中地位最低和地位最高群体的个人幸福感等级

	(1)	(2)	(3)	(4)	(5)	(6)	(7)	(8)
			最低地位群体		最高地位群体		高－低	样本
国家	日期	组数	类别	等级	类别	等级	(6)－(4)	总量
美国	1959 年 8 月	5	较低的经济地位	6.0	较高的经济地位	7.1	1.1	1 549
古巴	1960 年 4 月-5 月	3	较低社会经济地位	6.2	中、高社会经济地位	6.7	0.5	992
以色列	1961 年 11 月- 1962 年 7 月	3	较低收入	4.0	高收入	6.5	2.5	1 170
联邦德国	1962 年秋季	3	较低的经济地位	4.9	较高经济地位	6.2	1.3	480
日本	1962 年春季	3	较低、中低的社会经济地位	4.3	中、高社会经济地位	5.8	1.5	972
南斯拉夫	1959 年春季	4	较低的地位，农民	4.3	较高地位、非农户	6.0	1.7	1 523
菲律宾	1962 年 2 月-3 月	4	较低的经济地位	4.1	较高的经济地位	6.2	2.1	500
巴拿马	1962 年 9 月- 1963 年春季	2	较低的社会经济地位	4.3	较高社会经济地位	6.0	1.7	642
尼日利亚	1960 年末- 1961 初	2	较低的社会经济地位	4.7	较高社会经济地位	5.8	1.1	1 200
巴西	1959 年春季	5	较低的社会经济地位	3.9	较高社会经济地位	7.3	3.4	2 168
波兰	1962 年春季	5	无技能的	3.7	白领	4.9	1.2	1 468
印度	1962 年夏季	4	收入<R75	3.0	收入>R301	4.9	1.9	2 366
多米尼加共和国	1962 年 8 月	2	较低的社会经济地位	1.4	较高社会经济地位	4.3	2.9	814
平均值				4.2		6.0	1.8	

[a] 资料来源于坎特里尔（1965 年，第 365－377 页）

[b] 最小值为 0，最大值为 10。

幸福感的数据除了可以用收入水平作为分类标准外，有时还可通过性别、年龄、种族、教育和婚姻状况等特征进行分类。尽管个人幸福感与收入的相关性是最为普遍的，但是毫无例外，其他模式也显而易见。也许最稳定的是幸福感与受教育年限之间所呈现的显著正相关关系。但也有一些观点表明，年轻人比老年人、已婚者比未婚者、还有白人比黑人更加幸福。多变量分析的数据表明，收入与幸福感之间关系的独立性已经被确认（布拉德伯恩，1969，第294页；古林、维洛夫和菲尔德，1960，第221页；鲁宾逊和谢弗，1969，第19-23页）。此外，现有的证据还表明失业者和靠领救济金过活的人的幸福感较弱。

　　显然，问题直接指向因果关系。更高收入真的能使人们更加幸福吗？又或者，幸福的人更容易成功（比如，获得更高收入）吗？可能这是一个非此即彼的幼稚假设。但是在那些被经济学家引用来解释收入差异的因素中，情感状态显然是不存在的。在分析时，提及的主要有教育、培训、经验、天赋、健康和遗传等因素。可能情绪健康被认为是隐含在能力因素当中的，或者也可能就是健康因素，尽管健康通常指的是身体健康。但是如果预测情绪健康对于收入的影响会表现得如同这里展现的简单二元比较一样清晰，是值得怀疑的。此外，对于某些国家来说，一些关于地位的分类，如"上层阶级"，是传统性质的。这里的争议是幸福感导致了这样的阶级差异，类似于争论幸福感是与年龄相关的，幸福感引起了年龄差异。最终正如我们所看到的，当人们被问及那些使他们快乐或不快乐的事物时，个人经济因素往往是最典型的缘由（详见表1-1，数据来源于古林、维洛夫和菲尔德，1960，第22-28页）。幸福感较低的受访者所担忧的事情，与那些更加幸福的人相比，最大的区别在于他们对于财务安全的强调（古林、维洛夫和菲尔德，1960，第29页；韦斯曼，1956，第213页，第216页，同样参见下表1-11）。因此，我倾向于理解数据主要体现着收入对幸福感的一个因果关系。[6]

1.2.2　国际间比较

当我们关注国家间的横截面差异时，会发现什么？较富有的国家真的是更加幸福的国家吗？首先，让我们来分析一下坎特里尔数据。但是要想使研究发挥最大作用，首先就必须保证各个国家的数据具有可比性。

表1-6列出了14个国家的平均个人幸福指数与实际人均GDP的数据。坎特里尔通过分析这些数据，发现收入与幸福感之间存在着正相关的关系，并据此提出了相关结论（坎特里尔，1965，第194页）。[7]他将之概述为一个五阶段方案，来描述一个国家在经济增长历程中情感上幸福感的发展阶段，而这让人联想起罗斯托的经济增长阶段（Rostow's classification）（罗斯托，1960；坎特里尔，1965，第15章）。然而按照罗斯托的分类，国家很难被划分成这个或那个阶段。下面这段对于阶段方案的陈述，进一步削弱了人们对方案一般性的信心。

然而这里应该指出的是，那些在文化或亚文化中没有经历过早期经济发展阶段的人，似乎更符合"满意度和满足感"的第五（最高）阶段，但对于外部观察者来说，他们则似乎被困在了相对原始的水平。肯尼亚和坦噶尼喀的马赛人可能被视为这一系列满意度的缩影。当然，也有这样的可能性，那就是一旦这种缩影的界限伴随着欲望被"先进"文化所渗透，那么在这样一个缩影里的人们，就会改变他们对满意度的判断标准从而恢复到发展的初级阶段。（坎特里尔，1965，第310页；原文斜体部分）

从本段可以看出，某些文化或亚文化在被感染之前很容易使人感到幸福，又或者只要他们可以保持不受经济增长的干扰。

实际上，坎特里尔的国际数据所展示的财富和幸福感之间的关联，并不是那么的明确（具体见图1-1中的数据散点图）。关于正相关的推理，很大程度上依赖于对印度和美国数据的观测。根据坎特里尔（1965，第130-131页）的研究，古巴和多米尼加共和国的数值反映出它们不同寻常的政治环境——古巴是一个成功革命的直接成果，而多米尼加共和国[8]则

表1-6　1960年[a, b]前后14个国家中的个人幸福感等级和人均实际国民生产总值

国家	调查的期间	(1) 个人幸福感等级 （最小值为0，最大值为10）	(2) 1961年人均实际 国民生产总值 （以美元计价）
美国	1959年8月	6.6	2 790
古巴	1960年4月—5月	6.4	516
埃及	1960年秋季	5.5	225
以色列	1961年11月—1962年6月	5.3	1 027
联邦德国	1957年9月	5.3	1 860
日本	1962年秋季	5.2	613
南斯拉夫	1962年春季	5.0	489
菲律宾	1959年春季	4.9	282
巴拿马	1962年1月—1963年3月	4.8	371
尼日利亚	1962年9月—1963年春季	4.8	134
巴西	1960年末—1961年初	4.6	375
波兰	1962年春季	4.4	702
印度	1962年夏季	3.7	140
多米尼加共和国	1962年4月	1.6	313
均值		5.0	

　[a]表第（1）列中的数据来源于坎特里尔，1966，第184页；除了联邦德国的数据以外，表第（2）列中的数据都来源于罗森斯坦-罗丹，1961，第118，126，127页；表第（2）列中联邦德国的数据来源于表1-7（2）。

　[b]样本大小详见表1-5。

处于长期动荡的政治革命中。也许最引人注目的是，14个国家中有10个国家的个人幸福感指数几乎一半都在以5这个等级为中心的左右，正如图1-1中水平虚线所体现的。尽管还有一个与众不同，其只有0.2的等级在0.05水平上是显著的，但没有太多的证据证明这10个国家中，收入与幸福感之间具有系统的相关性。相近的幸福感等级同样表明，在幸福感和其他经济因素，如收入差距或者收入变化率之间，都可以发现一个类似的相关性缺失。

当然，从关键点采集和选择样本是不可靠的。也许有人可以有把握地说，根据表1-5所显示的国家数据，高低阶层之间幸福感差异平均达到了2个点，而且在13个国家中只有1个国家的高低阶层之间的幸福感差异是小于1个点的。但矛盾的是，如表1-6所示，在国家平均值的比较中，14个国家中有10个国家的值位于1.1点这个范围以内。这些国家人均收入的10倍值几乎确定都会超过国家内部数据中高阶级群体和低阶级群体典型收入的范围。可见人们预期可能是由于经济地位而导致的贫穷和富有国家之间的幸福感差异，并不能由国际数据所证实。

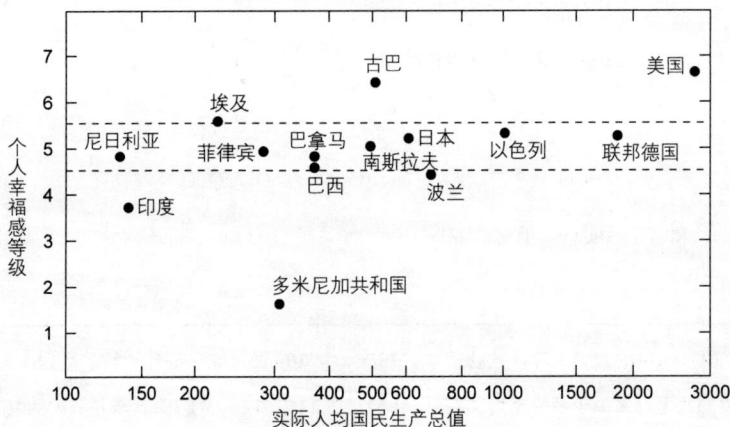

图1-1　1960年前后14个国家的个人幸福感等级和人均国民生产总值

资料来源：表1-6。

国际数据的另一个主要来源是盖洛普民意测验的数据。在这一案例中，询问幸福感问题时如何确保可比性，只是众多问题中的一个，所做的努力远小于坎特里尔的研究。然而在1965年，一项研究获得了在7个不同国家中所进行的一项统一调查的响应。这个结论再加上1958年的日本民族性格调查和在一个1966年美国的调查，被罗列在表1-7中。

表1-6和表1-7中，是以美国、联邦德国、日本和菲律宾为代表的4个国家组成的数据。在研究成果中，对于数据的信心来自于其结论的惊人相似度。这两个案例中，美国似乎比联邦德国更加幸福，而联邦德国又比菲律宾稍微幸福一些。表1-7中日本的数据与其他国家具有较小的可比性，但在表1-7中日本与其他3个国家的相对位置与表1-6没有太大区别。

表1-7中9个国家的数据表明幸福感和收入之间存在着怎样的联系？结论是模棱两可的。4个最低收入国家既没有位于表的顶部，也没有位于表的底部，而是都集中在表的中间位置。这个结果并不能归因于这些国家的人口低龄化，因为它是通过各个年龄组的比较而得出（表1-6中的数据也显示如此）。如果收入和幸福感之间呈正相关关系，那也肯定不是很强的正相关关系。相反，如表1-3和表1-4所示，通过国家内部经济地位的比较，幸福感差异是明确且一致的。由盖洛普民意数据所得出的结论，与由坎特里尔数据所显示的结果是一致的。

1946年和1949年国际间幸福感比较由坎特里尔（1951，第281页）、韦斯曼（1956，第166页）和英克尔斯（1960，第13页）给出，这些数据来源局限于少数西欧国家及其海外后裔。问题的可比性是不明确的，但价值在于其结论与上面显示的是一样的，那就是在国家之间收入和幸福感的关系是否呈正相关，这是不明确的。

国际数据在很多方面都很有趣。例如，请注意在表1-7中，英国与美国上层阶级之间的比较，根据前面段落提到的民意调查来看，这个结论具有连贯性。再者，在民意调查中，加拿大和澳大利亚所显示出的幸福感水

表 1-7　　　　1965年[a]9个国家中按幸福感分类的人口分布百分比

国家	非常幸福	还算幸福	不是 很幸福	其他	样本总量	1961年的实际人均国民 生产总值（美元计价）
英国	53	42	4	1	1 179	1 777
美国[b]	49	46	4	2	3 531	2 790
联邦德国	20	66	11	3	1 255	1 860
泰国	13	74	12	1	500	202
日本[c]	–	81	13	5	920	613
菲律宾	13.5	73	13.5	0	500	282
马来西亚	17	64	15	4	502	552
法国	12	64	18	5	1 228	1 663
意大利	11	52	33	4	1 166	1 077

[a]幸福感数据来自1965年的第3次世界调查（除了美国和日本的那些数据），美国和日本的数据分别是来自表1-8和1958年的日本民族性格调查（Survey of Japanese national charac-ter）。人均国民生产总值数据均来自罗森斯坦·罗丹（1961），但英国、法国、联邦德国和意大利的数据除外。这些国家的国民生产总值被预估与美国的数据承担着相同的比重，如同吉尔伯特等人（1958，第36页）运用几何平均估计，通过1970年国际经济合作与发展组织的人均指标（per-capita volume indexes in OECD）从1955年推断到1961年得出的那样，第11页。

[b]1966年。

[c]1958年（问题应理解为"不幸福"而不是"不是很幸福"）。

平，与英国和美国在数量级上也是可比的。这里还有一个值得一提的现象，那就是表1-7中关于4个亚洲国家的调查结论所表现出的密切性。也许在国际幸福感数据中存在着文化的影响，尽管将泰国、马来西亚、菲律宾和日本作为一个共同文化混为一谈前，应有所犹豫。当然，即使有文化的影响，这些影响也并不一定会与国际数据所显示出的幸福感对于收入的关系有系统性的偏差。举个例子，假设有的人认为，在国家之间，文化偏见掩盖了收入与幸福感强大的正相关关系。这意味着，在其他条件不变的情况下，较穷的国家可以通过系统地操控文化带来的影响，来提高幸福感，使之可以与较富有的国家相比较。鉴于国家中会同时存在富人阶级和穷人阶级，这种暗示似乎值得质疑。

1.2.3 国家时间序列

当然，最让人想了解的是，幸福感随国家的发展历史时间序列。关键问题是：提高所有人的收入会增加所有人的幸福感吗？（英克尔斯，1960，第18页）不幸的是，在大多数情况下，时间序列数据供不应求。另外，由于人们在幸福感问题上措词的多样性，可比性会随着时间的推移而失去作用。但是，把一个国家的一个序列放在一起研究还是有可能的，比如美国从1946年到1970年包含了间歇期的数据（在1956年到1957年，有3个这样的只有6个月的数据部分，同样证明了先前提出的关于调查结果短期稳定性的观点）。在最早的7个调查中幸福感的分类是一样的，"还算幸福"、"相当幸福"或"不是很幸福"。在最后的3个调查中，分类中的"不是很幸福"被替换成"不幸福"。这个对最低幸福感分类更加消极的定义，导致对于最低幸福感的类别，与前面的数据相比有一个向下的偏差。而对于中间的"相当幸福"类型，则有一个趋于相应向上的偏差。然而，"非常幸福"类型在所有的10个调查中看起来都是可比的，因此信心主要依靠这一类型的趋势。幸运的是，这可能会被用来作为对全国民意研究中心和坎特里尔所获得的幸福感数据的一个检验，当美国公众意见学会的问题措词发生改变时，它将覆盖美国公众意见学会的数据。

表1-8中上层表格展示了从1946年至1970年中10项全国民意研究中心调查的结果。从1946年到1956—1957年，"非常幸福"的比例变动缓慢但稳步增长。第一个值得注意的下降出现在1957—1963年之间，而第二个下降期是从1966—1970年。到1970年，"非常幸福"比例刚好与1947年的比例相当。如果把这段期间作为一个整体来看，就能发现其中有着明显的震荡，但是没多少任何向上或向下的净趋势指示。[9]

表 1-8　　　1946—1970 年 [a] 美国按幸福感分类的人口分布百分比

A.美国公众意见学会民意调查投票结果表

调查日期	非常幸福的比例	还算幸福的比例	不是很幸福的比例	其他	样本总量
1946 年 4 月	39	50	10	1	3 151
1947 年 12 月	42	47	10	1	1 434
1948 年 8 月	43	43	11	2	1 596
1952 年 11 月	47	43	9	1	3 003
1956 年 9 月	53	41	5	1	1 979
1956 年 9 月	52	42	5	1	2 207
1957 年 3 月	53	43	3	1	1 627
1963 年 7 月	47	48	5 [b]	1	3 668
1966 年 10 月	49	46	4 [b]	2	3 531
1970 年 12 月	43	48	6 [b]	3	1 517

B.全国民意研究中心民意调查投票结果表

调查的日期		非常幸福的比例	相当幸福的比例	不是很幸福的比例	样本总量
1957 年	春季	5	54	11	2 460
1963 年	12 月	32	51	16	1 501
1965 年	6 月	30	53	17	1 469

[a] 资料来源于表 1-2 和美国公众意见学会第 369 号、410 号、425 号、508 号、570 号、571 号、580 号、675 号和 735 号民意调查的投票。全国民意研究中心数据来源于布拉德，1969 年，第 40 页。

[b] 表中投票项应解读为"不幸福"而非"不是很幸福"

　　对于 1957—1963 年之间幸福感衰退的发现，使得我们进入了两种数据之间问题措辞改变的困境，尽管有暗示表明这并不会影响对"非常幸福"的回答。但是有3个全国民意研究中心的民意调查都是在这个时候独立提出的。正如前面所提到的，幸福感在全国民意研究中心民意调查中的类型与美国公众意见学会的民意调查中是不同的。然而，我们感兴趣的是全国民意研究中心民意调查中所显示出来的长期变化（表1-8，B栏）。美国公众意见学会的民意调查得出结果表明——幸福感在20世纪50年代后期和60年代中期都呈现出下降趋势（由于两组调查数据具有间歇性，回答问题的确切时间显然是开放性的）。通过坎特里尔提供的两个关于美国的调查（1965，第43页），进一步地支持了在1959—1963年之间，美国全国个人幸福感平均水平有一个从6.6到6.2的下降。

在一定范围内追踪独立收入群体的发展趋势是有可能的。根据表1-9列出的前4项调查数据，似乎大体上有了一致的收入分类（不巧的是，对于3个1956—1957年的调查，都没有进行收入细分）。从表1-9中的数据可以判断出，在1952年间，所有主要的收入群体的幸福感都有一个普遍的提升。

表1-9　　1946年至1952年ᵃ美国按收入大小分类的"非常幸福"比例

调查的日期		所有组别	平均水平以上及富有组别	平均水平组别	贫穷组别
4月	1946年	39	47	43	34
12月	1947年	42	52	46	37
8月	1948年	43	54	50	37
8月	1948年	43	51	51	37
11月	1952年	47	51	51	42

ᵃ数据来自美国公众意见学会民意调查第369号、410号、425号、508号民意调查的投票结果。

关于幸福感下降期间的调查显示出这一模式的一个相当有趣的差异

（详见表1-10）。鉴于全国的平均水平在1963年和1966年之间显示出一个略微的上升，收入类型的数据却显示出最贫困群体的收入水平在下降。因此，全国平均水平略微有上升，反映出高收入群体的向上移动抵消了低收入群体的向下移动。这是否应该部分归因于这一时期国家贫穷问题的突出呢？在1966年和1970年之间，所有阶层的收入均表现出一个明显的下滑，并且在1970年，没有一个阶层的收入水平高于1963年的数值。

表1-10　　　1963—1970年[a]，美国按收入大小分类的"非常幸福"的比例

调查的日期	所有组别	15 000美元以上组别	1 000~14 999美元组别	5 000~9 999美元组别	3 000~4 999美元组别	低于3 000美元组别
1963年7月	47	59	50	50	46	40
1966年9月	49	67	62	50	42	34
1970年12月	38	56	49	43	33	29

[a] 数据来自表1-2和美国公众意见学会第675号和735号民意调查的投票结果。

当然，任何根据有限的美国时间序列研究而得出有力的结论，都必须谨慎对待。然而从国际横截面的情况看，似乎有把握这样说，如果收入和幸福感存在因果关系，比较国家内部横截面数据，得出的结论并不那么明显。

1.3　阐述

1.3.1　理论

随着时间的推移，国家间比较为什么会显示收入和幸福感之间存在着较弱的相关性？如果这两者之间没有一致性，是否表明应通过国内数据进

行比较？经济学家早已习惯了处理这样的异常情况，著名的杜森贝里关于美国收入-储蓄悖论（income‐savings paradox）中"相对收入"解释的潜在实用性，会马上映入脑海（杜森贝里，1952；布雷迪和弗里德曼，1947）。其基本思想早在一个世纪前就曾被卡尔·马克思简单地描述过："一个房子可能或大或小，但只要周围的房子也同样小，就能满足对于居住的所有社会需求。但是如果一所宫殿盖在一间小房子边上，那么小房子看起来就会变成一个小草屋。"[10]

沿用杜森贝里的思想做一个假设，一个人从他消费支出中获得的效用是一个函数，它不是与他支出的绝对水平相关，而是与他当前支出相对于他人支出的比重有关：

$$U_i = f\left(\frac{C_i}{\sum a_{ij} C_j}\right)$$

其中，U_i 和 C_i 分别代表的是第 i 个个体的效用指数（the utility index）和消费支出（consumption expenditures），C_j 为第 j 个个体的消费，a_{ij} 是第 i 个消费者对应于第 j 个个体支出的权重（杜森贝里，1952，第32页）。在最简单的情况下，也就是其他每个人的支出都在同等比重的情况下，给定个体所获得的效用取决于他的支出占全国人均水平的比例。比起平均水平越高，就会获得越强的幸福感；比起平均水平越低，那么幸福感就会越弱。如果参照框架始终是当前的国情，那么在同一个国家里，所有的收入水平增加都是等比例时将不会改变该国的幸福感水平。那么，一个形成谬误的经典例子就能得到解释了：任何一个人相对收入的增加，都会增加他的幸福感，但是当每个人收入都增加时，其所获得的幸福感是不变的。同样，国家之间，一个相对富有的国家并不一定就是一个更加幸福的国家。

目前的数据有限，难以把这种解释一直推广开来，并且上面的说明方法显然太简略了。但这是一个有趣的研究议题，例如，a_{ij} 适当值的问题，可以看作一系列的社会学家关于"参考群体"的疑问（默顿，1968，详见本书第10章和第11章）。人群中任何给定的个体在形成自己的参考标准时，并不会对其他人给予同等比重。此外，"同类群体"的影响也发挥了一定的作用。因此，一个富人可能会对那些与其相比生活在贫困中的人们的消费给予不相对称的比重，并且与穷人的参考标准截然相反。

然而，争论的一般形式仍然有效。忽略同类群体的影响，在特定时期的特定社会中存在着一种"消费标准"，并且融入到几乎每个人的参考标准当中去。这给幸福感自我评价提供了一个共同参照点，从而使得那些低于参考值的人感到不够幸福和那些高于参考值的人感到更加幸福。随着时间的推移，这一标准往往会随着消费总体水平上升而提高，尽管两者并不一定是按1∶1的比例变化的。

关于这些数据还有其他的可能性解读，如强调生产的外部不经济。可能会被争议的是，在一个特定的时期，富人能够更好地避免那些"不好的遭遇"的发生，因此更加幸福。但是随着时间的推移，整个社会收入的增加大部分或几乎全部都被污染、交通等的相应增长给抵消掉了。

关于数据的一个基础性解释可能会强调，权力是幸福感的关键因素。在任何给定的时间内，那些拥有更多的权力（富有）的人更加幸福。但随着时间的推移，在整个社会中，收入的增加并没有伴随着权力在各种社会经济阶层中更加广泛地传播（当权派仍然存在），因而幸福感并没有增加。

1.3.2 "相对收入"解释的证据

尽管存在很多缘由，但有一类主要基于"相对论"概念的解释，看起来是最为合理。首先，相对收入概念在其他经济中的应用，已经发展出了相当数量的实证支持，例如储蓄行为，以及最近的生育行为和劳动力参与行为（杜森贝，1952；伊斯特林，1973、1969；弗里德曼，1963；沃切特，1971a，b）。其次，其他类似的概念，例如"相对剥夺理论"，在过去几十年里，已经获得了越来越多的理论接受和实证支持（伯克威茨，1971；戴维斯，1962；格尔，1970；霍曼斯，1961；默顿，1968；佩蒂格鲁，1967；斯梅尔塞，1962；斯托佛等人，1949。）事实上，对于一个学者们都极度关注专业声誉的竞争性学习领域来说，认为相对地位是幸福感的一个重要因素是不需要太过惊讶的。最后，历史上对贫穷定义的改变证明了在这件事上相对地位对于社会思想的重要性。例如，斯莫伦斯基（1965，第40页）已经指出，贯穿20世纪的对纽约工人阶层"最小舒适度"预算的估计结果是"通常为实际人均国民生产总值的一半。"（同样可参见：福克斯，1967；润瓦特，1974；泰巴瑞哈，1972）

调查中，受访者本身对于他们认为什么是幸福感的陈述并非无关紧要。这些陈述强调较多的都是直接的个人问题，如收入充足性、家庭事务或健康，而不是广泛意义上的国家或社会问题，如环境污染、政治权力，乃至战争的威胁。此外，对于许多中低收入者而言，尤为重要的是对经济状况的担忧。例如，表1-11中报道了在1946年美国上、中、下三个经济阶层中，最为担心的"一件事"。这三个阶层的人都担心经济、家庭和健康的问题。然而，对财务状况，也就是对"钱"的担忧，三个阶层的人有显著不同。随着经济地位的下降，这种担忧会明显增加。

最终，有证据表明，不同的消费习惯对于经济发展水平有着直接的影响。在下面罗列的是，在坎特里尔的调查（1965年）中，相较于美国人，一些印度人所声明的他们对物质的渴望。

"印度：我想要一个儿子和一片土地，因为我现在在别人的土地上工作。我想为自己建房子，并拥有一头牛来生产牛奶和酥油。我还想买些更好的衣服给我的妻子。如果我能做到这一点，那么我会很高兴。（一个35岁、不识字、每月收入约10美元的农业劳动者）

印度：我想有高工资，因为我的薪水很低，所以我买不起像样的食物给我的家人。如果食物和衣服的问题解决了，那么我会感到满足和家的温暖。此外，如果我的妻子能够正常工作，我们两个便可以养活自己的家庭，我相信我会有一个幸福的生活，我们的忧虑将会消除。（30岁的清扫工，月收入13美元左右）

表1-11　　　1946年[a][b]美国社会中经济地位与主要忧虑之间的关系

主要忧虑	经济地位（百分比）		
	上层阶级	中层阶级	下层阶级
家庭和孩子	20	20	24
健康（个人和家庭）	19	21	18
财务担忧，钱	6	12	22
安全、工作、未来	13	17	12
世界和国家状况	7	6	4
工作条件	7	5	3
个人特质	3	2	2
房子	2	1	1
杂物	9	7	5
没有	13	10	10
没有回答	5	7	5
	—	—	—
	104	108	106
样本总量	195	637	1 506

[a] 来自韦斯曼（1956）。

[b] 当被问到"你最担忧的事情是哪一件事情"时，由于一些受访者给了不止一种答案，使得总比例超过100%。

印度：我想拥有一套带有水龙头的供水系统的房子。如果有电力那就更好了。如果我的孩子要上学，我的女儿要结婚，我丈夫的工资必须提高。（45岁的家庭主妇，家庭月收入约80美元）

印度：我希望今后我不会再患任何疾病，因为我现在一直咳嗽。我也希望我可以购买一辆自行车。我希望我的孩子能好好学习并且我能给他们提供好的教育条件。此外

我还想拥有一台风扇和一个收音机。（一个40岁的技术工人，每月挣

30美元）

美国：如果我可以挣更多的钱，然后我就可以买一套属于自己的房子，拥有更多的奢侈品，还有更好的家具，一辆新车，以及更多的假期。（一个27岁的技术工人）

美国：我想有足够的收入来维持一所房子，拥有一辆新车，一艘船，以及让我四个孩子去私立学校上学。（一个34岁的实验技术员）

美国：我想要一辆新车。我希望我所有的账单都能结清，并且我可以为自己留下更多的钱。我更希望去打高尔夫和打猎，而不是做比我现在更多的事。我想要有更多的时间去做自己想做的事，并且和我的朋友一起玩乐。（24岁的黑人公交司机）

美国：从实质上说，我想要我的家庭赚更多的钱，让他们生活得更好——可以去适度地享受，去露营，让孩子们去上音乐课和舞蹈课，并且来几次家庭旅行。我希望我们可以加入一个乡村俱乐部，参加更多的娱乐活动。我们刚刚买了新房并且希望在今后几年里我都能对它感到十分满意（28岁的律师）。"（第205页，第206页，第222页）

不同于经济学家，一句社会学家更能普遍接受的格言是——态度或者说"品位"是个体社会经验的产物，有什么证据可以比上述言论更加具有说服力呢？

经过对美国消费趋势的长期调查，布雷迪曾指出，"今天，绝大多数的美国家庭所拥有的居住规模，比200年前所谓的富人家庭要好得多（参见戴维斯、伊斯特林和帕克，1972，84页，原文中斜体加粗部分）。但是，正如前文所言，在今天，典型的美国人不会认为自己有钱。他们的消费标准并不是与那些殖民地时期的先辈相比的，反而是个人经验和个人条件造就了当代的美国人，这就是最好的证据。真实典型的印度现代生活也与此相似。物质渴望或品位因经济水平发展而变得更加丰富。此外，品位改变是由于收入本身增长带来的（虽然因果关系可能是双向的）。由于实际收入的增长，每代人的社会化经验会体现出更高层次的生活水平，从而产生相应的更高层次的消费标准。即使在一个给定的一代人的生命周期里，由于经济增长引起消费规模的不断扩大，使得家庭用品激增。在经济理论基础的预期上，这种向上推移的标准（或者说品位）往往会抵消收入增长对幸福感的积极作用。对比一个来自中国台湾的调查结果，提供了支持证据：

"收入水平和欲望之间存在着一个正相关的关系"……虽然在这份调查中的前5年中国台湾的经济状况有显著改善，但大多数受访者并不认为自己的实际财务状况有改善——只有20%的人觉得自己比以前好。（弗里德曼，1975，第107–108页）

断言"一切都是相对的"为时尚早，但很难反对这种相对的考虑在解释这里提出的证据时扮演着一个重要部分的推论。

1.3.3 类比[11]

当前的解释，用一个身高比较的例子可能更能说明。今天美国人比起他们的先人以及同时代的印度人都要更加高大。然而在1970年的抽样调查中，向美国人和印度人提出假设性问题："平均而言，你觉得你有多高——非常高，相当高，或者不是很高"，认为这个问题会在两个国家引起类似的答复分布，似乎是个合理的假设。尽管在客观尺度上，大多数美国人事实上要比大多数印度人高。他们的回答中有着相似分布的原因，可能是由于每个国家的个人都会采用源于他们个人经验的关于"高"的主观标准。美国人评估"身高"所依据的参考标准可能比印度人的要更加高，因为美国人本来就成长并生活在一个人们普遍都高的社会中。一个美国男性（身高5英尺9英寸），从国际标准算来看是比较高的，这样的身高生活在美国却不大可能感觉到自己是高的。基于同样的原因，今天的美国人也不可能觉得自己比他们的先辈更高，因为当前的参照标准是更高的。

那么，什么才是身高的"真实情况"呢？通过客观尺度，当今的美国人，确实是长得比较高的。然而，如果对于身高判断带有情绪，那么真相自然可能有所不同。以至于如今的美国人，在平均水平上，并没有感觉高于同时代的印度人或者自己曾经的先人。"客观的事实"和"心灵的主观状态"在高度的社会规范中，对于人们实际身高的判断起着一定的调和作用。这些基准在不同的时间和地点都不相同，并且直接作用于这些高度典型的社会中。

关于幸福感的情况如同身高比较中的情况一样，但有一个关键的区别。在评价幸福感的时候，对于每个个体，将他的实际经验与一个他个人从社会经验中提取的基准进行比较时，是相似的。不同之处在于，至今没有衡量独立个体幸福感的客观标准。与此相反，主观意识状态恰恰才是问题所在，我们可以尝试使用各种客观指标，如消费、营养或预期寿命来推断幸福感。或者一个人可以寻求各种行为指标来衡量幸福感，例如，普遍存在的社会破坏行为（犯罪、自杀等），然而，最终这些行为的关联性实际上是建立在外部表现和内部意识状态之间的一个假定联系——一个人类心理模型。并且如果感觉如此计算，那么主观报告就真的有可能会与"客观"证据相矛盾。对于社会科学家，尤其是经济学家来说，这可是令人沮丧的结果。正如米沙（1969）所观察到的：

> "这是一种诱惑……随着人类的固执而失去耐心，并且坚信如果史密斯家族和琼斯家族在他们'实际'收入中同样获得一个10%的增长，他们都会变好，即使他们都在嫉妒对方的好运。但如果福利是人们所感受到的无法从诚实的愤慨中逃避的东西的话，这有可能也是有益的道德。"（第821页）

在另一方面，有很多很好的心理学方面的缘由来说明，为什么人们可能不会感到变好，即使他们"应该"如此。这是因为形成评价幸福感的参考标准是社会条件本身的一个功能。一旦这些条件"改善"，基准往往会随着人的实际经验而改进。经济分析已经能够通过假设品味给定，并且/或是不可测量的，来长久地抵制这一机制的不良暗示。对于经济学家一贯关注的一些短期问题，这可能不会造成严重的损害。但随着越发关注长期经济增长，则并非如此。一方面可作为人类感情和欲望上的有力证据，以及管理它们的因素，另一方面我们只能怀疑这样的观点是否会被更长时间地坚守。

1.4　结论性意见

本章的关注点，是收入和幸福感的联系。基础数据由不同个体对于自己主观幸福感的陈述组成，这些陈述公布在从1946年到1970年覆盖了19个国家的30份报告中，其中亚洲、非洲和拉丁美洲的国家占了11个。调查显示，在国家里内部收入和幸福感有着一个明显的正相关关系。在每一个单独的调查中，生活在社会顶层群体中的那些人比那些生活在最底层群体中的人，就平均而言，确实更加幸福。然而，在特定的时间下，国家之间是否存在着这样一个正相关关系，是不确定的。当然，富有国家和贫穷国家之间的幸福感差异，人们可能认为这是基于国内经济地位的差异，但国际数据却没有证实这种差异。同样，在对美国自1946年以来的一个国家时间序列研究中，发现更高的收入并没有系统性地伴随着更多的幸福感。

至于为什么不同国家之间的比较在长期所显示的收入与幸福感之间的联系，与国内所显示的相比，即使是一致的，也是如此的微弱，一个将相对状态考量作为幸福感的重要决定因素的杜森贝里类型的模型提醒着我们：每一个涉及幸福含义的调查都表明经济考量对于人们来说是非常重要的，但并不意味着是它唯一的关注点。在评价自己幸福感的时候，人们往往会以自己的实际情况为参考标准或基准，并结合过去和现在的社会经验。在特定的社会中，基准是因人而异的，但由于人们共享着相同的社会经验和文化经验，所以他们也会拥有相似的特性。因此，地位高的人比地位低的人拥有更大的物质欲望，这种参考基准的离差是小于富人和穷人之间实际收入的离差的。正因为如此，那些收入最低的人并没有觉得自己不如那些收入最高的人。随着时间的推移和经济的进步，社会基准也一样在变化，这是因为不断改变的经济社会使得人的经验也在不断改变。基于同样的原因，不同的社会在给定的时间中，其生活水平和社会规范之间会逐渐趋向于一个大致相符的关系。如果这件事真的会发生的话，那么在对社会进行时间或空间比较时，结论则是，国内比较研究显示出，收入与幸福感之间的正相关性是比较弱的。已经有大量的证据被记录下来以支持这一解释。

从某种意义上说，这些结论证明了人类的适应性。收入和欲望在时间和空间上会渐渐趋于一致，人们似乎可以从出现的事物中获得一些东西。而在一些绝对的意义上，仍然存在一些不足。同时，结论也针对大量社会政策的目标和预期效果提出了严重的质疑。正如社会学家乔治·C.霍曼斯（1961，第276页）关于另一个主题的类似结论，"这样的情况已经让一些人愿意相信上面的结论，否则，任何为满足人类所做的任何努力都将没有意义。所有的满足到最后都会变成不满足。"

现在的结果并不意味着，需要一个从经济增长转移到致力于把收入再分配作为提高福利的载体。没有任何数据表明，幸福感的国际差异与不平等是系统相关的。其理论关系也是不确定的——难道相对位置不变，收入差距缩减，幸福感就会更强吗？至少收入差异的敏感性可能会被加剧，貌似是可信的。所以低收入人群在一个50%范围的收入新形势下忍受的，可能会和他们在一个100%的范围里经受的一样多。

唯一肯定的结论是，我们需要更多的关于人类天性和人类福利原因的研究。布拉德伯恩（1969，第233页）指出了简单而有效的要点："只有更好地理解人们是如何达到他们自己幸福感的自有标准以及社会力量如何施力于他们的标准的，我们才能处于一个更好的地位，来制定和执行有效的社会政策。"

目前的分析还指出，显然还需要研究偏好和品位的形成。经济学家普遍坚持认为，品位的决定不是至关重要的因素。但在这个问题上，似乎有许多有希望的迹象表明，经济学家正在改变自身的品位。卡托纳（1951，1971）、摩根（1968）、施达派（1973）和他们的同事在密歇根州的调查研究中心一直对这个问题在做某些开创性的研究（同样还可以参见普法夫，1973）。在20世纪50年代，西格尔（1964）做了一些较少有人关注的欲望形成的建模工作。加尔布雷思（1958年，1967）攻击经济理论的一个中心思想是"依赖效应"，即品位遭受到来自于商业系统的物质操纵。[12]

在经济增长方面，目前的研究结果对"国际示范效应"的重要性提出了质疑。如果富国和穷国之间分享同种范畴的物质需求，那么国家的实际等级越高，则越应该拥有较高水平的幸福感。同时，针对国内横截面数据的研究，表明相同社会成员的欲望是相似的，它支持了一种内部示范效应的概念。[13]

经济学家关于经济增长的模型，都倾向于排除品位作为一个变量。[14]但是，麦克在许多年前（1956年）提出的建议是，品位的变化不仅有可能受到经济增长的影响，还可以作为经济增长的刺激点。因此我们可以设想一个关于品位变化和人均收入变化之间相辅相成的互动关系，假设其他条件不变，它们将推动经济持续向前发展，并使得人均收入不断上升。

另一个有趣的分析，可能是由对经济变化与政治行为关系中品位变化的认知所开辟的。最近关于政治骚乱和革命原因的研究强调了全体居民欲望和他们满足感之间不一致的重要性（戴维斯，1962年；格尔，1970年）。由于商品经济一直是人类关注的重要组成部分，一个增长模型将物质欲望作为一个变量应该也会包含未满足期望的政治后果，以及任何由此产生的政治活动对增长过程本身可能的反馈效应（feedback effects）。

最后，关于经济增长，有观点认为，大多数发达的经济体，尤其是美国，已经进入饱和时代。这是说，经济增长往往导致了"大众消费社会（mass consumption society）"（罗斯托，1960），"富有社会（affluent society）"（加尔布雷思，1958），"华丽社会（opulent society）"（约翰逊，1967），或"后工业社会（post-industrial society）"（贝尔，1970）。目前的分析对美国是否有这样的时代提出了严重的质疑，或者，事实上，是否存在这样极端的阶段。抛开长期波动不谈，我们现在这一代在一个世纪以来相比祖先没有更明显的进步——至少从19世纪上半期以来，人均收入的长期增长率一直明显保持着稳定（戴维斯、伊斯特林和帕克，1972，详见本书第2章）。美国正处于新时代的观点，部分是基于对过去经济快速增长的盲目自信而来的。请思考下面的语句："年复一年，艺术的进步，向我们所拥有的信用征税，都似乎预示着人类进步终将终止的时代到来。（引自戴维斯、伊斯特林和帕克，1972，第177页）。这是亨利·L.埃尔斯沃思，一个专利审查委员会成员在1843年提出的！同样，民主评议作家于1853年预测，电力和机械将会改变今后50年的生活："男人和女人将不再担心被打扰，或履行无趣的劳动作业。"机械将会执行所有的工作——自动化将会引导它们工作。人类唯一的任务是做爱、学习和快乐生活。"[15]布雷迪最近的研究非常详细地记载了大体上在19世纪时期一个接一个的衣、食、住、行，乃至生活方式上无数的进步。（戴维斯、伊斯特林和帕克，1972；详见本书第2章）。有什么理由认为当前这一代已经是进化到了巅峰这种独特阶段，难道未来不会有什么奇迹？对于这种奇迹，只要达到了，就会感到幸福吗？一个反物质的文化革命可能在进行中，但它是可疑的，一个主要的原因是，美国社会最近已经达到了一个前所未有的富有程度。如果这里所说的观点有可取之处，那么经济增长不会使社会达到丰富的极限状态。还不如说，欲望会随着本身的成长而扩大，导致它持续不断地向前发展。

第 2 章　提高所有人的收入会增加所有人的幸福感吗？[①]

　　提高所有人的收入就能增加所有人的幸福感吗？面对这个问题，我们可以比 20 年前更坚定地说出答案："不。"本章我们将根据给出的模型和证据，对这一问题进行简要总结。

2.1　模型

　　一个简单的思维实验可能传达出这样的基本推论——试想一下，如果你的收入大幅增加，而其他人的收入依旧同以前一样，你会感觉好些吗？大多数人会给予肯定的回答。现在假设你的收入保持不变，而其他人的收入大幅增加，你会有什么感觉？大多数人会说，他们感觉不那么好。这是因为对个人幸福感的判断是由一个人的客观地位与主观生活水平标准比较

　　① 本章是 Easterlin, R. (1995) 的《提高所有人的收入会提升所有人的幸福感?》的一个修订版,参见:《经济行为与组织》,第 27(1) 期,第 35 页至第 47 页,转载许可来自爱思唯尔。笔者感谢 Donna Hokoda Ebata 和 Christine M.Schaeffer 的优秀协助,感谢 Richard H.Day 和 Morton O. Schapiro 的意见,感谢 Ed Dueber 和 Alan Heston 提供的有用的数据,以及南加州大学的财务支持。本文的标题来自 Inkeles(1960)。

后得出，而这个标准明显受到整个社会生活平均水平的影响。如果生活水平普遍提高，主观的生活水平标准也会提高。收入不变的个体会感到更穷，即使他或她的客观情况和以前一样。

一般来说，幸福感或是主观幸福感，会随着自己与他人的收入对比的变化而直接变化。增加所有人的收入，并不会增加所有人的幸福感。因为在主观幸福感中更高收入带来的积极影响，会被收入普遍增长所导致的更高生活水平标准带来的消极影响抵消掉。

正如第1章所讨论的，形式上这是一个偏好相互依存的模式，即每个人的效用或主观幸福感变化与他或她自己的收入成正比，或是与其他人的平均收入成反比。[1]给定任意时间点的平均收入，幸福感与个人收入成正比。然而，随着时间的推移，个人收入普遍增加提高了社会平均水平。建立在个人收入上升基础上的个人预期幸福感提升，将会被由于平均值的上升所导致幸福感的下降抵消掉。因此总的来说，幸福感没有净增长。

尽管这一模式在幸福感和已知的收入类型中产生了矛盾的横截面和时间序列关系，但一个更为现实的模式应该额外考虑习惯的形成。其中，一个人的效用不仅附属于其当前的收入水平，同样也依赖于其过去的收入水平（莫迪里阿尼，1949；波拉克，1970；戴，1986）。[2]许多有着较高收入的人有良好的经济背景，反之那些低收入人群过去的收入水平也较低。在收入史差异中所暗含的生活经历差异，亦被寄希望于会在生活水平标准上产生类似的差异——富人有着更高的标准，穷人则反之。事实上，如果习惯的形成独立成为标准，它可能会成为标准的一个离差，与收入的离差呈正相关，并且在横截面上亦无显著的收入-幸福感关系。然而，随着习惯形成与相互依存偏好等更多假设的出现，标准的离差要小于其收入的离差。因为所有收入水平的标准，都趋向收入的平均水平。结论是：横截面上幸福感与收入有正相关的联系。但是，一种更加微弱的情况会在缺乏"习惯养成"的情况下盛行。

2.2　证据

来自美国、欧洲9个国家和日本的时间序列研究表明，一个社会收入的增长不会提高幸福感。对于美国来说，大部分工作已经完成，最全面、最具历史经验的是史密斯（1979年）和坎贝尔（1981）的研究（详见本书第3章）。在分析了1946年至1977年间45个幸福感研究的详细数据后，史密斯得出了与第1章相同的结论，即美国人的幸福感波动在20世纪50年代末达到了一个峰值，但没有明显的变化趋势。幸福感波动的缺乏也被坎贝尔提及，他扩展了对这一问题的研究，其中包括对总体生活满意度问题的研究。坎贝尔还指出，幸福感的波动有时会与人们基于经济趋势所表现出的期望值呈负相关（1981）。凭借一个小范围的调查，O.D.邓肯（1975）指出，"对于1955年到1975年之间生活在底特律的妇女们来说，她们对于生活水平的满意度并没有显著的变化。尽管……以美元计价的（中等家庭）收入增加了40%。"

这些研究的时间段覆盖了第二次世界大战后期至20世纪70年代，而之后的经验又是怎样的呢？答案再一次是——幸福感没有波动趋势。其证据来自综合社会调查的年度数据，这一调查自1972年开始，直到1991年结束（详见图2-1）。在此期间，人均实际可支配收入增长了1/3。结合第二次世界大战后早期的部分研究结果，得出的结论是，尽管人均GDP增加了1倍多，但在近半个世纪中，美国人的幸福感并没有提升（麦迪森，1991）。

欧洲9个国家在1973年至1989年的生活满意度趋势与上述美国人的幸福感趋势是十分相似的。图2-2表明了这些国家的人民在一个稍短期间的幸福感趋势（英格哈特和拉比尔，1986）。如图2-2所示，满意度在一些国家上升，而在另一些国家下降。然而总体格局显然是，在一段时间内

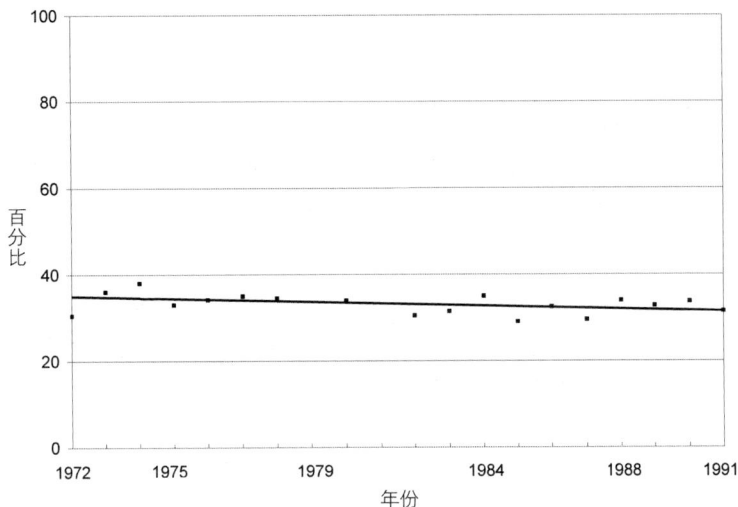

图 2-1　1972 年至 1991 年美国人民"非常幸福"的比例

注：①1991 年全国民意研究中心的问题是，"你能说说这些天过得如何吗？你会说，自己非常（very）幸福、相当（pretty）幸福，或者不太幸福（not too happy）？"

②一个普通最小二乘法回归与这些数据吻合；时间趋势在统计上并不显著。

所有这些国家的人均实际 GDP 从 25% 上升到 50%，但幸福感变化很少或没有变化趋势（经济合作与发展组织（OECD），1992）。

日本自第二次世界大战后的迅速恢复是一个特例，因为它所包含的收入水平比美国和欧洲要低得多。对日本实际人均 GDP 最好的历史估计是在 1958 年，当时的日本生活水平只有美国 1991 年生活水平的八分之一（萨默斯和赫斯顿，1991）。在 1991 年，除了非洲的第三世界国家及地区，许多国家的收入水平已经达到甚至超过日本在 1958 年的收入水平，见表 2-1。

因此，我们以日本为例，来见证一个国家从低于或等于现今发展中国家的收入水平开始崛起的过程。

1958 年到 1987 年间，日本以高达 5 倍的实际人均收入增长速度将日本民众的生活水平提高到当时美国民众生活水平的三分之二（萨默斯和赫

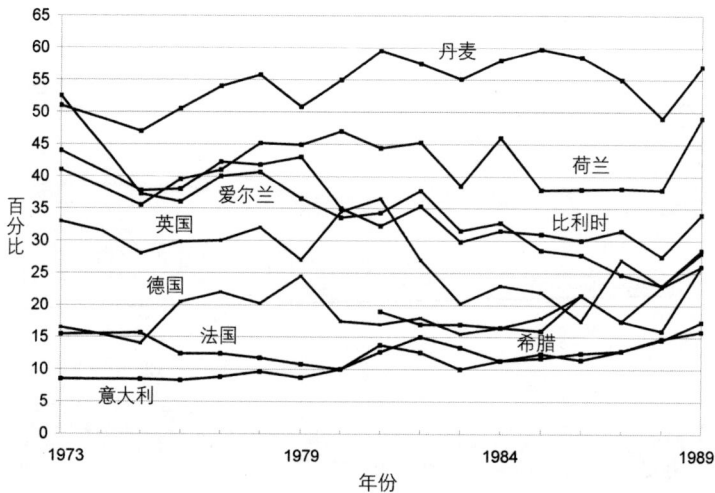

图2-2　1973—1989年欧洲9个国家人民对生活总体来说"非常满意"的比例

注：①所问的问题是："一般来说，你对你的总体生活是否满意？你会说你非常（very）满意、还算（fairly）满意、不太（not very）满意，或者根本不（not at all）满意？"②普通最小二乘法（未显示）产生的时间趋势对5个国家而言，并不是都显著，积极显著的有2个，消极显著的有2个。

资料来源：Inglehart and Reif 1992.

表2-1　　　　　　　日本与其他被评估国家收入水平对比

	1991年评估的国家数量	达到或超过1958年日本收入水平的国家数量
亚洲（不包括日本）	24	16
拉丁美洲和加勒比地区	24	15
非洲	43	11

斯顿，1991）。一些在开始阶段很少出现在家庭中的耐用消费品，如电动洗衣机、电冰箱和电视机，变得非常普遍，家庭的汽车拥有量也从1%猛增至约60%（野洲祚，1991）。虽然这10年间生活水平的改善是史无前例

的，但日本人的平均主观幸福感并没有得到改善，如图2-3所示（英格尔哈特和瑞彼特，1986）。

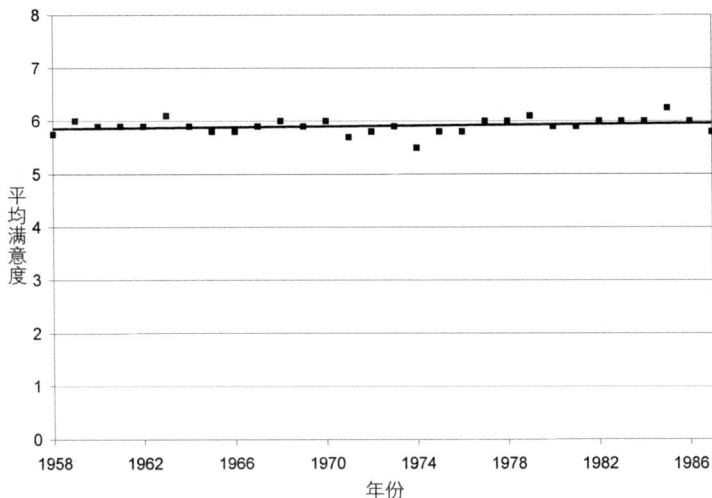

图2-3　1958年至1987年间日本主观幸福感的平均值

注：一个普通最小二乘法回归是与数据拟合的；年度平均满意度系数在统计上是不显著的。

资料来源：Veenhoven 1993.

　　之后不久，日本人口被划分为3大收入群体，最高组的平均幸福感实际上比最低组的要高得多（详见本书第1章，表1-5）。鉴于收入的显著增长，在这段时期末，收入等于或超过之前最高组水平的人口比例大幅上升。然而，满意度的平均水平并没有改变。

　　一些主张主观幸福感的学者认为，主观幸福感与收入的关系可以用曲线来表示，它可能不是在较富有的国家而是在较贫穷的国家表现为正相关关系，尽管这种效应的时间序列证据还没有呈现。据推测，在更贫穷的国家这种关系可以得到更明显的体现，因为人们开始从食物、衣物和住所等生存层次的需求中得到释放（英克尔斯，1993；维恩霍文，1991）。和许多现今的第三世界国家一样，日本在1958年已超越这种阶段。然而，日本生活水平巨大进展的后续，确实完成了一个从只有耐用消费品的"温饱水平"到拥有全部商品的转变，但这对主观幸福感并没有影响。有人怀疑，在日本人中耐用消费品的普及必须涉及对感知需求的普遍满意。然而任何主观福利效应的完全缺失似乎都会导致对假定线性关系的怀疑。

同样也有与标准相关的证据支持这一理念，即较高的收入并没有带来较大的幸福感，因为物质欲望是随着社会收入的上升而上升的。正如第1章所讨论的，在一次深入探究人们期望与恐惧心理的国际性调查中，社会心理学家哈德利·坎特里尔（1965）就如何使调查对象达到全身心的愉悦，抛出了一个开放性的话题。在比较了那些富有国家和贫穷国家的人们的反应后，他得出的结论是：

"高度富有国家的人们比起欠发达地区的人们，对需求的范围明显有了更加广泛、有见解且志向高远的眼光。而欠发达地区的人们还没有学习到这种对于生活在更先进的社会体系中的人来说已是潜移默化的眼光。也就是说，关于社会和生活物质方面的需求确实来自于适度的比较。"

欲望的时间序列比较也产生了类似的结论。当美国人被要求思考"你所向往的美好生活"时，结果显示"真正优质的衣物"以及"度假别墅"均是美好生活所必不可少的商品。与1975年相比，这一现象在1988年更为显著（伊斯特林和克里敏斯，1991）。也许最为重要的是，调研结果表明物质标准和收入正以相同的速度朝相同的方向上升。因此，本世纪纽约市工人的最低舒适预算"一般为实际人均GDP的一半"（斯莫伦斯基，1965）。同样地，雷恩沃特（1990）的结论表明在1950年至1986年间，收入被认为有必要和实际人均收入同比例增长。

在国家内部，幸福感与收入亦是正相关的，这一理论性的期望亦是通过数据来支持的。有大量数据表明，在收入与主观幸福感之间，有一种积极的联系存在于国家内部（详见本书第1章）。有调查文章总结如下：

"有压倒性数量的证据显示，收入与主观幸福感在国家内部之间呈正相关关系。即使在其他变量如教育被控制的情况下，这种关系也依然存在……尽管当其他因素在被控制时，对收入的影响通常很小，但不可否认的是它们可能就是通过收入来产生影响的那一个因素。"（迪纳，1984；安德鲁斯，1986；莱恩，1993）

正如前面所提到的，对社会中幸福感-收入之间正相关关系的预期假设物质标准的离差小于实际收入的离差，虽然两者是正相关的。雷恩沃特对"发展"的收入观念的分析支持着关于标准离差的这一观点。他得出的结论是：

"人们对于社会生活标准的认识已达成一定高度的共识，甚至高收入的家庭对于（四口之家）所必需的收入也不再那么强调了。同样的结论还可以从关于调查贫富生活层面的两个研究中得出。"（雷恩沃特，1974；杜诺夫，1985）

收入水平不同的国家之间的时间点比较又会是怎样的呢？对此，理论预期是不确定的。在一个极端，可以想象成对国内情况的一个复制——富有和贫穷之间标准的一种实质的趋同，导致幸福感与收入之间存在一个正相关关系。而另一个极端则认为这些标准会与实际收入有着直接的同比例的差异，导致幸福感与收入并无显著关联。换而言之，预测的国际横截面中幸福感-收入关系将取决于跨越国界的物质标准在世界各地的盛行程度。

在涉及国际间比较时，学者们对"物质的欲望会随经济发展水平正向变化"有着相当一致的观点。[3]然而，因为一个正相关的幸福感-收入关系一般会出现在国际比较中，平均而言，标准的离差似乎低于收入的离差，如图2-4所示（盖洛普，1976；英克尔斯，1993；英克尔斯和戴蒙德，1980）。[4]相对于国内的发现，评估国际间横截面的收入-幸福感关系的大小会非常有意思。然而，现在这种已被大家广泛接受的，幸福感和收入的二元国际比较的研究结果显然会受到文化因素影响，这是很复杂的。

例如，欧洲的9个国家在图2-2中展现出的整个时期的高度稳定性，被一个研究所采用，用来标示一个在主观幸福感报告中因国家而异的"持久文化成分（durable cultural component）"（英格哈特，1988；英格哈特

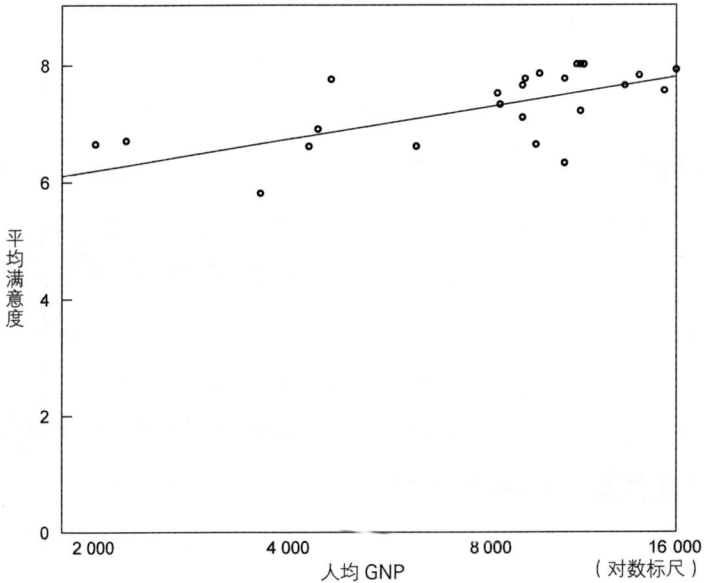

图2-4 24个国家的总体生活满意度均值与实际人均国民生产总值

注：包括18个欧洲国家以及美国、加拿大、澳大利亚、日本、阿根廷和南非联盟；一个普通最小二乘法回归是与数据拟合的；人均国民生产总值的满意度系数在统计上是显著的。

资料来源：基于欧洲晴雨表调查（英格哈特，1988）。

和雷比，1986）。英克尔斯（1993）指出："……国家队列显示了一个答复倾向——证明了他们文化定位的一个方面：要么积极地看待大多数事物，要么消极地看待大多数事物。"[5]全球幸福感的比较中，受文化影响的观测值强调了国家时间序列证据的重要性，正如这里所强调的，也是为了推断主观幸福感与经济发展之间的关系。

2.3　结论

如今，同过去一样，在一个特定时段内，一个拥有较高收入的国家相对而言幸福感更高。然而增加所有人的收入，并不意味着所有人的幸福感就会因此而上升。这是由于基于物质标准的幸福感判断会随着社会实际收入的增加而上升。虽然支持这些结论的证据不断增多，但仍有必要继续加以研究。

尽管时间序列的研究对于主观幸福感与经济发展是如何联系的这一论题至关重要，但令人吃惊的是这种类型的分析很少完成，尤其是在较贫穷的国家。此外，幸福感有时会随着时间上下波动，这些波动同样值得我们去研究。关于物质标准是如何随着经济发展水平而变化，以及塑造这些标准的机制，仍然需要更多的实证工作。最后，有必要去开发不存在文化偏见的国际横截面的幸福感–收入关系。

迪纳（1984年）所做的一项调查分析了超过200个关于主观幸福感标准和决定因素的研究，只有2个参考文献似乎是经济杂志里面的文章。除了少数的例外（阿布拉莫维茨，1979；弗兰克，1985；莱亚德，1980；莫拉韦茨等，1977；西托夫斯基，1976；西托夫斯基，1986；帕拉格和卡普坦，1973），经济学家往往忽视或者不考虑当前的研究结果，更愿意选择"更舒适的结论，即当人们收入普遍增加时，平均而言，他们会感觉更好"（斯利威尔，1980）。这种阻力毫无疑问，部分是由于不愿意放弃已经流行于传统福利经济学中急功近利的关于社会公益的观念，并把它作为公共政策的一个正当理由。但是，规范经济学的近期工作已经越来越着眼于社会公益及其政策含义的替代方式（阿南德和拉瓦雷，1993；哈赫尼尔和阿尔贝，1990；豪斯曼和麦克弗逊，1993；萨格，1993）。这里的实证结果似乎在强调这项工作的重要性。正如豪斯曼和麦克弗森（1993）的发现："一个经济学家对研究主题的道德方面的积极投入和自我批判，也许没什么帮助但会更加有趣、更加有启示性，并且比起那种力求不做的，最终将更加有价值。"

第3章 幸福感与经济增长:横截面数据是否能预测时间趋势? 来自发展中国家的证据[①]

发展中国家的幸福感趋势很少被了解。因此,富国与穷国之间时间点的比较通常会被用于推断幸福感随着人均GDP增长而变化的过程。在本章中,我们收集了一些在发展中国家获得的幸福感的有限证据,来检测长期趋势是否与基于横截面数据的预测相一致。发展中国家具有特殊性,根据横截面数据的比较,其经济增长会被期待对幸福感有最大的影响。事实证明,由于研究的国家数量有限,我们发现实际趋势并不符合有关横截面关系的那些预测。

我们检验了三个具体的问题:(1)对于发展中国家,幸福感趋势的本

① 本章是Easterlin R 和 Sawangfa O(2010)《横截面能否预测幸福感与经济增长之间的趋势? 来自于发展中国家的证据》的一个修订版,参见:Diener E, Kahneman D 和 Helliwell J 主编的《幸福的国际差异》。翻印许可来自纽约牛津大学出版社。所有使用到世界观调查的人都应该感谢Ronald Inglehart 和他的合作者对世界上许多国家在过去二三十年里基于主观态度和幸福公共领域所做的令人印象深刻的工作。如果没有这些数据,就不可能有本书的第3、4和5章的第2部分了。我们受益于 Timothy Biblarz, Ed Diener, John Ham, John Helliwell, Betsey Stevenson,和 Justin Wolfers 的良好建议,同样还要感谢 Jacqueline Zweig 和 Laura Angelescu 的大力支持。特别要感谢来自南非的 Vakerue Moller 和来自日本的高良草刘提供的数据和意见。财务支持由南加州大学提供。

质是什么？（2）通常观测到的收入边际效用递减的国际横截面模型，能否预测幸福感的时间趋势？（3）较高的经济增长率，是否通常伴随着更正向的幸福感趋势？我们从来没有预想过答案是什么。我们感兴趣的是事实：找出关于这些问题的证据。

由于可用数据的有限性和零散性，关于发展中国家幸福感时间趋势的研究几乎没有。在经济文献中最值得关注的特例，是在本书的第5章介绍的史蒂文森和沃尔弗斯（2008）最近的论文。除了经济学家，还有两个生活质量专家迈克尔·哈格蒂和拉特·维荷芬（2003）做了时间序列研究，和史蒂文森和沃尔弗斯论文中提到的一样，他们声称发现幸福感是同经济增长呈正相关关系。伊斯特林在2005年的下半年已经评论过了这项研究中所采用的数据和方法（详见哈格蒂和维荷芬在2006年的回复）。同样，政治科学家罗纳德·英格哈特和他的合作者们，在一项关于近几十年世界价值观调查数据的分析中宣称："在52个国家中有45个国家的幸福感上升，因此大量的时间序列数据是有效的"（英格哈特、福阿、彼得森等，2008）。正如本书第4章中所解释的，这一推断似乎也是源自第2波和第3波世界价值观调查在幸福感评价中的一个上行偏差，而这正是作者结论的依据所在。[1]

我们将一个国家当作幸福感趋势的研究对象的标准是，至少要有3个最低跨度为10年的主观幸福感作为可比的观测对象，平均跨度期间实际上在16年左右。这是研究幸福感的一个短期时间序列。

对幸福感和经济增长的原始时间序列研究发现，当比较同一幸福感问题时，美国的幸福感在1946年至1956年、1957年都曾有一个增长，随后开始下降直到1970年，在整个时期内有着一个可以忽略不计的净变化（详见本书第1章）。在美国超过20年的时间所观测到的上升和下降趋势说明，即使是一个10或者15年的时间段都有可能不出现一个长期趋势的有效指示。但即使我们将最小值设置低至10年为1期并且只需要3个可比较的观察指标，我们总共也仅剩下13个发展中国家可以研究。这么少的数量或多或少是对大多数发展中国家人口相当密集、拥有高经济增长率的事实的一点抵消。事实上，巴西、中国、日本和韩国这4个国家与最近的世界银行报告中精选的13个经济增长"成功案例"是有所不同的（Commission on Growth and Development，2008）。

幸福感取决于许多因素（布鲁尼和波尔塔，2005；弗雷和斯塔泽，2002；莱亚德，2005）。然而，对发展中国家的经济增长和幸福感的归纳，通常是基于主观幸福感的国家措施和人均收入的二维横截面比较的。一个关于推断发展中国家主观幸福感时间趋势的简洁例子，是来自两位研究幸福经济学的首席经济学家在有价值的研究量中所做的一个双变量、多国家的横截面研究：

"国家之间的比较显示，收入与幸福感的确是正相关的，并且随着收入的增加边际效用开始下降。高的收入会明显提高发展中国家的幸福感，如果这是真实存在的，那么其对发达国家的影响是相当小的。"（弗雷和斯塔泽，2002）

因此，我们这里也采用一个二元方法来测验这种与时间序列证据相对的归纳。一些分析者着眼于幸福感与收入关系的绝对量变化，但是另一些分析者则选用百分比变化。我们可以从以下两个方面来分析。

在许多文献术语中，"幸福感"一词已普遍成为对主观幸福感评价的一种诠释。下面的具体分析基于主观幸福感的大量评价指标，包括总体生活满意度和财务满意度。虽然总体生活满意度比财务满意度更全面，但是人们可能会认为财务满意度更接近于经济增长，从而将其作为一个更好的评价指标来测量幸福感与增长的关系。最重要的是，通过使用这两个评价标准，我们可以衡量它们是否会为我们提供3个问题的一致的答案。在下文中，"主观幸福感"这个术语被用来暗指这两个评价标准，无论是单独的或是共同的。

3.1 数据与衡量标准

最重要的数据集是世界价值观调查（WVS），第5波调查已经在世界上越来越多的国家中得到了执行：1981年至1984年、1989年至1993年、1994年至1999年、1999年至2004年，和2005年至2007年（详见2006年世界和欧洲的价值观调查4波综合数据文件；2005年世界价值观调查的官方数据文件V.20081015，2008）。这里包含的绝大多数发展中国家在第2次世界价值观调查中被首次涉及，但是阿根廷、日本、韩国和墨西哥这四个国家在第1次世界价值观调查中就已经被覆盖了。第2个主要数据来源是自1995年起几乎每年进行一次的拉丁美洲晴雨表（Latinobarometer）调查。这个研究包括阿根廷、巴西、智利、墨西哥、秘鲁、委内瑞拉在内的6个拉丁美洲国家——我们依据的就是这个因为覆盖了更全面的时间序列数据而一度被认为比世界价值观调查更有用的拉丁美洲晴雨表，它还包括了尼日利亚和南非这2个非洲国家。对于南非，除世界价值观调查外，还有一个独立的调查，即南非生活趋势质量研究（South African Quality of Life Trends Study），它属于指标数据（SA Mark Data，以下简称最高权限指标数据），对世界价值观调查数据提供一个检测。[2]我们对亚洲的中国、印度、日本、韩国和土耳其5个国家进行了研究。其中中国的两项其他研究数据来源——盖洛普民意测验和亚洲晴雨表（Asiabarometer），被用来检测世界价值观调查。日本的主要序列则来自对"国家生活"的调查。这个调查开始于1958年，当时日本的国内人均生产总值是2000年美国国内人均生产总值的11%，这样的数值在发展中国家中算得上很好了（本书第2章中有所阐述）。这一系列数据一直延伸至2007年，并由世界价值观调查和一个由日本内阁办公厅（Cabinet Office of Japan）举办的、高良草刈热心提供的涵盖期为1978年至2005年的调查所补充（高良草刘，2007）³。这3个对于日本的调查都终止在日本人均GDP超过了美国2000年水平的80%的这一个时点上，因此是这里所覆盖的成长经验的最广范围。

在日本进行的"国家生活"调查中，1958年和2007年之间的调查问题有着若干变化（平田，2001；史蒂文森和沃尔弗斯，2008）。表3-5是史蒂文森和沃尔弗斯在2008年对这些数据进行的一个比较有价值的整理。因此我们将序列分为3个部分进行独立分析，日本序列1（1958年—1969年）、日本序列2（1970年—1991年），和日本序列3（1992年—2007年）。为了满足我们10年的最低标准，为期11年的日本系列1是由两个更短的部分组成，采用一个虚拟变量来解释由于调查问题变化所导致的相应水平差异。日本（1981年至2005年）的世界价值观调查数据用于分析财务状况的满意度，被标记为日本序列4。

1975年后的GDP数据来自于世界银行的数据（World Development Indicators Online，2008），日本1975年之前的数据都是基于世界银行序列数据使用佩恩世界表（Penn world Table）反推而来的（赫斯顿、萨默斯和阿托恩，2006）。

我们这里记录的主观幸福感观察值，不是基于实际的调查数据，而是最有可能反映主观幸福感的同年度国民生产总值的观测值。主观幸福感调查中，人均GDP数据通常只涉及一个月或几个月。如果一项调查在一年里被过早地实施，那么将它与一个覆盖了同一年度完整12个月的GDP估计值相联系，显然会毫无意义。因此我们的步骤如下：一个主观幸福感调查在一年的头4个月进行的，如1991年的1月至4月，与1990年的GDP挂钩；年中进行的调查，如在1991年5月至8月期间实施的，与1990年与1991年的平均GDP进行比较，并标记为1990.5；在1991年9月至12月进行的下半年调查，与1991年的GDP相比较，记录为1991。

在世界价值观调查中，生活满意度和财务满意度是按从1（表示最不满意）到10（表示最满意）的答复等级以整数测量值表示的。这里使用的每个有关主观幸福感评价的具体问题都会在附录A中给出。除了在印度（从第3波调查开始），我们并没有采用世界价值观调查中的4类幸福感评价。其他两个评价方法中的10个答复类别有着更明显的敏感性优势，正如第4章中所讨论的，幸福感的测量在第2波调查和第3波调查期间有向上的偏差。

总体生活满意度也存在偏差的问题，这导致第3次和第4次调查时的生活满意度与早期和晚期的相比，都呈现下降的趋势。这是因为我们在第3次与第4次调查中把财务满意度问题放在了总体生活满意度问题之前，从而产生了一个"聚焦偏差"（史蒂文森和沃尔弗斯，2008）。然而，与生活满意度相比，在各波调查中财务满意度的问题就内容和背景而言似乎更具可比性。生活满意度和财务满意度在第2次和第3次调查中呈现典型的相似变化，这暗示在生活满意度这一问题上的偏见在某种程度上是存在的，只是没有像在幸福感测量中那么严重而已。

在这里和世界价值观调查一起使用的拉丁美洲晴雨表，对拉丁美洲的6个国家来说都存在着可比性问题。在1997年和2000年的两个调查中，生活满意度的答复类型与那些随后的调查是不同的。因此，前2年的观测资料在这里是不被采用的。此外，我们还删除了2006年拉丁美洲晴雨表中关于财务满意度的数据。在这种情况下，发生在2006年的一个聚焦偏差是由于将一个比较个人父母处境的新问题放在财务满意度问题之前，导致了随后财务满意度答复上的偏差。[4]

3.2　方法

我们对主观幸福感的阶段进行回归以计算它的长期增长率，来分析每个国家的最长有效时间跨度区间。当主观幸福感有一个以上的数据集时，人均GDP的长期增长率可以从人均GDP在主观幸福感观察对象涵盖期间的期初值和期末值计算得来。在这种情况下，我们对拉美国家进行了一个以虚拟变量来区分不同数据集的混合回归。主观幸福感与人均GDP增长率的数据是每年变化的。主观幸福感的变化采用的是绝对值衡量，而人均GDP采用的是相对比例衡量。

进行长期分析是为了从主观幸福感与人均GDP的短期关系中，明确地区分出更长期的关系。有充分的证据表明，主观幸福感的短期波动与宏观经济状况有着正相关关系。这种关系不可能比在大规模的经济崩溃以及转型国家随后的复苏中表现得更加明显，但它同样也在发达国家中得到了证明（详见本书第4章；迪特利亚、麦卡洛克和奥斯瓦德，2001）。主观幸福感波动与人均GDP之间的短期正相关关系，不应该与长期关系相混淆。试想一下，两个序列——一个代表主观幸福感而另一个代表人均GDP——表现出同步的波纹状运动，但是主观幸福感那些数据是围绕水平趋势线波动的，而人均GDP则是一个正向的趋势。主观幸福感的增长率和人均GDP之间的短期关系是正相关的，但长期却不是如此。正如本书第5章所展示的，如果将不同国家短期和长期的数据进行汇总，那么短期正向的关系会在主观幸福感对人均GDP的回归中占据主导地位。这是因为短期人均GDP的增长率，不管是正向的还是反向的，都远大于长期增长率（忽视正负符号）。因此，短期增长率更可能是无关的观测对象，并会非对称地影响回归结果。

正如前面所提到的，这里用到的2个主观幸福感问题的世界价值观调查答复等级范围是从整数值1（表示最不满意）到10（表示最满意）。而本章中的其他调查中，答复的选项则通常是典型的分类，不是数值。为了与文献中通用的做法保持一致，我们给每个类别分配了整数值从1（表示最坏的响应选项）到最好的响应答复选项（举例来说，如果有4个答复类别就用4来表示）的相应编号。然后，我们用获得的所有受访者每年反馈的原始数据来计算主观幸福感的平均值。

由于世界价值观调查的满意度问题建立在一个从1到10的等级上，不像世界价值观调查问题建立在一个从1到4或从1到5的等级上，所以我们重新调整了世界价值观调查的答复等级，使之符合非世界价值观调查的等级。例如，在将世界价值观调查缩放成一个从1到4的答复等级时，我们假设世界价值观调查的第10种答复等级对应非世界价值观调查的第4种答复等级，世界价值观调查的第1个答复等级对应非世界价值观调查的第1个答复等级，并运用线性公式进行转换：

$$y=0.3333x+0.6667$$

在这里y是非世界价值观调查的主观幸福感的答复等级，x是世界价值观调查中主观幸福感的答复等级。下面分析中的回归结果的斜率系数正是基于这些重新调整后的世界价值观调查答复值。世界价值观调查是不完美的。在前面一节中，我们注意到主观幸福感问题的措辞及内容有时在一个调查到另一个调查中会有所变化。另一个问题是，对于一些国家来说，调查的地理范围会随时间推移而发生改变。有时样本权重会被设置来调整样本覆盖率中的变量，但是权重通常情况下都没有给出足够的规律性来产生与我们的目标具有可比性的时间序列。

史蒂文森和沃尔弗斯做了一份基于世界价值观调查文件集的相当有价值的调查覆盖面变更情况总结（详见附录B）。他们在分析中纳入了一个世界价值观调查的标准，似乎这种调查必须是具有全国代表性的，结果是他们舍弃了一个关于7个国家的一系列调查。尽管一个具有全国代表性的调查显然更好，但是它似乎过早地放弃了应用其他调查。当世界价值观调查没有全国代表性时，它们总是会覆盖更多受过良好教育和城市化的那部分人口，这些都是那些恰好最有可能从经济增长中收获收入福利的群体。因此，如果经济增长提高着主观幸福感，那么正是这些人口群体被期望最能体现主观幸福感的改善。

当调查覆盖范围发生变化时，随着时间的推移便会出现可比性的真实问题，特别是对于一个具有全国代表性的调查来说。依据获得数据的类型，我们试图在几个方面将这种转变的影响最小化。对于阿根廷和智利这两个国家来说，我们只采用了那些在地理覆盖范围上看起来具有可比性的早期世界价值观调查，这些调查大约覆盖了70%的人口。而对于另外2个国家——墨西哥和尼日利亚来说，调查覆盖的范围是变化的，特别是针对农村人口的覆盖率。我们基于主观幸福感的研究方法来分析那些生活在有着10万乃至更多人口的区域里的居民，他们可能是覆盖率相当一致的一群人。最后，对于中国和南非这两个国家，我们通过其他组织获得的独立调查，来对世界价值观调查里公布的主观幸福感的时间序列变化提供支持。对于这里涉及的那些要么大部分要么全部被史蒂文森和沃尔弗斯所舍弃的7国调查，我们只留下印度——这个在生活满意度的分析中看起来独一无二的国家，而且将它排除在外并不会改变结果。这里所研究的13个国家的基础数据和选择理由，将在附录B中给出。我们没有展示一个额外测试的相关结果，在这一测试里，我们将由于性别、年龄、教育程度和住宅面积所导致的人口数量的变化控制在可能的范围之后，对主观幸福感平均值在每个数据上都进行了估计。这一分析所诞生的有关变化的模式，与那些他们选定的数据的模式非常相像。

对于那些使用两种方法来建立主观幸福感趋势的国家，我们分别对每个序列的时间趋势进行普通的最小二乘法回归，然后再对序列中的某一个进行包含一个虚拟变量在内的混合性回归。因为关于主观幸福感问题的措辞（或者说是答复类别）会在从一个序列到另外一个序列时变化，虚拟变量会告诉我们这样的变化是否对同一水平上的序列具有一个显著的影响。关于每个国家的具体回归结果，将在附录B中给出。

3.3 结果

主观幸福感的趋势。在一个国家内，生活满意度和财务满意度的趋势几乎总是在同一方向，这给主观幸福感的长期运动提供了相互一致的证据。12个国家中有9个国家的两种衡量指标都是可用的，即它们都向上移动，而另外有2个国家的指标向下移动（比较图3-1的左上和右下部分），秘鲁则是一个在边界线上的特殊案例。

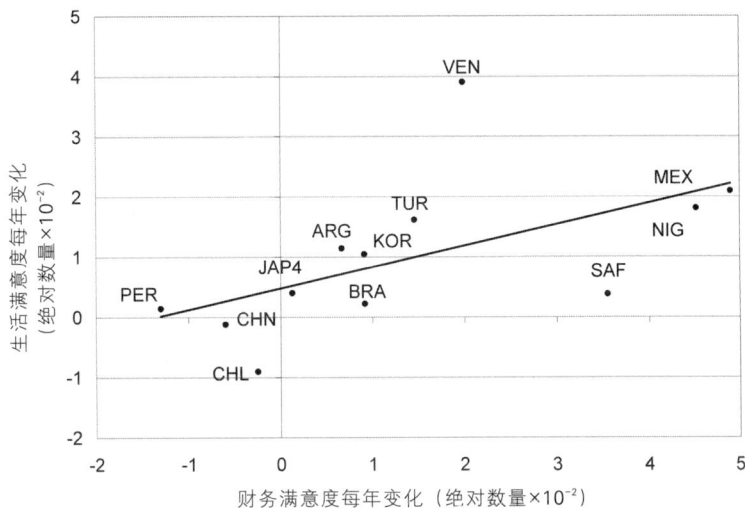

图3-1　生活满意度和财务满意度的每年变化率

注：拟合的普通最小二乘法回归得到：$y = 0.47081 + 0.35442x$；$N=12$；调整后的$R^2=0.24$；
　　　　　　　　　　　　　　　(1.19)　　　(2.12)
括号内为T统计量。

资料来源：表3-1的第4列以及表3-2。

生活满意度通常被视为生活的各个领域，如财务状况、家庭状况、健康状况、工作状况、交友状况等等的满意度净结果（详见本书的第三部分）。这里所发现的财务满意度和生活满意度之间的重要关系提供了一个观点的新证据，这一观点认为对于经济状况的满意度是生活满意度的时间序列运动的一个重要决定因素（参见伊斯特林和普拉尼奥尔，2008）。图3-1显示的这种关系，忽略了财务满意度序列的年份跨度有时与生活满意度的年份跨度是有所差别的这一事实。4个国家中这样的差别大概只有一年，但有一个特例即南非，它有差不多9年左右的差别（见表3-1第2列和表3-2）。

表3-1　　特定时期中特定国家的人均GDP和生活满意度年增长率

（根据人均GDP增长率从高到低的国家排序）

国家	期间	年数	观察对象数量	生活满意度 每年的变化$\cdot 10^{-2}$ （1~4）等级	人均GDP 每年的变化（%） （以2000年美元国际购买力平价计价）
	(1)	(2)	(3)	(4)	(5)
日本序列1（JAP1）	1958—1969年	11	12	1.37*	9.40
中国（CHN）	1995—2007年	12	3	-0.16	8.61
韩国（KOR）	1980—2005年	25	4	1.04	5.4
印度（IND）	1995—2006年	11	3	-0.28	4.95
智利（CHL）	1989年5月—2006年	16.5	7	-0.94	4.04
日本序列2（JAP2）	1970—1991年	21	25	0.56**	3.29
土耳其（TUR）	1990—2007年	17	4	1.6	2.33
秘鲁（PER）	1995年5月—2006年	10.5	7	0.15	2.18
墨西哥（MEX）	1989年5月—2006年	16.5	8	2.10*	1.63
巴西（BRA）	1991—2006年	15	7	0.22	1.28
阿根廷（ARG）	1984—2006年	22	8	1.13	1.15
日本序列3（JAP3）	1992—2007年	15	14	-1.22**	1.12
委内瑞拉（VEN）	1995—2006年	11	7	3.90*	0.53
尼日利亚（NIG）	1989年5月—2000年	10.5	3	1.8	0.19
南非（SAE）	1981—2007年	26	5	0.37	0.17
<u>补编</u>					
日本	1958—2007年	49	51	0.13	4.03
日本序列4（JAP4）	1981—2005年	24	5	0.42	1.97

注：*表示在10%的上水平上是显著的；*表示在5%的水平上是显著的；**表示在1%的水平上是显著的。

资料来源：生活满意度，详见附录B和附录C。GDP来自世界银行2007年官方数据。世界银行关于日本序列的数据是使用佩恩世界表6.2（宾夕法尼亚大学世界数据库）中的年变化率从1975年回溯到1958年推算出来的。

表3-2　特定时期中特定国家的人均GDP与财务满意度的年增长率

（根据国家从高到低的人均GDP增长率排序）

国家	期间	(2) 年数	(3) 观察对 象数量	(4) 财务满意度 每年的变化*10⁻² （1~5）的规模	(5) 人均GDP 每年的变化（%） （以2000年美元国际 购买力平价计价）
中国（CHN）	1995—2007年	12	3	-0.58	8.61
韩国（KOR）	1980—2005年	25	5	0.92	5.4
智利（CHL）	1989年5月—2005年	15.5	12	-0.27	4.11
土耳其（TUR）	1990—2007年	17	4	1.47	2.33
日本序列4（JAP4）	1981—2005年	24	5	0.13	1.97
秘鲁（PER）	1994年5月—2005年	10.5	10	-1.34	1.91
墨西哥（MEX）	1989年5月—2005年	15.5	12	4.91*	1.5
巴西（BRA）	1991—2005年	14	12	0.93	1.19
南非（SAF）	1990—2007年	17	4	3.55	0.98
阿根廷（ARG）	1984—2005年	21	13	0.65	0.86
尼日利亚（NIG）	1989年5月—2000年	10.5	3	4.53	0.19
委内瑞拉（VEN）	1994年5月—2005年	10.5	10	1.98	-0.14

注：*表示在10%的上水平上是显著的；*表示在5%的水平上是显著的；**表示在1%的水平上是显著的。

资料来源：详见表3-1。

在大多数国家中，主观幸福感的变化率并不是很大，而且除了墨西哥和委内瑞拉，其他所有国家的主观幸福感几乎没有太大差别（见表3-1和

表3-2第4列；日本序列4，同样适用于生活满意度和财务满意度，被用于图3-1的分析）。然而，值得注意的是，12个国家中有9个关于生活满意度和财务满意度的回归系数都是正向的，显示着一些随着时间推移的改进，但还不足以达到统计上的意义。12个国家中有6个缺乏统计意义，可能由于观测的数量仅有3到5个。但是，如果我们对GDP的对数而不是时间序列上的主观幸福感进行回归，仅仅使用有主观幸福感价值的时间点，就会发现，除少数观察对象外，同样的6个国家中有3个的趋势系数都在5%的水平上显著，甚至更好。此外，这个显著性的问题并不影响本章后面所主要关注的两个重要问题的结果。

最主要的问题是，是否那些拥有更好经济实力的国家，会在主观幸福感中呈现更积极的趋势。要回答这个问题，我们要先探讨两个具体问题：

（1）主观幸福感的实际趋势，是否与基于主观幸福感与人均GDP之间的横截面关系所预期的趋势是一致的？

（2）主观幸福感是否与经济增长率呈同向关系？

这里的主观幸福感的预测趋势，是通过对在富国与穷国之间进行时间点比较的文献进行常用操作估计出来的（弗雷和斯塔泽，2002；莱亚德，2005；史蒂文森和沃尔弗斯，2008）。然后我们通过比较13个国家主观幸福感的预测趋势和实际趋势，来了解主观幸福感与人均GDP的国际横截面关系对观测到的趋势的预测程度。我们的发现是，实际趋势与预测趋势并没有显著的关系。说得更严重一点：了解一国实际人均GDP长期与实际的变化，以及主观幸福感和人均GDP的国际横截面关系，并没有什么帮助。一般而言，预测一个国家中主观幸福感的实际时间序列变化是没有人能办到的。

我们的一般程序如下：首先，我们通过汇集包括全球价值观调查第1波到第4波的所有国家的观测数据（回归方程报告的来源将在图3-2和图3-3中标注）来估计主观幸福感与人均GDP对数横截面之间的关系。然后，我们通过回归方程中观测到的每个国家人均GDP对数在期初到期末的数据变化值，来估计主观幸福感的预期变化。最后，我们将主观幸福感的预测变化与从对主观幸福感观测值的即时回归中所估计到的数据之间的实际变化进行比较。

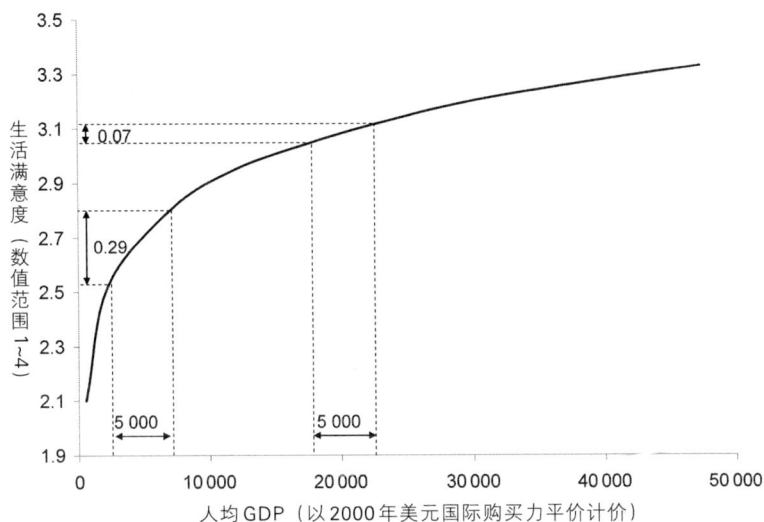

图3-2　基于世界价值观调查的横截面数据的生活满意度对人均GDP的回归

（来自89个国家的195个观察对象的人均GDP绝对值）

注：拟合的回归是y = 0.405 + 0.270ln（x）（n=195，调整后的R²=0.452）；T的统计量在括号中。

（2.05）（12.68）

资料来源：来自世界价值观第1波至第4波调查。

生活和财务满意度与绝对人均GDP的横截面关系表现出收入边际效用递减的典型模式（详见图3-2和图3-3）。例如，一个5 000美元的人均GDP增幅，如果是从2 500美元的一个初始水平上，能在一个"1~4"的等级上提高生活满意度近0.3个点。相比之下，如果是以17 500美元为初始水平，同样的人均GDP绝对变化所产生的生活幸福感增量仅有0.07个百分点。对于相应的人均GDP变化，财务满意度在一个"1~5"的等级上

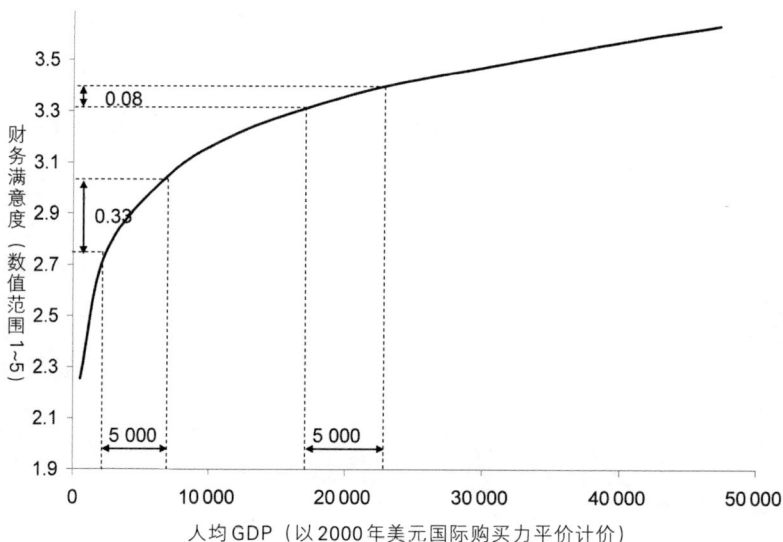

图 3-3 基于世界价值观调查横截面数据的财务满意度对人均 GDP 的回归（人均
GDP 绝对值来自 54 个国家的 136 个观察数据）

注：拟合的回归是 $y = 0.338 + 0.305\ln(x)$（n=136，调整后的 R^2=0.31）；T 的统计量在括号中。
（0.96）（7.85）

资料来源：来自世界价值观第 1 波至第 4 波调查。

的增量分别是 0.33 和 0.08。因此，图 3-2 和图 3-3 中的横截面回归证实了
这样一个基本主张，那就是增加人均 GDP 的绝对值，对贫穷国家主观幸
福感产生的影响比富有国家要大。

　　对于图 3-2 中世界价值观调查横截面所预测的生活满意度时间序列变
化的计算结果，可以通过与对中国的预测对照来进行阐释。中国更接近图
3-2 中的贫穷国家的状况，而 1992 至 2007 年的日本（日本序列 3）则说明
了富有国家的状况。在研究期间里，中国的人均 GDP 绝对增长量为 4 631
美元；日本也没有太多不同，为 4 409 美元（见表 3-3 第 4 列）。但中国的
人均 GDP 大约是日本的 1/5——中国为 5 047 美元，日本为 26 372 美元。
因此，回归曲线的斜率，暗示生活满意度的增量与美元计价的人均 GDP
的给定增量有关，其在中国 GDP 水平上的值显然是大于日本的。

表3-3 来自图3-2横截面的实际与预测生活满意度的全期变化

（国家按照指定期间内GDP从低到高排序）

		(1)	(2)	(3)	(4)	(5)	(6)	(7)
		人均GDP						
国家	期间	人均GDP（2000年美元的国际购买力平价）	每1000美元的人均GDP的预测△LS		2000年美元的国际购买力平价计价	自然对数	整个期间的预测△LS	整个期间的实际△LS
尼日利亚（NIG）	1989年5月—2000年	838.10	0.322		16.40	0.020	0.005	0.189
印度（IND）	1995—2006年	2 626.00	0.105		1 363.80	0.532	0.144	−0.030
中国（CHN）	1995—2007年	5 047.00	0.058		4 631.10	0.992	0.268	−0.019
秘鲁（PER）	1995年5月—2006年	5 145.10	0.053		1 160.00	0.226	0.061	0.016
委内瑞拉（VEN）	1995—2006年	6 301.70	0.043		367.20	0.058	0.016	0.429
土耳其（TUR）	1990年—2007年	6 778.30	0.040		2 623.70	0.392	0.106	0.271
巴西（BRA）	1991年—2006年	7 148.50	0.038		1 354.50	0.190	0.051	0.033
日本序列1（JAP1）	1958—1969年	7 591.50	0.038		946.90	0.988	0.267	0.151
智利（CHL）	1989年5月—2006年	8 314.90	0.034		5 247.30	0.653	0.177	−0.154
墨西哥（MEX）	1989年5月—2006年	8 800.60	0.031		2 333.30	0.267	0.072	0.346
南非（SAF）	1981—2007年	10 562.40	0.026		453.90	0.043	0.012	0.096
阿根廷（ARG）	1984—2006年	12 135.10	0.022		3 034.60	0.251	0.068	0.248
韩国（KOR）	1980—2005年	12 461.50	0.025		14 364.10	1.314	0.355	0.261
日本序列2（JAP2）	1970—1991年	18 079.20	0.016		11 830.50	0.679	0.184	0.117
日本序列3（JAP3）	1992—2007年	26 372.00	0.010		4 408.90	0.168	0.045	−0.183
附录								
日本	1958—2007年	16 347.20	0.021		24 458.40	1.937	0.524	0.062
日本序列4（JAP4）	1981—2005年	22 222.80	0.012		10 243.50	0.469	0.127	0.100

我们基于观察到的人均国民生产总值变化，来计算预测中国的生活满意度的变化。我们在对数条件下标识一个阶段的开始和结束时中国的人均 GDP，来计算它的差值（0.992，第 5 列）并将它乘以图 3-2 下面的横截面回归方程的斜率系数（0.027，已在图 3-2 给出来源标示）。结果是，当 GDP 变化为 4 631 美元时，中国的生活满意度的预测变化为 0.268。以同样的程序对日本生活满意度进行预测，得到的预测变化为 0.045，大约是中国预测值的 1/6，而日本的 GDP 变化为 4 409 美元。

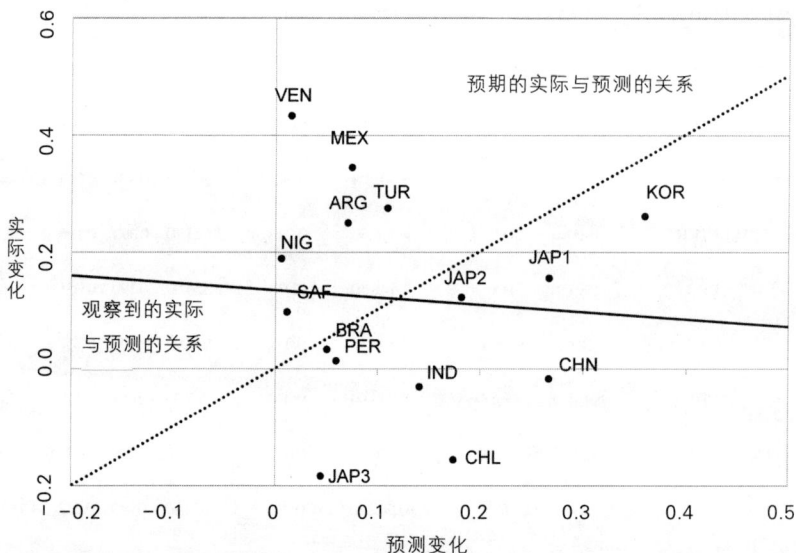

图 3-4　生活满意度的实际变化和从人均 GDP 变化中使用图 3-2 中世界价值观调查横截面回归所预测的生活满意度变化

注：对于每个国家生活满意度的变化是由跨越整个周期的生活满意度数据来衡量的。

资料来源：来自表 3-3 第 6 和第 7 列的回归统计，详见表 3-5。

每个国家的生活满意度实际变化，是从实际观测到的生活满意度数据的一个时间回归中估计出来的。在中国，回归的斜率系数，也就是生活满意度每年的变化，在"1~4"的等级中为-0.0016（详见表 3-1 第 4 列）。将这与研究阶段中的年份数相乘，产生生活满意度的实际变化为-0.019，正如从时间趋势中估计的那样。

而对于日本一个为期 15 年的阶段，观察到的生活满意度的时间回归斜率系数为-0.0122，并且生活满意度估计的实际变化为-0.183。因此，我们根据世界价值观调查横截面得到，中国生活满意度的一个预测变化值为 0.268。根据观察到的生活满意度时间趋势，得出中国生活满意度的一个实际变化值为-0.019。在日本，相对应的数值为：预测的变化值为 0.045，实际的变化值为-0.183（关于中国和日本的数值出现在表 3-3 中第 6 列和第 7 列）。

关于生活满意度，这里还有 13 个其他的案例——案例总数为 15 个。通过这些案例我们可以估计生活满意度的实际变化，并将其与来自于世界价值观调查横截面的预测值进行比较。这 15 个观察对象，被绘制在图 3-4 中（表 3-3 中第 6 和第 7 列）。如果实际变化与来自横截面关系的预测变化一致，这 15 个观测对象就会落在图 3-4 中的正斜率虚线上——一条斜率为 1.0 的虚线。对于 15 个生活满意度观察对象，有 9 个的实际变化是小于预测变化的（这些点分布在虚线之下），并且这其中有 4 个国家（中国、智利、印度和日本序列 3）的实际变化是消极的，尽管预测的变化是积极的。6 个国家（委内瑞拉、墨西哥、土耳其、阿根廷、尼日利亚和南非）在生活满意度上的变化，远超过了基于横截面关系所得出的预测。对财务满意度来说，虚线上下方的国家分布与生活满意度的国家分布是相当类似的，除了巴西是从略低于虚线转变到略高于虚线（详见图 3-5）。

图 3-4 显示了一条对 15 个观察对象的拟合回归线，绘制在该图中的实线实际上有着一个略微为负的斜率——-0.152，尽管它在统计上是不显著的（回归的统计数据列于表 3-5，部分数据来自表 3-4）。此外，斜率系数为 1.0 的虚线位于斜率系数为-0.152 的实线外侧 2 个标准误差范围

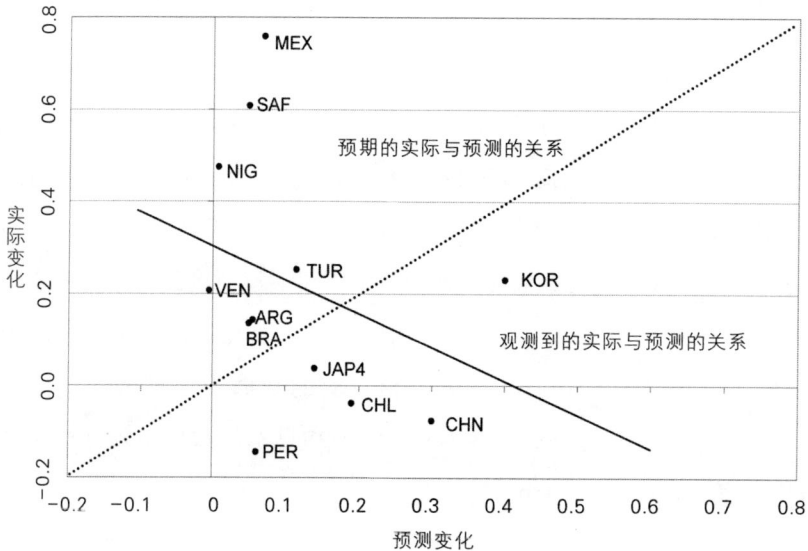

图3-5　财务满意度的实际变化和从人均GDP变化中使用图3-3中世界价值观
调查横截面回归所得到的预测变化

注：对于每个国家财务满意度的变化，是通过生活满意度数据跨度的整个时期来衡量的。

资料来源：详见表3-3，第6和第7列；回归统计，详见表3-5。

以内。图3-5中关于财务满意度系数的分析也得出了相同的结论。因此，我们得出结论：这里研究的13个国家主观幸福感的实际变化与横截面图案之间通常没有必然联系。按照来自文献的惯例，会从主观幸福感对于人均GDP的横截面关系中推断主观幸福感的时间趋势，但这一分析的结论并不支持这一观点。

　　日本是个有趣的特例，因为它人均GDP的范围跨越非常大，与美国2000年的人均GDP水平相比，日本从1958年只有美国的11%上升到2006年的80%左右。根据图3-2中的国际横截面图形，人均GDP的这一显著增长会提高生活满意度0.52个点，大约是图中"1~4"等级生活满意度轨迹的1/6。

表3-4　实际的财务满意度全期变化与从图3-3横截面中预测的财务满意度全期变化

（各国家是按特定时期人均GDP从低到高排列的）

	(1)	(2)	(3)	(4)	(5)	(6)	(7)
				Δ人均GDP变化			
国家	期间	人均GDP（以2000年美元的国际购买力平价计价）	每1 000美元人均GDP预测的ΔLS	以2000年美元国际购买力平价计价	自然对数	整个期间预测的ΔLS	整个期间实际的ΔLS
尼日利亚	1989年5月—2000年	838.10	0.364	16.40	0.020	0.006	0.475
秘鲁	1994年5月—2005年	4 890.30	0.063	970.00	0.050	0.061	-0.141
中国	1995—2007年	5 047.00	0.065	4 631.10	0.140	0.303	-0.070
委内瑞拉	1994年5月—2005年	6 020.40	0.051	-88.50	0.693	-0.004	0.208
土耳其	1990—2007年	6 778.30	0.046	2 623.70	0.653	0.120	0.250
巴西	1991—2005年	7 055.10	0.043	1 167.80	0.472	0.051	0.130
智利	1989.5—2005年	8 156.90	0.039	4 931.20	0.267	0.190	-0.042
墨西哥	1989.5—2005年	8 625.90	0.036	1 683.90	0.324	0.071	0.762
南非	1990—2007年	9 968.30	0.031	1 642.20	0.347	0.050	0.604
阿根廷	1984—2005年	11 663.50	0.026	2 091.50	0.369	0.055	0.137
韩国	1980—2005年	12 461.50	0.028	14 364.10	0.943	0.401	0.231
日本序列4	1981—2005年	22 222.80	0.014	10 243.50	0.469	0.143	0.032

表3-5　主观幸福感的全期实际变化与来自世界价值观调查横截面的
　　　　预测变化之间的回归关系

	实际的变化	
	生活满意度	财务满意度
预测的变化	−0.15191	−0.72643
	−0.744	−0.305
常量	0.13662	0.30221
	(0.084) [+]	(0.024) [*]
观察对象	15	12
R^2	0.008	0.104

注：[*]表示在10%的水平上是显著的，[*]表示在5%的水平上是显著的，[**]表示在1%的水平上是显著的；括号内为P的值。每个国家主观幸福感的变化是通过主观幸福感数据跨度的整个时期来衡量的。

资料来源：生活满意度来自表3-3中第6列和第7列；财务满意度来自表3-4中第6列和第7列。

在这个长达48年的期间内，生活满意度的实际变化是由按时间排序的生活满意度的一个汇集回归估计得出的，略呈正相关性（但不显著）——0.06个百分点（回归结果将在附录B中给出）。

当将主观幸福感和经济增长进行自然对数而不是人均GDP的绝对值的汇集，上面图3-2和图3-3中的横截面回归结果暗示着较高的经济增长率往往伴随着较大的主观幸福感提高。例如，在图3-6的横截面中，当前的GDP为对数数值，人均GDP从1 000美元增至2 000美元时（国内人均生产总值的对数值从6.91增加至7.60）生活满意度也提高了0.18个百分点。经济以翻倍的速度增长，即人均GDP由1 000美元提高至4 000美元（人均GDP的对数值从6.91到8.29），生活满意度也倍增至0.36个百分点。图3-7显示了财务满意度的一个相似关系，那就是一个翻倍的经济增长速度往往也伴随着一个翻倍的主观幸福感增长速度。

我们从人均GDP的年度变化速度（以相对值计算）与主观幸福感的年度变化速度（以绝对值计算）的横截面回归中预测出的这一关系，将在图3-8和图3-9中以命名为"预测关系"的虚线来表示。我们采用图3-2和图3-3下面给出的回归方程来估计由人均GDP按照1%、3%、5%以及更多的年增长率引起的主观幸福感提高，得到这些线上的点。

表3-6　　　主观幸福感的年增长率和人均GDP之间的回归关系

	(1) 生活满意度的变化	(2) 财务满意度的变化
人均GDP的变化	−0.10084 −0.419	−0.4007 (0.096) +
常量	1.08787 (0.050) +	2.37295 (0.010) **
观察对象	15	12
R^2	0.051	0.252

注：+表示在10%的水平上是显著的，+表示在5%的水平上是显著的，**表示在1%的水平上是显著的；括号内为p值。

资料来源：第1列来自表3-1第4列和第5列；第2列来自表3-2第4列和第5列。主观幸福感的增长率是以每年绝对值进行统计的，人均GDP则是以每年相对值进行统计的。

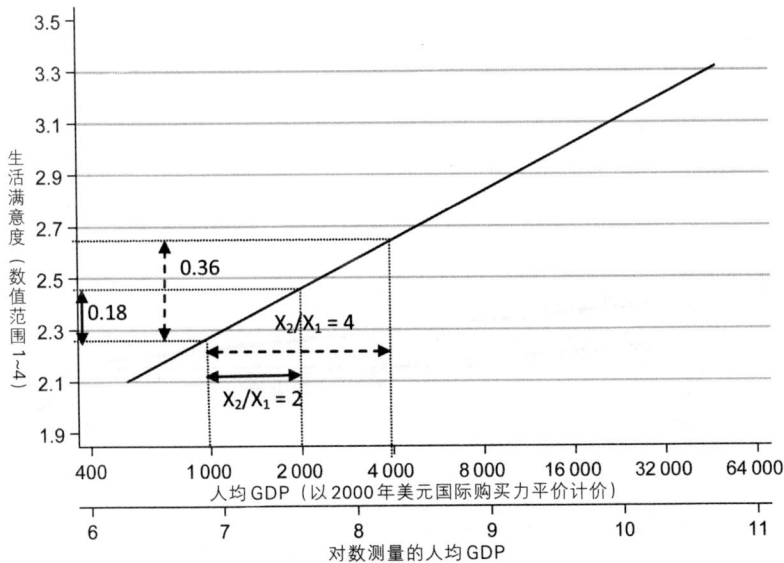

图3-6　来自全球价值观调查横截面的生活满意度与人均GDP关系

（人均GDP是用对数测量的）

资料来源：回归方程式与图3-2的是相同的。

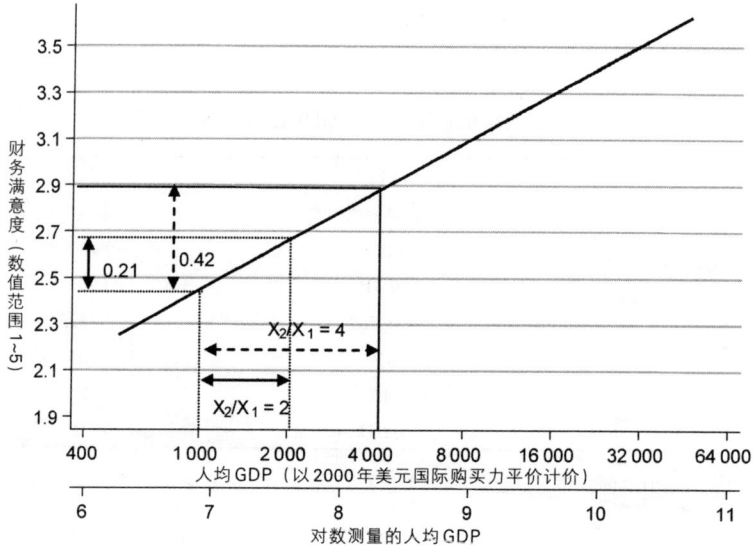

图3-7 来自全球价值观调查横截面的财务满意度与人均GDP关系

(人均GDP是用对数测量的)

资料来源：回归方程式与图3-3中的是一样的。

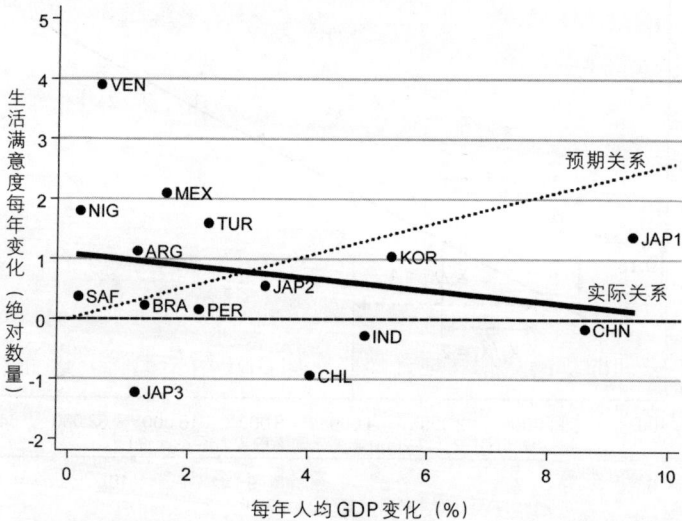

图3-8 生活满意度和人均GDP的年度变化率，来自世界价值观调查

横截面的实际值与预测值

资料来源：表3-1中的第4列和第5列；回归统计数据来自表3-6。

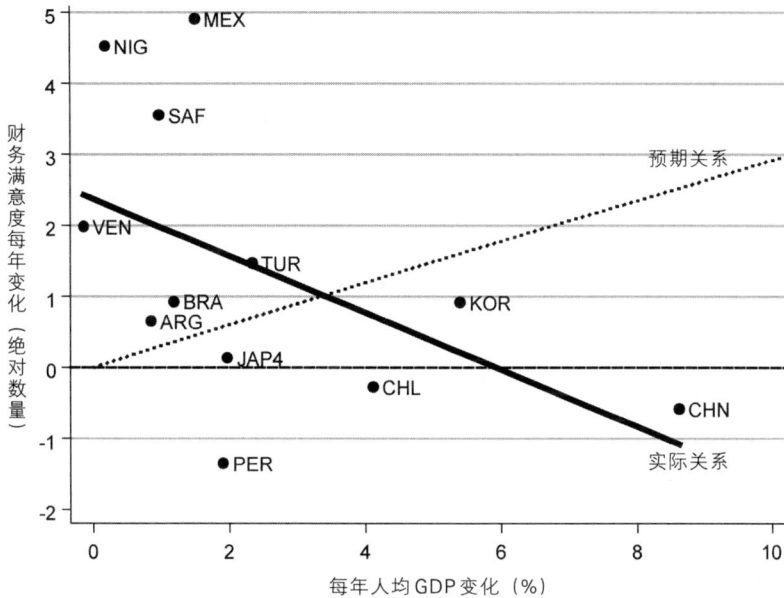

图3-9　财务满意度和人均GDP的年变化率，来自世界价值调查横截面的
预测值和实际值

资料来源：表3-2的第4列和第5列；回归统计数据来自表3-6。

较高的人均GDP增长率，事实上必定会伴随着较高的主观幸福感增长率吗？为了评估这个问题，我们在图3-8和图3-9中绘制了每个国家主观幸福感和人均GDP的实际年变化率（具体将在表3-1和表3-2的第4和第5列中给出）。毫无例外，那些有着相当高人均GDP增长率的国家，年增长率在4%甚至更高，都落在了虚线以下，暗示着主观幸福感的增长低于基于横截面的预测。相反地，那些人均GDP增长率低于4%而落到虚线另外一边的国家——其中一些的主观幸福感的增长比来自横截面的预测要大得多，而另一些国家则较少。但实际上，针对国家数据拟合的主观幸福感和人均GDP增长率的回归线——就是图3-8和图3-9中被命名为"实际关系"的实线，是负向而非正向的趋势。在它们之中，财务满意度的斜率系数在10%的统计水平上是显著的（见表3-6）。在这两个图中虚线

（称为"预测关系"）的斜率系数明显不同于实线（称为"实际关系"）
的斜率系数。

对于生活满意度来说，预测关系的斜率系数为 0.270 [0.228，0.312]，
而实际关系的斜率系数是 −0.101[−0.362，0.160]。对于财务满意度来说，
预测关系的斜率系数为 0.305[0.227，0.382]，而实际关系的是 − 0.401
[−0.887，0.086]（括号中的数值为95%置信区间）。对于这里研究的13个
发展中国家，我们可以得出的一个保守结论：并没有证据表明更加快速的
经济增长伴随着一个更大的幸福感提升。

3.4 结论

根据来自分布在三大洲的13个发展中国家的经验，长期的经济增长
率和主观幸福感增长率之间并没有表现出任何一致的关系。对于生活满意
度和财务满意度这两个主观幸福感指标来说，它们确实是分别被独立分析
的。财务满意度和人均GDP之间缺乏任何关系是尤为值得注意的，因为
财务满意度被预测为受到经济增长影响程度最大的主观幸福感衡量指标。
然而，在一个国家中关于主观幸福感的这两个指标通常都有着相当类似的
趋势，从而为主观幸福感的变动提供着互相支持的证据。

主观幸福感与人均GDP在时间点上的横截面回归，通常被用作一个
断言经济增长提高了主观幸福感的依据，尤其是在那些贫穷国家中。对于
我们研究的发展中国家来说，基于横截面数据的预测和实际的时间序列证
据之间没有任何关系，更多的证据表明，横截面关系对于推导长期变化来
说是一个值得怀疑的依据（参见本书第5章；伊斯特林，1999）。当然，
我们这里检验的只是主观幸福感增长率和人均GDP增长率之间的简单二
元关系，但正是主观幸福感和人均GDP的二元关系提供了横截面证据，
含蓄地总结出经济增长能够提高主观幸福感。

我们的结论受到许多条件的制约。我们只考虑了13发展中国家，尽管它们中有很多是人口众多的国家，许多还有相当高的经济增长率。对于主观幸福感，我们的时间轴也不够长，平均只有16年。我们曾试图通过计算在整个时间跨度内涵盖的每个国家数据的增长率，来尽量减小周期较短的困扰，但我们却不能排除短期因素也会影响我们对长期趋势估计的可能性。为了最大化时间覆盖的跨度，对于某些国家我们使用了两种来源不同的数据。为了长期的可比性，我们一直试图收集和测试所有数据，但这并不能保证我们的流程是万无一失的。

我们确实发现，那些有较高财务满意度增长率的国家，通常总体生活满意度也有着更高的增长率。那么，如果财务满意度确如这一结果所暗示的那样与生活满意度密切相关，为什么主观幸福感并没有随着经济增长而提高呢？对于这个问题，一个可能的答案是，在其他的幸福感领域中还有着相互抵消性的改变，如家庭生活。另一个原因是，虽然经济增长提高了客观生活条件，但同时也提高了人们评判他们生活条件的标准（参见本书的第1章和2章；克拉克、弗里吉特斯和希尔兹，2008）。这里并没有证据表明那些发展中国家的人们对于这种物质欲望的上升是免疫的，以及这一欲望机制的运作仅仅超过了一些并未特别指定的"基本需求"点。通过人均GDP的衡量，我们发现这种标准的提高将会削弱客观生活条件的改善对于幸福感的积极影响。因此，调查问卷所获取的一个人对财务状况的认知，并没有随着生活条件的客观改善而相应地上升。

显然，这里的结果指出了对更深层次地研究"幸福感与经济增长关系"的需求——对于考虑经济增长的各种效应的需求——不仅仅基于物质财富的积累，还可以通过欲望、工作、健康和家庭关系积累（奈特，2009）。学者们认为对时间序列的研究太过紧迫，以至于无法检验当前众多的只基于时间点横截面的主观幸福感。

附录 A

调查问卷

世界价值观调查（World Values Survey）

生活满意度：考虑所有的因素，总地来说你对自己目前的生活有多满意？请用这张卡来帮助选择你的答案。

1（不满意）、2、3、4、5、6、7、8、9、10（满意）

财务满意度：你对自己家庭的财务状况有多满意？如果1表示你完全不满意，10表示你完全满意，那么你会把对自己家庭财务状况的满意度放在哪个位置？

1（不满意）、2、3、4、5、6、7、8、9、10（满意）

幸福感：综合考虑了所有的因素，你会如何描述自己？

1=非常幸福；2=相当幸福；3=不是非常幸福；4=完全不幸福

拉丁美洲晴雨表（Latinobarometer）

生活满意度：总体来说，你会说你满意自己的生活吗？

1=非常满意；2=相当满意；3=不是非常满意；4=完全不满意

财务满意度：一般来说，你怎样定义你自己和你的家人目前的经济情况？

1=非常好；2=好；3=一般；4=糟糕；5=非常糟糕

盖洛普调查（中国）（Gallup Survey（China））

生活满意度：总的来说，对于自己当前的生活方式，你有多满意或者多不满意？

4=非常满意；3=某些程度上满意；2=某些程度上不满意；1=非常不满意

国家生活调查（日本）（Life in Nation Survey（Japan））

1958—1963年：你觉得自己的家庭环境怎么样？

满意；不满意/没有不满意；某些程度上不满意；极其不满意

1964—1969年：你觉得自己的家庭生活怎么样？

完全满意；满意；某些程度上不满意；完全不满意

1970—1991年：你觉得自己现在的生活怎么样？

完全满意；满意；某些程度上不满意；完全不满意

1992—2007年：总体来看，你对自己现在生活的满意程度如何？

满意；某些程度上满意；某些程度上不满意；不满意

日本内阁府（Cabinet Office of Japan）

生活满意度：整体来说，你的生活幸福吗？

1=非常满意；2=满意；3=一般；4=不满意；5=从来都没满意过

欧洲晴雨表（Eurobarometer）

生活满意度：整体来说，你对自己所主导的生活有多满意？

1（一点也不满意）、2、3、4、5、6、7、8、9、10（绝对地满意）

南非生活质量趋势调研（马克数据）（South African Quality of Life Trends Study（Mark Data））

生活满意度：考虑你生活中的所有因素，整体而言你对现在的生活有多满意？

非常满意；满意；不满意；非常不满意

幸福度：

5=非常幸福；4=相当幸福；3=一般；2=相当不幸福；1=非常不幸福

附录B和附录C

附录B和C可参见网址："http://www-rcf.usc.edu/~easterl/"，并且被发表在本章内容的最初版本即伊斯特林与施旺法（2010）的《幸福感与经济增长：横截面数据真的能预测时间趋势吗？来自发展中国家的证据》中，同样还可参见：迪纳、赫利韦尔和卡尼曼.幸福感的国际差异[M].纽约：牛津大学出版社，2010：166-216.

第4章 在转型中迷失：在通往资本主义道路上的生活满意度①

当欧洲的一些国家经济制度发生转变时，人们的主观幸福感发生了什么变化？人们的生活满意度是升高还是降低了？人们之间生活满意度的差异是扩大了还是缩小了？在男人与女人、年轻人与老人、受更多教育和较少教育的人之间，生活满意度存在不同吗？这些问题在大量的研究经济转型的文献中是极少被提及的，而本章正试图填补这方面的空白。本章涉及的地理范围包括了欧洲的中部、南部和东部，时期是经济转型（下文简称转型）期的第一个10年，即1989—1999年，接下来我们试图将这一阶段置于近期和早期经验的视角下进行分析。

转型期中广泛的经济事实与很多的时期相关，特别是20世纪90年代（坎波斯和科里切利，2002；哈弗里利辛，2006；密茨凯维，2005；默雷

---

① 本章是Easterlin, R. (2009)的作品《在转型中迷失：在通往资本主义道路上的生活满意度》的一个修订版，参见《行为经济学与组织》第71(2)期，第130至145页，转载许可来自爱思唯尔。目前的分析得益于Laura Angelescu, Onnica Sawangfa, Anke C和Plagnol的卓越研究和评论。我在德国的论文合著者也慷慨地回应了关于民主德国附加表格的众多问题，并提出了有用的建议。Timothy Biblarz, Nauro F. Campos, John Ham, Timur Kuran, Jeffrey Nugent, Dimiter Philipov, Olga Shemyakina, John Strauss, Tomáš Sobotka，以及南加州大学的研讨会参与者都提供了有益的建议。我必须承认这项研究和过渡分析在这里得出的数据汇编是极有价值的，没有这些本研究将无法进行。财务支持由南加州大学提供。

尔，1996；菲利普和道普利斯，2003；思迈，2006；海维那，2002；联合国儿童基金会，2001；世界银行，2002）。这一期间最值得注意的是在短短几年甚至更短的时间内，经济大幅度地急剧下滑，测量的GDP下降到只有1989年水平的50%至85%。随后的GDP水平有所恢复，尽管几乎不可能回到1999年的初始水平。如果从火星来一位经济学家，面对这些GDP数据，可能很容易就会总结出：一个大规模的经济灾难已经降临到了全世界4亿人口身上。[1] 从好的一方面来说，消费品短缺这种计划经济的长期现象，很大程度上消失了。随着要素投入中资本投入的减少，劳动力资本的流出有显著的增加。在许多国家，失业率从接近于零上升到两位数的水平。"从转型期开始的阶段，贫困和不平等……就大幅增加，并且直到目前为止（1999年）都没有显示出下降的迹象"（坎波斯和科里切利，2002；世界银行，2000）。计划经济下的社会安全网络严重破裂（福克斯，2003；奥伦斯坦和哈斯，2005；曼宁，2000；思迈，2006；联合国儿童基金会，1999；帕斯卡尔和曼宁，2001；世界银行，2000）。

这样巨大的变化会如何作用于人们对于幸福的感受，至今还没有得到明确的验证。在经济层面，是绝对收入还是相对收入决定幸福感这一问题还存在争议。如果由绝对收入决定幸福感，那么人们的幸福感可能会或多或少跟着GDP的变化而变化。如果由相对收入决定幸福感，人们的幸福感可能会保持不变，人们只需要适应经济变迁就可以了。

目前已发表的有限的关于分析转型期内生活满意度趋势的实证研究，通常只涉及一个国家，虽然涵盖不同时期，却缺乏连贯性的描述。福利特斯和他的合作者发现，民主德国的生活满意度在1991年至2001年期间随着收入的增加而增加了（福利特斯、哈斯金和史德，2004；史德，2004），而俄罗斯1995年至2001年期间的生活满意度则随着收入的上升和下降而直接变化（福利特斯等，2006）。这些结果在他们看来，证明了绝对收入有决定幸福感的重要作用。莎丽（2001）和温候芬（2001）揭示了1988年和20世纪90年代期间俄罗斯生活满意度的下降。莱柯丝（2006）

则描述了匈牙利从90年代早期到末期生活满意度的下降。哈约和塞弗特（2003）对1991年到1995年期间的幸福感进行了研究，发现10个转型国家中有7个转型国家的人们声称对其经济状况是满意或非常满意的比例在下降。总之，在转型期，无论是理论还是存在的证据，都无法明确生活满意度的变化方向。（本章最后一节还讨论了杉非和泰克松（2007）近期的一篇文章。）

下面的分析首先简要介绍了本书采用的概念和方法，然后介绍了20世纪90年代生活满意度变化的证据，并且根据这一证据分析生活满意度上谁受益或受损，最后论述了20世纪90年代前后生活满意度的变化。其主要目的是提出事实，但事实很快会产生"为什么"的问题，所以作者大胆地探索了一些实验性的问题，特别是某些需要进一步探讨的假说。正如我们将看到的，不同于传统经济研究试图去评估不同的经济改革的形式，生活满意度对转型给予了一个截然不同的视角。

4.1 概念、数据、方法

这里的核心概念是对生活的总体满意度，即对在世界价值观调查中提出的以下问题的回答："在考虑到所有事物的情况下，你对当前生活的满意度如何？"（世界价值观调查，参见本书的第3章）。回答范围是从1（表示非常不满意）到10（表示非常满意）的整数值。基本的数据在附录A-1中给出。转型期国家最早在第2波世界价值观调查中出现（除了匈牙利出现在第1波调查中），这是转型的初始时期。第5波世界价值观调查已在2005年至2007年间完成，而且一些初始数据发表在英格哈特等人的论文中（2008）。论文和新出版的欧洲民意调查书（Eurobarometer survey，又称欧洲晴雨表）使存在于本章最后一部分的2005年数据的更新成为可能。民主德国从1990年6月以来的年度数据将归入德国社会经济组别，在附录A-2[2]

中给出。这个纵向的调查所包含的总体满意度问题，与世界价值观调查的内容非常相似。总体上，该分析涵盖了包括欧洲中部、波罗的海、巴尔干半岛，和苏联在内的13个转型国家及地区。中亚转型国家没被调查报告包括进来是因为直到第3波世界价值观调查才有关于它们的数据。

我们没有使用世界价值观调查中的幸福感衡量指标，10个答复等级的生活满意度衡量指标有着具备更高灵敏度的明显优势，但是没有使用这种生活满意度衡量指标有一个更为根本的原因。在大多数的转型国家，尽管生活满意度有显著下降，但是在世界价值观调查的第2波和第3波之间，这种幸福感指标却有所上升。上升的原因似乎是由于幸福感问题附加指令的一个变化所引起的"首要"偏差。在世界价值观调查的第2波中，受访者被要求以交替的顺序选择相应选项。具体来说，给受访者A的选择范围是从"非常幸福"到"一点也不幸福"的选择，而受访者B可能会首先面对"一点也不幸福"的选项。有一些调查研究表明受访者更倾向于支持早些的选项而不是后来的选项（贝尔森，1966；陈，1991；舒曼和普列斯，1981）。因此，在第2波世界价值观调查中，当更消极的选项放在前面时，半数的受访者会更倾向于选择"不幸福"这个选项。

在第3波世界价值观调查中，"非常幸福"选项首先出现，而且轮流交替答复选项的指示不再出现。因此，第3波世界价值观调查中对幸福感的回复相对于第2波调查往往会有向上的偏差。

在任何一期调查中，世界价值观调查的年度和月份在不同的国家都是不一样的。在第3章中，我们已经对生活满意度观测资料进行了日期确定，以便与它们所最有可能反映的年度GDP观测数据相匹配[3]。有6个国家（波兰、捷克共和国、斯洛伐克、匈牙利、保加利亚和罗马尼亚）的第3波世界价值观调查和第4波调查都落在了90年代的最后几年，出于对可靠性和简便性的要求，这些调查被合并在了一起。

基于这些能够进行最早的生活满意度研究的数据，我们将这13个国家分成两组，其中8个转型国家最早的调查数据发生在转型的初期，当时它们的GDP水平相当于其1989年水平的95%或者稍微多一点，而失业率大约为2%，甚至更少（参见表4-1）。对于其他5个国家，最早的调查数据来自于转型期的稍晚的时候，它们的GDP为1989年水平的85%，而失业率通常是在10%或以上。作为转型早期生活满意度调查对象的8个国家，它们有效地提供了在转型期第一个10年中生活满意度趋势最全面的描述，也是我们主要依赖的资料。

表4-1　13个转型国家作为最早的生活满意度观察对象时的GDP指数和失业率

	(1)	(2)	(3)
	最早的生活满意度 观测时间	GDP指数 （1989年=100）	登记的失业率 （%）
GDP指数>90			
民主德国（GDR）	1989年5月	92	0
波兰（POL）	1989年	100	1.3
匈牙利（HUN）	1990年	96	1.7
爱沙尼亚（EST）	1989年5月	96	1.6
拉脱维亚（LAT）	1989年5月	101	2.3
立陶宛（LIT）	1989年5月	98	3.5
白俄罗斯（BLS）	1990年	98	0.5
俄罗斯（RUS）	1990年	97	0.8
GDP指数<90			
斯洛文尼亚	1991年	84	10.1
捷克共和国	1991年	87	4.1
斯洛伐克	1991年	83	11.8
保加利亚	1991年	83	11.1
罗马尼亚	1993年	82	10.4

注：波罗的海、白俄罗斯和俄罗斯最早的失业率数据是1992年的。

资料来源：欧洲经济委员会（Economic Commission for Europe）（2003）；波兰的数据来自世界价值观调查（WVS）；民主德国的数据来自德国社会经济委员会（GSOEP）。

4.2 幸福感的趋势

上世纪90年代转型国家的生活满意度的变化过程是怎样的？可以使用的那些国家的数据尽管还不全面，却给出了相当连贯的描述。它们证实了两个推论。

第一，生活满意度骤降然后恢复，大体上与实际GDP所指示的经济变化过程是一致的。第二，生活满意度比国民生产总值恢复得慢。

下面是第1个推论的证据。在表4-1的上栏中的8个国家是早期转型的观测对象，有一个国家即民主德国，其生活满意度方面的数据每年都可用，而另外5个国家作为生活满意度的观测对象，只有上世纪90年代中期和后期的数据可用。当把这6个国家的观测值根据时间划分，并与年度GDP的数据比较时，我们发现6个国家的生活满意度都循着一个V形模式，类似于GDP的轨迹（参见图4-1）。在第7个国家——斯洛文尼亚，其在20世纪90年代同样有3个分好时段的观测数据，虽然生活满意度第一次下降接近于GDP的低谷，但其恢复期与GDP一致。像图4-1中生活满意度如此快速和大幅度地下降是非常罕见的。图4-1中6个转型国家从最高点到最低点下降的数值，超出了1980—1984年间在14个欧洲非转型国家的调查中所观测到的波峰到波谷间的变化值（无论是正的还是负的）。此外，由于数据很少，下降趋势毫无疑问会减缓，否则数值的变化就能完成从最高点到最低点的完整运动了。

图4-2提供了第2个推论的证据，即20世纪90年代的生活满意度的自我恢复远低于GDP的复苏。表4-1上栏中的8个国家既有转型早期的观测值又有20世纪90年代后期的观测值，其整个时期中生活满意度的变化是根据GDP指数的变化来划分的，并形成了一个与数据相符的多元线性

民主德国

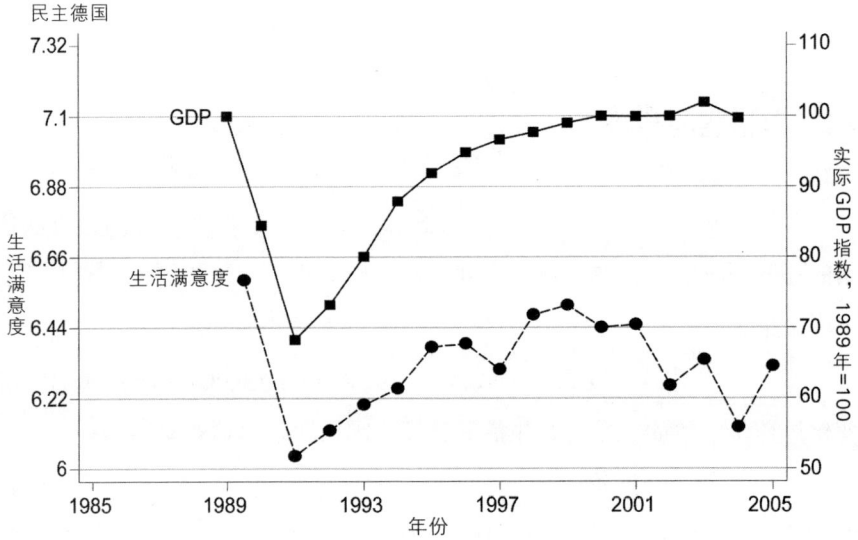

爱沙尼亚

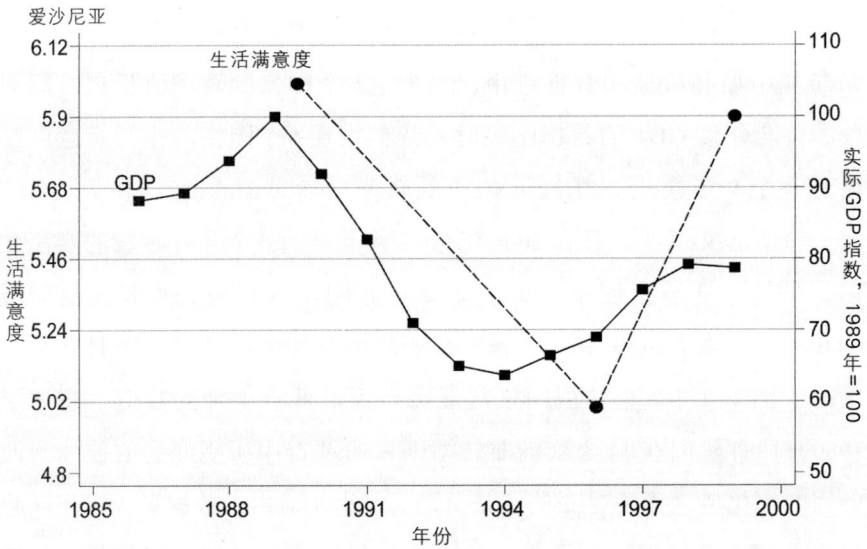

白俄罗斯

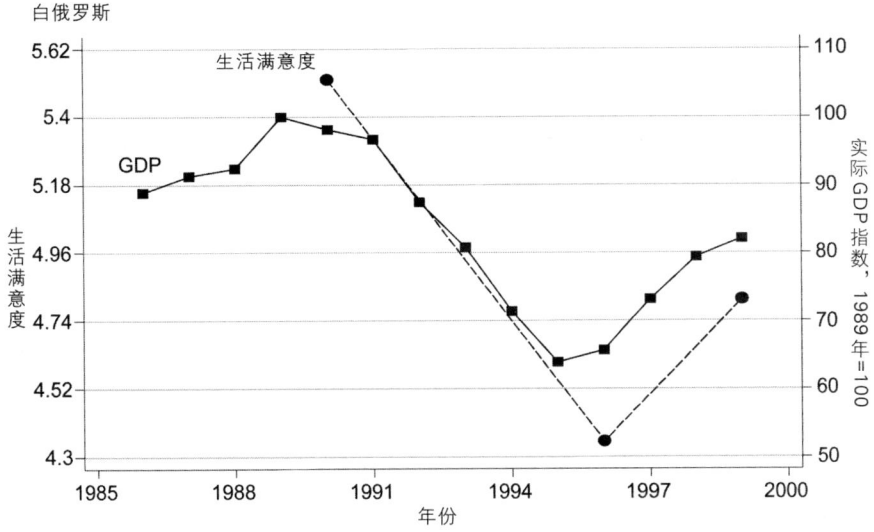

拉脱维亚

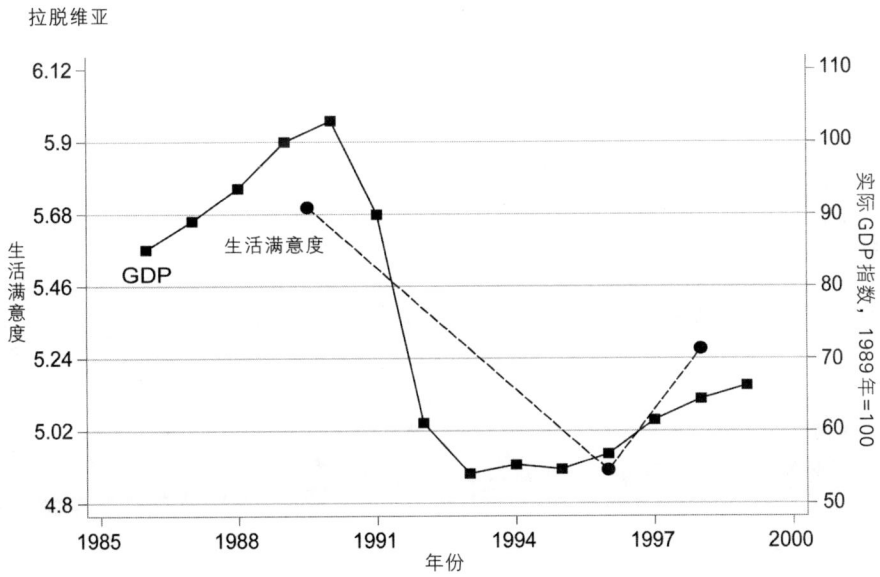

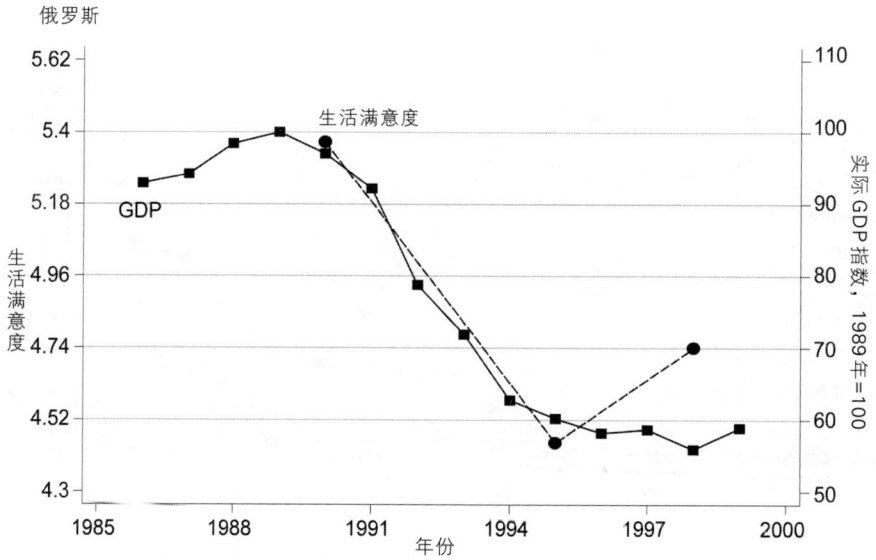

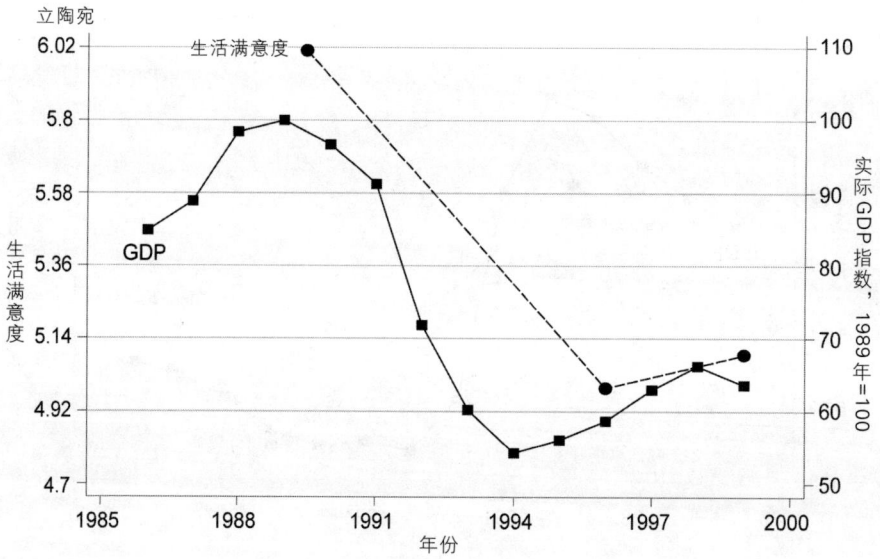

斯洛文尼亚

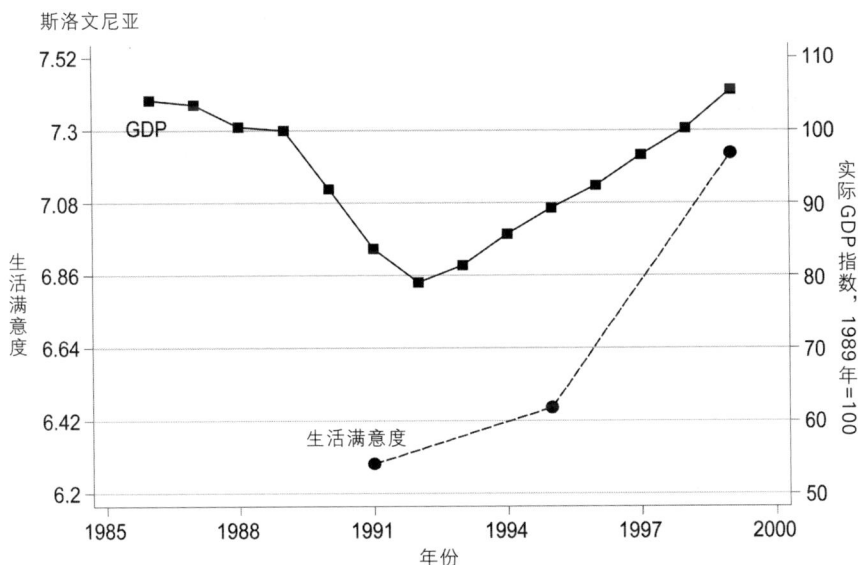

图4-1　1990年、1995年和1999年左右的生活满意度，

以及1986—1999年的每年实际GDP指数

资料来源：实际GDP来自2003年欧洲经济委员会。民主德国2003年的GDP是从2002年
德国社会经济委员会（GSOEP）公布的家庭实际收入推断出来的。生活满意度详见附录表
A-1、表A-2。

回归。如果生活满意度像GDP一样恢复到1989—1990年的水平，那
么回归线将穿过原点。但事实上，GDP完全恢复到其初始水平时，Y
轴上的截距为一个显著的负值：-0.25（GDP零变化）。考虑到生活满
意度从顶峰到低谷的下降通常为1.00甚至更少，0.25的差额是相当
大的。

　　为什么生活满意度没能与GDP同步恢复呢？最常见的说法是因
为转型国家的就业状况的急剧恶化。在世界价值观调查数据中，13
个转型国家的生活满意度的观测值在期初和期末之间都有大幅度的
下降，许多国家还经历着达2位数的下降幅度。这种下降反映出失业
率和非劳动人口的增加，两者中失业率增加幅度更大，特别是对男性

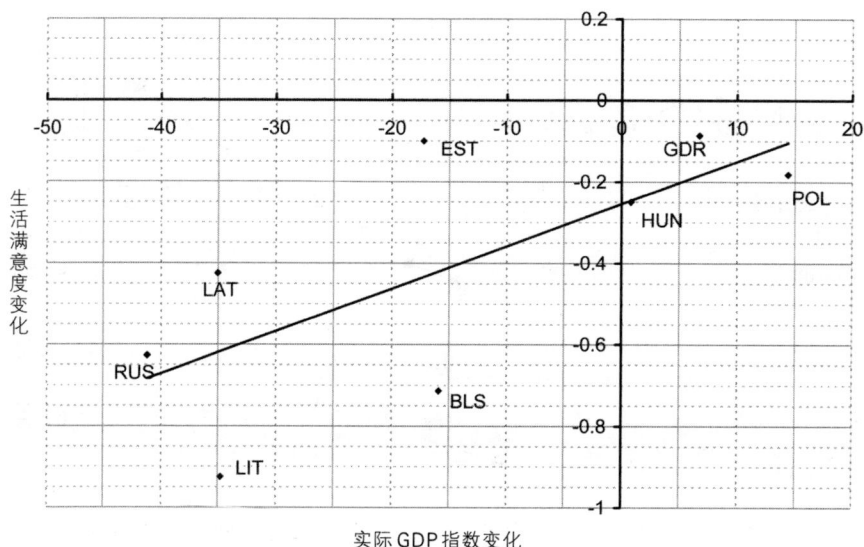

图 4-2   生活满意度和实际 GDP 指数的变化（1989 年 = 100），1990 年到 1999 年左右

8 个国家转型早期的生活满意度观测值

注：有序逻辑回归的公式为：$y = 0.010x - 0.251$（t 统计值分别是 2.44 和 -2.34；调整的 $R^2 =$

0.414）。这些国家均来自表 4-1 的上面一栏。

资料来源：同图 4-1。

劳动者而言（见表 4-2）。正如人们所预料的，对于那 5 个在转型期里
较晚才进行初步调查的国家来说，就业率的下降幅度比较小，但在失
业率增加和现有劳动力退出方面，这 2 组国家有着相同的模式（见表
4-2 中 A、B 两栏）。

实际工资绝对水平的变化也为就业状况的恶化提供了证据。在 1999
年，这些国家的实际平均工资下降至 1989 年水平的 40% 到 90%，只有捷克
共和国和波兰的实际平均工资达到 1989 年水平的 107% 和 96%（联合国儿
童基金会，2001）。虽然在这些国家中，就业形势和工资福利在 20 世纪 90
年代普遍都恶化了，但表现形式却不尽相同。例如，在俄罗斯，国有企业
吸纳劳动力的同时，伴随着大量的工资拖欠情况的发生。这些差异使得

表4-2　1990—1999年根据性别分类的20岁至59岁人群就业状况的变化

国家	（1）1990年就业比率	（2）1990—1999年变化百分比		
		就业	失业	非劳动力
A.8个国家，最初的GDP指数>90				
女性				
平均	80.2	−14.9	8.4	6.5
（标准差）	（9.0）	（6.3）	（4.4）	（6.5）
男性				
平均	90.6	−15.6	13.0	2.6
（标准差）	（4.9）	（6.1）	（6.6）	（3.4）
B.5个国家，最初的GDP指数<90				
女性				
平均	74.1	−11.4	5.8	5.6
（标准差）	（6.4）	（9.6）	（6.4）	（10.1）
男性				
平均	86.6	−9.3	7.7	1.6
（标准差）	（7.2）	（7.3）	（6.8）	（4.2）

資料来源：民主德国数据来自德国社会经济委员会，其余国家数据来自世界价值观调查。

对各国劳动市场状况进行简单的整体数量比较变得颇为困难（巴尔在2005年提供了一个比较好的综述）。

就业状况恶化的意义超越了直接的经济效应，因为它还是社会保障体系的恶化的征兆。转型之前有一个被称为"计划经济温室"的"一种典型的东欧国家的工人环境……"（苏博卡，2002）。该体制的一个关键特征是，许多社会福利与就业相关，"由于对能够劳动有更大的渴望，政府鼓励妇女去学习、结婚而且有工作和孩子，当家族支持较弱时，政府就会采取措施来帮助妇女获得相互矛盾的那些需求"（联合国儿童基金会，1999）。

从民主德国和匈牙利这2个国家的数据可以看出这种福利的损失或下降对生活满意度的影响，这种证据还可以从这些国家特定生活领域的满意度中获得。较为突出的是，那些以前有政府扶持的领域满意度下降了。因此，在民主德国，关于保健、儿童保育和工作方面的满意度都下降了（详见表4-3A）。在匈牙利，直到1992年才进行了第1次调查，在关于收入和生活水准的满意度几乎不变的同时，1997年对于工作、家庭、邻居和健康方面的满意度都更低了（详见表4-3B）。

表4-3　　　　　　　　特定生活领域的满意度

A.民主德国

	（1）	（2）	（3）
	1990年	1999年	1990年至1999年的变化值
满意项目：			
儿童保育	7.54	6.48	−1.06
工作	7.23	6.48	−0.75
保健	6.62	6.20	−0.42
家庭收入	5.54	5.55	+0.01
生活标准	6.36	6.56	+0.20
住房	6.93	7.32	+0.39
商品供应	3.18	6.17	+2.99
环境	3.13	6.50	+3.37

B.匈牙利

	1992年	1997年	1992年至1997年的变化值
满意项目：			
工作	7.4	6.7	−0.7
家庭	7.1	6.5	−0.6
邻居	7.3	6.5	−0.8
保健	6.4	5.8	−0.6
家庭收入	3.6	3.4	−0.2
生活标准	4.6	4.5	−0.1

注：民主德国和匈牙利的数值范围都是0到10的整数值。

资料来源：民主德国的数据来自德国社会经济面板数据集；匈牙利的数据来自Spéder, Paksi 和 Elekes（1999）。

4.3 受益者和受害者

在 20 世纪 90 年代，生活满意度损失最大的是那些受教育程度较低、年龄在 30 岁或 30 岁以上的人口，其中的女人和男人都受到了同样的影响[4]，以基尼系数来衡量的生活满意度上的不平等扩大了。

转型对不同人口队列的影响，可以通过对 20 世纪 90 年代末和 90 年代初的数据进行多元回归后进行比较来显示，这里的回归针对的是性别、年龄、教育与生活满意度的关系。[5]在教育方面，生活满意度的斜率在转型的初期通常可以忽略不计，但在 10 年期间斜率却趋于明显并显著为正（图 4-3 第 1 组）。这里的教育是用完成教育时的年龄来衡量的，世界价值观调查中唯一可以用来衡量教育的两个时期是最低为 7 年或更少以及最高为 23 年或更多。图 4-3 中的 2 组都是基于国家虚拟多元回归系数分组的，国家虚拟多元回归系数是从表 4-1 上面一组中的 7 个进行世界价值观调查的国家所汇集的数据。对单个国家的数据进行回归分析也产生非常相似的结果。

在转型初期，几乎没有关于生活满意度的年龄斜率，存在同样情况的还有教育（参见图 4-3 第 2 组）。然而在 20 世纪 90 年代后期，出现了一个显著的负斜率。这里的年龄类型为小于 30 岁、30~44 岁、45~59 岁，和 60 岁以上 4 组，最后 3 组在 10 年期末的系数均明显低于年轻组。相对于那些 30 岁以下的，两个年龄最大的组里的人平均来说，生活满意度遭受的损失最大。对每个国家数据的回归都产生相类似的结果，只有那些 60 岁或 60 岁以上的人在不同国家之间有更多的变化，而这可能是由于不同国家在养老保险政策方面的差异造成的。

按受教育程度

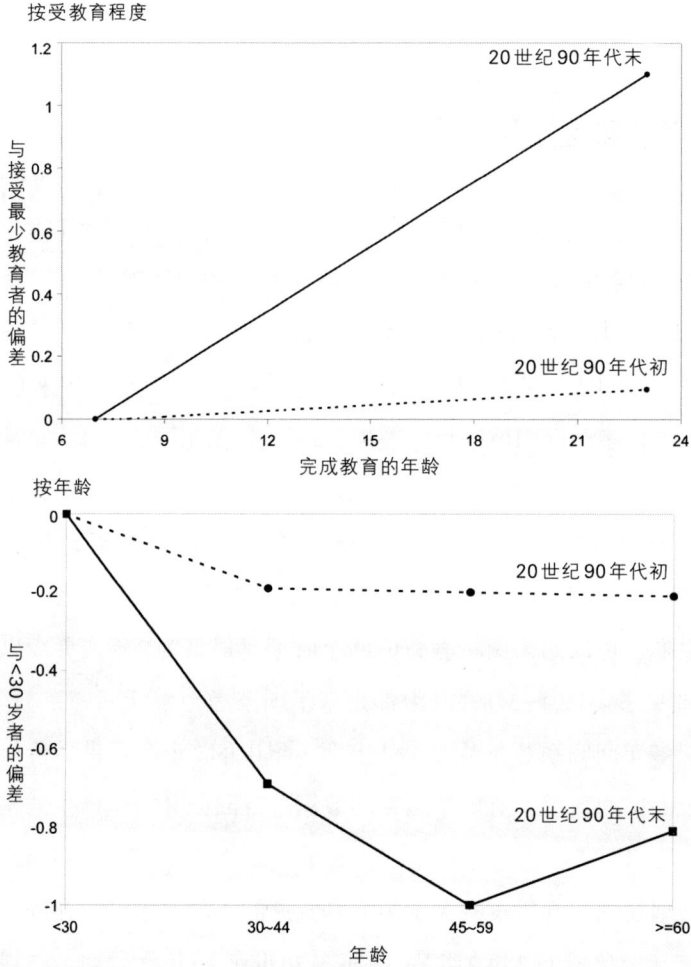

图4-3 有转型早期观测数据的7个国家在20世纪90年代初期和末期按教育和
年龄分类的生活满意度

注：第1组控制的是性别和年龄变量；第2组控制的是性别和教育变量。国家虚拟系数（Country
dummies）也被使用了。国家是指表4-1中的上面一组国家，民主德国除外，民主德国的教育类型与
世界价值观调查中的有所不同；然而，对民主德国进行的一个单独的分析，也揭示了同样的结果。

资料来源：第2波与第4波世界价值观调查。

可以断言，转型初期人们生活满意度的均等化，与工资均等化（政治
身份除外）和完全就业的计划经济政策相关，这些差异的出现，很大程度

上反映了自由市场经济力量主导下产生的收入增长和失业率的差异。对生活满意度的基尼系数变化与收入的基尼系数变化的简单比较,为这一假说提供了支持。在表4-1里上面的一组中,几乎所有的8个国家在20世纪90年代生活满意度的差异都有上升趋势,而且这种上升趋势与收入差异的上升呈正相关(详见图4-4,回归线的斜率系数在10%水平上是不显著的[6])。工资差距的出现(布雷纳德,1998;米拉若维奇,1999)、人口失业率的增加及其产生的不同影响,以及相应社会保障制度的废除可能是收入差距加大的原因。

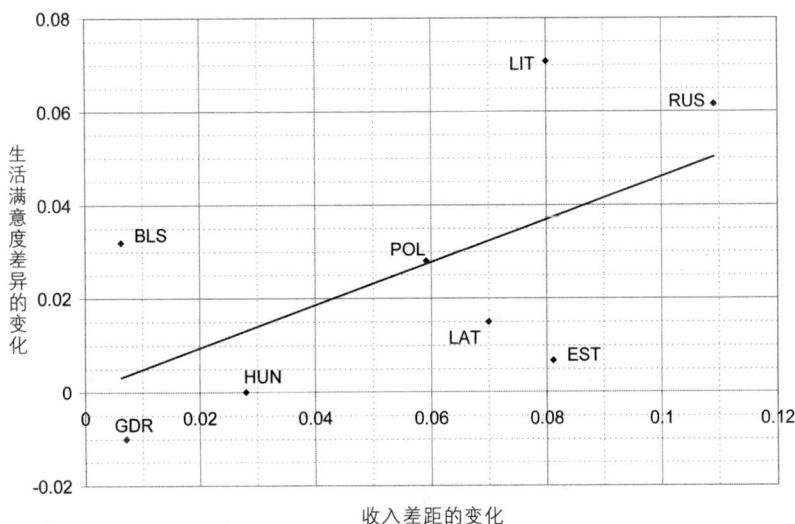

图4-4 1990—1999年有转型早期生活满意度观察数据的国家生活

满意度与收入差距的变化

注:有序逻辑回归的方程式是:$y=0.4603\ x+0.0003$(t值分别为1.84和0.02;调整后的 R^2 等于0.254)。这里的国家均来自表4-1中的上面一栏。

资料来源:收入差距数据来自联合国儿童基金会(2001),除了民主德国数据来自德国社会经济委员会,由施瓦策(1996)通过1992年的观察值推测1990年的数据,详见表4-2;收入差距数据来自世界价值观调查,除了民主德国的数据来自德国社会经济委员会。

为什么在对教育变量进行控制后，30岁及以上的人们在生活满意度上比年轻的成年人有更大的下降？而对于那些60岁及以上的人来说，这个问题的答案可能很大程度上取决于养老金供给的减少。当自由市场条件被建立时，大多数30~59岁的人已经开始了一个建立在"计划经济温室"条件下的生命历程集：夫妻双方都在工作，有职业发展规划，并建立住房和育儿工作已经安排到位的家庭。已有体系的崩溃使得许多这样的家庭动荡不安，当他们试图承担家庭责任时，工作机会和社会保障却消失了[7]。一些家庭被迫离开原来的定居地，搬回到与城市中心有一定距离的小村庄，试图尝试以非农业就业的方式自给自足[8]。社会压力的症状越来越明显——酗酒、吸烟、滥用药物的情况日益增多；男性死亡率上升；对妇女的家庭暴力增多（联合国儿童基金会，1999、2001；布雷纳德和卡特勒，2005）。尽管这些现象不只发生在那些年龄超过30岁的人身上，但在年龄较大的组群更为明显。

许多在30岁以下的人在转型初期开始选择晚婚或者晚育。运用人口统计学战略来应对经济压力是大萧条的一个特征，并且有证据表明，该策略已经被广泛应用于转型国家（菲利普，2002；菲利普和德比特兹，2003；索博特卡，2002、2003；西沃什和朱迪奇，2004）。一些国家在转型之前人口的变化就已经发生了，但在20世纪90年代这些变化几乎以加速度发生在转型的每一个国家中。这并不是自由市场的力量取代"计划经济温室"时，成年人降低他们家庭规模的结果。我们调查7个转型国家发现，在20世纪90年代中期，20岁到24岁的女性完成家庭规模的预期与15岁以上女性完成的预期并没有什么不同（菲利普和德比特兹，2003）。相反，这反映了推迟建立家庭的决定是应对不稳定的经济形势的一种方式。

为什么男性和女性在生活满意度上都有着同样的下降呢？答案可能存在于两个平行相关的发展情况中。一方面，失业率上升，并且它对男性的影响比女性更大；另一方面，家庭解体增加，而它对女性造成的影响要大于男性。对主观幸福感的跨部门和跨组别研究结果一再表明失业和婚姻破裂对生活满意度有着相当负面的影响（布兰奇弗劳尔和奥斯瓦尔德，2004；迪纳、卢卡斯和斯科隆，2006；弗雷和斯塔泽，2002；哈里维尔和普特南，2004；温克尔曼，1998；齐默尔曼和伊斯特林，2006）。这里所涉及的国家在10年期末的回归分析中也得出了相同的结果。

4.4 从当前和历史的角度对20世纪90年代进行透视

在20世纪90年代后期的5年里，除了民主德国，这里所涉及的所有经济转型国家人均GDP都有增长。它们从90年代后期到2004年，GDP的平均增长达到了36%，增速从18%到56%不等。此外，大多数经济转型国家的失业率也有所下降（儿童委员会，2008）[9]。

生活满意度的情况又是怎样的呢？要回答这个问题，除白俄罗斯之外的其他国家的数据都是可用的。我们所使用的民主德国的数据已经扩展到了2005年（详见本章附录表A-2）。至于其他10个国家，有一个在2005年头2个月实施了欧洲晴雨表调查，它所包含的一个关于生活满意度的问题与世界价值观调查中的相类似（全面研究理事会、欧洲委员会，2005）。最后，俄罗斯的第5波生活满意度数据已被发表在英格哈特等人的论文中（2008，p.283）。

随着GDP的复苏，生活满意度反弹的现象几乎随处可见（详见表4-4第2列），仅在经济增长缓慢的民主德国和保加利亚生活满意度发生过轻微的下降。到2005年年初，除了保加利亚之外的其他国家的平均生活满意度均高于6.0，这与20世纪90年代中期和晚期通常是4或5的数值形成鲜明对比（详见表4-4第1列；附录表A-1第5列和第8列）。此外，如果将2005年年初的生活满意度与20世纪90年代初期的相比较，在12个可比的国家中有9个国家的生活满意度提高了（详见表4-4第4列）。对20世纪90年代早期到2005年期间每个观测对象所做的有序逻辑回归显示，除了斯洛伐克和保加利亚之外，其他国家生活满意度对时间都产生了一个正向的系数，然而只有斯洛文尼亚产生了显著的系数。所以，当从20世纪90年代跨越到2005年年初，一个典型的景象是生活满意度恢复到它在20世纪90年代初期的水平，甚至更高。

然而，正如图4-3所暗示的，这种生活满意度的复苏通常需要GDP恢复到超过其转型早期的水平。在表4-1中，从基准年份到2004年，生活满意度观测对象国家的GDP的平均增长率是26%。

虽然由于调查问题和回答选项的差异而难以将数据进行比较，但是表4-4中的生活满意度的结果与2006年欧洲复兴开发银行（European Bank for Reconstruction and Development）所报道的调查结果是一致的（2007）。中欧和波罗的海沿海诸国的受访者在面对"综合考虑各项事物，我很满意我现在的生活"的说法时，同意这一说法的人，以2比1的比例远远超过了不同意这一说法的人。而在俄罗斯，持赞同意见的人仅仅略微超过那些不同意的人。白俄罗斯2005年的数据并没有包含在表4-4中，但它却是它们当中满意度水平最高的。而在罗马尼亚和保加利亚，不满意的人数超过了满意的人数。

在欧洲复兴开发银行的调查中有3个问题（满意度、经济状况和政治形势）的年龄模式与图4-3中的非常类似。在每个国家，与其他年龄组相比，那些年龄在18~34岁的人的回答更倾向于赞同。因为在2006年，年龄为18~34岁的组别包含了在1989年时还不满18岁的群体，那时他们尚未成家立业。相比之下，50岁及以上的人表达了最消极的观点。在这个队列中，受访者认为1989年的条件比现在要好是很普遍的。虽然没有关于被调查者教育水平的数据，但有根据收入分为低收入、中等收入和高收入3组。在与图4-3中教育水平一致的情况下，那些社会经济水平更高的人往往更满意，并且与那些经济水平更低的人相比，他们更加看好2006年的状况。

表4-4　　　2005年的平均生活满意度以及20世纪90年代初期到

末期的生活满意度变化

	（1）	（2）	（3）	（4）
	2005年的平均 生活满意度	90年代末到2005年 生活满意度的变化	20世纪90年代初 的观测时间	90年代初到2005年 生活满意度的变化
转型初期观测到的国家：				
民主德国	6.32	-0.19	1989年5月	-0.27
波兰	6.98	0.58	1989年	0.40
匈牙利	6.30	0.52	1990年	0.27
爱沙尼亚	6.32	0.42	1989年5月	0.32
拉脱维亚	6.31	1.04	1989年5月	0.61
立陶宛	6.29	1.20	1989年5月	0.28
白俄罗斯	n.a	n.a	1990年	n.a
俄罗斯	6.09	1.35	1990年	0.72
转型末期观测到的国家：				
斯洛文尼亚	7.48	0.25	1991年	1.19
捷克共和国	7.04	0.32	1991年	0.35
斯洛伐克	6.47	0.42	1991年	-0.15
保加利亚	4.85	-0.15	1991年	-0.18
罗马尼亚	6.3	1.26	1993年	0.42

资料来源：列1数据来自2005年欧洲委员会、全面研究理事会，除了俄罗斯（英格哈特等，2008）以及民主德国（附录表A-2），欧盟委员会的调查是关于2005年1月到2月的；列2数据来自附录表A-1的第1列减去第8列的数据；列3数据来自表4-1；列4数据来自附录表A-1第1列减去第2列的数据。

这里有两个国家的20世纪80年代的生活满意度数据具有可比性，这两个国家一个（匈牙利）在中欧，而另一个（俄罗斯）在东欧。同时，维恩霍文（2001）对白俄罗斯给出了一个1984年的估计，尽管对这些估计还存在一些异议。下面是匈牙利1982年的生活满意度平均值，以及用作比较的1990年和2005年的数值：

1982年	1990年	2005年
6.93	6.03	6.30

这些数据指出了在20世纪80年代，生活满意度有一个大幅度的下降，甚至到了2005年，生活满意度仍然远远低于1982年的水平。调查表明在1978年和1990年之间，社会反常状态剧增，这间接地支持了匈牙利在80年代中生活满意度水平的下降（斯宾德、帕克斯和英莱克斯，1999；安多尔考等，1999）。在民主德国和捷克斯洛伐克的调查也指出这些国家中不断上升的精神压力（诺艾尔，1991；格拉泽和博斯，1998；博古斯扎克和喀什，1990）。

1981年在俄罗斯坦波夫州进行了一项世界价值观调查，虽然这个地方很小（人口才一百多万），但据说这里是"（俄罗斯人所做的调查认为）能够代表俄罗斯整体的一个区域"（英格哈特和克林吉门，2000）。为了检验坦波夫州的代表性，一项世界价值观调查于1995年再次在这里实施，与此同时还进行了俄罗斯联邦调查（survey of the Russian Federation）。下面给出了坦波夫州的平均生活满意度，以及为了比较给出的俄罗斯作为整体在1990年和1995年的情况，还有白俄罗斯1984—1990年和1995年的情况：

	1980年代初	1990年	1995年
坦波夫州	7.26	n.a	4.23
俄罗斯	n.a	5.37	4.45
白俄罗斯	7.20	5.51	4.35

1995年这三个地区所有的观测值在数值上是非常相似的，20世纪80年代初坦波夫州和白俄罗斯的值也差不多。总体情况与推测是一致的，那就是在20世纪80年代，俄罗斯和白俄罗斯的生活满意度都有一个显著的下降。

其他证据表明，在1993年发起的纵向调查显示，俄罗斯在80年代和90年代之间生活满意度在下降（萨丽和安德烈延科夫，2001；这里给出的数据来自一项1993年发起的纵向调查《俄罗斯社会经济转型研究》，网址：http：//www.vanderveld.nl/russet.html）。当时，受访者被问到以1到10的等级来评价他们当前以及5年前也就是1988年的生活满意度。关于财务满意度，也询问了类似的问题。下面是1988年和1993年的结果，中间还插进了1990年世界价值观调查的数据：

	1988年	1990年	1993年
生活满意度	6.46	5.37	5.05
财务满意度	5.81	4.98	3.04

虽然回顾性的估计值已经接近20世纪80年代末期，但是基于坦波夫州和白俄罗斯的数据情况是一致的，结论就是从上世纪80年代到90年代生活满意度和财务满意度有着一个显著的下降。此外，这里列出的20世纪80年代的生活满意度值——在1988年，俄罗斯的生活满意度值为6.5，而20世纪80年代早期坦波夫州和白俄罗斯的生活满意度值为7.2——在数值上都与匈牙利1982年的值（6.9）相似，并高于俄罗斯2005年的值（6.09）和匈牙利的值（6.30）。如果这些数据具有合理的代表性，那么转型国家2005年的生活满意度可能要低于20世纪80年代的水平。

尽管20世纪80年代的证据是一致的，但它们并没有像人们想象的那么完整。但如果这些证据是合理、正确的，人们自然会问：转型国家在计划经济制度下的生活满意度为什么会高于当下在资本主义经济制度下的生活满意度呢？前面提供的民主德国和匈牙利的满意度数据为这一问题提供了一个推测性的答案（见表4-3）。尽管在计划经济制度下物质产品供应方面效率很低，但它在其他领域为个体提供了大量对于个人幸福感来说极为重要的保障，如工作保障、儿童保育供应、健康保险以及对个人和父母的老年赡养。

　　当这项研究正在进行时，山菲和特克森（2007）发表了一个关于转型国家生活满意度趋势的有价值的研究分析。他们的结论和目前研究的结果基本一致，尤其表现在转型国家中V形图的生活满意度和转型对不同组别的不同影响方面。这种一致性是可靠的，因为他们的研究基于的数据也是世界价值观调查的数据（来自第2波到第4波的调查）。然而在其他方面，还存在许多重要的差异，也许其中最根本的是对于他们文章标题中提出的问题"转型使你快乐吗？"的回答。他们的回应是："在20世纪90年代末的大多数情况下，生活满意度水平已经回到了接近转型前的水平。"这一结论并不能由当前的分析所证实，当前的研究发现直到上世纪90年代仍然有一个相当大的差距存在，而且根据一些在山菲-特克森研究中不能获得的数据，直到2005年生活满意度才恢复到或超过转型早期的水平。这两大研究在对20世纪90年代解释上的差异，源于山菲和特克森在关于生活满意度恢复程度的分析中包含了第2波世界价值观调查中所覆盖的所有转型国家，然而当前的研究只集中于世界价值观调查中的7个国家再加上民主德国，这些国家的初始生活满意度都降低到了接近于转型前GDP和失业率的数值（详见表4-1）。显然，更大规模的世界价值观国家集研究是从山菲和特克森开始的，这些国家平均而言在转型期间起步得较晚，而且由于GDP的急剧下降和失业率增加，生活满意度的数值已经下降到低于转型前的水平。因此在给定初始参考点的前提下，他们发现20世纪90年代末的生活满意度有一个较大幅度的恢复就不足为奇了。此外，目前的分析还表明，如果采用 20 世纪 80 年代的基准分析生活满意度趋势，那么有可能到 2005 年时还没有达到恢复到早期水平的目标。

目前的研究在其他方面与山菲和特克森的研究也有所不同。它增加了一个关于生活满意度的不平等的分析，并包含了能揭示物质生活水平与工作、家庭和健康满意度变化不同方向的领域满意度数值。领域满意度的结果表明，尽管东欧从计划经济向市场经济转型，平均而言，提高了在物质生活水平上的满意度，但这发生在对就业、健康和家庭安全的满意度下降的基础上。因此就幸福感平衡的结果而言，往最好了说也不能确定说是变得更好了。

4.5　结论与启示

总之，欧洲转型国家的产出和就业的崩溃导致了生活满意度急剧下降。随后的 GDP 虽然有所改善，但是 20 世纪 90 年代停滞不前的劳动力市场状况和一个日益恶化的社会安全网阻碍了生活满意度的相应的恢复。由于工资和就业不平等的增加以及家庭生活被干扰时人们的生活满意度有显著的差异，家庭生活受到影响。受冲击最严重的是那些受教育程度低的以及超过 30 岁的人，男性和女性的受害程度是相同的。

到 2005 年，生活满意度已经恢复到 20 世纪 90 年代初的水平，甚至更好。但这一恢复需要人均 GDP 要比 20 世纪 90 年代初的值高出大约 25%。此外，虽然现有的证据相当有限，但仍能够表明即使到了 2005 年生活满意度仍有可能低于 90 年代前的普遍水平，其原因可能是提高物质生活水平对生活满意度的积极贡献被就业保障、健康和儿童保育，以及养老方面的损失抵消了。

目前的分析是基于有限数量的国家的生活满意度断断续续的观测

值。事实上，当人们试图确定那些生活满意度观测值接近转型初期的国家时，国家数量减少到只有 8 个。此外，亚洲中的那些新兴国家因为未被包含在第 2 波世界价值观调查中而被完全忽略了。这里的归纳将"转型国家"作为一个整体，在数据有限的情况下还需要做更多去把这些国家的经历区分开。还有可能的是，有一些在共产主义国家实施但未发表的调查可能会揭示转型之前的计划经济制度下人们的主观态度（库兰，1991）。

生活满意度和幸福感是新的研究课题，而且我们也才刚刚开始了解这些关于幸福感的衡量指标。然而这似乎是合理的建议，即增加一种福利评价的尺度是对标准知识库的有益补充[10]。人类关于经济转型的成本是如此巨大，这会使上百万人的生活发生翻天覆地的变化。在一份关于俄罗斯但总体代表了转型国家的声明中，布雷纳德和卡特勒（2005）指出："在 1989 年之前，俄罗斯人是生活在国家提供经济保障下的，失业率几乎无人不知，人们是有保障的，并且被提供了一种被认为是适当的生活标准，微观经济的稳定性并没有太多地影响普通公民。"

在向自由市场经济转型的过程中，这些福利保障大部分或者全部都消失殆尽。离婚率暴增而导致家庭生活四分五裂，酗酒、吸烟、滥用药物大幅增加，自杀率升高和针对妇女的家庭暴力增加。很多家庭离开了定居地，有的搬回到依靠农业维持生产的村庄。这些变化对人们的个人生活和他们的幸福的影响，人均国内生存总值几乎完全反映不出来。即使一个关于收入差距的衡量指标——作为 GDP 指标的补充——也仅仅是暗示着发生了什么。相比之下，生活满意度指标不仅反映了物质福利，而且反映了日常生活，以及男性和女性对工作、健康以及家庭的关切和担忧，这更能够反映这些正在发生的变化的深远意义。生活满意度并非是幸福感的一个详尽的指标。但是，如果在制定转型政策时，能够给这一指标一些考量，也许"转型中的损失"会变得更少。

附录

基础数据（basic data）

表A-1   12个国家在1990—1999年生活满意度的均值和差值

	(1)	(2)	(3)	(4)	(5)	(6)	(7)	(8)	(9)
	初期	生活满意度		中期	生活满意度		终期	生活满意度	
		平均值	基尼系数		平均值	基尼系数		平均值	基尼系数
波兰	1989年	6.58	0.193	n.a	n.a	n.a	1997年5月	6.40	0.221
匈牙利	1990年	6.03	0.230	n.a	n.a	n.a	1998年5月	5.78	0.230
爱沙尼亚	1989年5月	6.00	0.200	1996年	5.00	0.256	1999年	5.90	0.207
拉脱维亚	1989年5月	5.70	0.242	1996年	4.90	0.256	1998年	5.27	0.257
立陶宛	1989年5月	6.01	0.221	1996年	4.99	0.299	1999年	5.09	0.292
白俄罗斯	1990年	5.52	0.228	1996年	4.35	0.282	1999年	4.81	0.260
俄罗斯	1990年	5.37	0.252	1995年	4.45	0.318	1998年	4.74	0.314
斯洛文尼亚	1991年	6.29	0.197	1995年	6.46	0.184	1999年	7.23	0.165
捷克共和国	1991年	6.69	0.180	n.a	n.a	n.a	1998年	6.72	0.165
斯洛伐克	1991年	6.62	0.205	n.a	n.a	n.a	1998年	6.05	0.208
保加利亚	1991年	5.03	0.258	n.a	n.a	n.a	1998年	5.00	0.288
罗马尼亚	1993年	5.88	0.225	n.a	n.a	n.a	1998年	5.04	0.298

资料来源：世界价值观调查。第1至3列来自第2波世界价值观调查，第4至6列来自第3波世界价值观调查，第7至9列来自第4波世界价值观调查。

表 A-2　　民主德国1990—2005年的生活满意度均值和差值

年份	均值	基尼系数	年份	均值	基尼系数
1990	6.59	0.164	1998	6.48	0.152
1991	6.04	0.183	1999	6.51	0.154
1992	6.12	0.164	2000	6.44	0.149
1993	6.20	0.174	2001	6.45	0.151
1994	6.25	0.165	2002	6.26	0.160
1995	6.38	0.160	2003	6.34	0.156
1996	6.39	0.157	2004	6.13	0.173
1997	6.31	0.156	2005	6.32	0.173

资料来源：GSOEP（Haisken-DeNew and Frick，2005）.

第5章 全球经济增长与幸福感：幸福感－收入悖论的时间序列证据[①]

"小小世界。"

迪士尼主题曲

简单地说，幸福感－收入悖论就是：幸福感在某个时间点随直接收入而变化，但长期而言，当一个国家的收入增加时，幸福感并不会增加。本章将前2章的时间序列分析结果整合在一起，并增加了一个更新的基于欧洲晴雨表的分析，一共包括了37个国家。我们的主要兴趣是与事实相关的：当时间序列的经验范围扩大到不仅包括大量的发达国家还包括了转型国家和发展中国家时，幸福感与经济增长仍然无关吗？证据显示的答案一直是无关的。

对幸福感－收入悖论的评价有好有坏。一些专家相当支持它（克拉

———————————

① 这一章是 Easterlin, R. 和 Laura Angelescu 共同撰写的。我想对其宝贵贡献表达我的感激之情。论文的第一份草稿来自 Easterlin, R. 和 Angelescu, L. (2009) 发表的《幸福感和世界各地的经济增长：幸福－收入悖论的时间序列证据》，国际劳动研究所第4060号研讨论文。我们还要感谢 Andrew Oswald, Mariano Rojas, Onnicha Sawangfa 和 Jacqueline Zweig 的有益建议。挪威的幸福感数据是由 Ottar Hellevik 慷慨提供的。北爱尔兰的 GDP 数据来自 José L. I.D´Elia 和 Victor Hewitt。本文的财务支持是由南加州大学提供的。

克、弗里吉特斯和希尔兹，2008；迪特利亚和麦卡洛克，2008）；而另外一些学者则反对它（史蒂文森和沃尔弗斯，2008）。可以看出，分歧主要是由于该悖论未能区分幸福感与收入这两者的短期和长期序列关系。从短期来看，当宏观经济状况中的波动主导这一关系时，幸福感与收入呈正相关关系；从长期来看，幸福和收入是无关的。在分析了长期关系之后，我们也证明了短期的关系以及两者混合的效应。在最后一部分，我们还推测了短期和长期关系脱节的原因。

5.1　概念和方法

在本书第4章中，我们对幸福感的衡量指标是整体生活满意度，是对问题"考虑一切事物，在这些日子里，你对自己的生活整体满意度如何？"的答复。我们已经通过将答复按比例调整为一个"1~10"的等级，来消除调查在反应类别等级数量上的差异，后述的过程已在第3章中被描述。经济增长是根据实际人均GDP每年的增长比例来衡量的，数据与第3章中的相同。

我们从一个对时间的OLS回归中定期地计算生活满意度的长期增长率，以此作为我们对每个国家可获得的最长时间跨度分析的期间。人均GDP增长率是从由生活满意度观察对象所覆盖期间的期初和期末人均GDP值计算出来的。就拉美国家而言，一个国家的生活满意度有一个以上的数据集可用，因此我们通过一个虚拟变量来计算一个混合回归以确定不同的数据集。生活满意度和国内生产总值的增长率都是按年来计算的，生活满意度的变化以1~10的绝对值来衡量，而人均国内生产总值的变化以百分比来衡量。

在对任何一个长期变化率的分析中，最小的时间跨度为12年。进行长期分析的目的是对生活满意度与人均国内生产总值之间的长期关系与较短期的关系进行明确的区分，尽管12年可能是一段太短的期间。对大多数国家来说，期间的实际跨度通常更长，具体可以从以下看到：

	时间跨度	
	均值	范围
17 个发达国家	29	21~34
11 个转型国家	15	12~22
9 个发展中国家	19	15~33

由于可用的幸福感数据是有限的，转型国家和发展中国家与发达国家有关联的数据数量很少。正如前面所讨论的，生活满意度和国内生产总值的数据是不完整的。我们在这里总结与生活满意度数据有关的主要问题，以及那些我们必须去做的以提高长期可比性的事情。

第一，生活满意度的问题可能会随时间而改变，正如日本的情况[1]。对于这样的情况，我们汇集数据并对不同的片段使用虚拟变量，来计算由于调查问题的改变而导致的答复水平差异。

第二，生活满意度问题的背景可能会发生变化。例如，在欧洲晴雨表中，少数调查中会插入一个关于财务满意度问题的调查，并出现在整体生活满意度前面。通常人们对他们财务状况的满意度比对他们总体生活状况的满意度要低。并且将一个中立的问题替换为关于财务满意度的问题，会使对生活满意度的反应发生向下偏差[2]。

第三，调查的地理范围可能会随时间而改变，特别是在发展中国家中。我们通过构建在不同的日期里覆盖相同人口的序列，来试图最小化这些变化带来的影响。

通常情况下，调查覆盖至少70%的人口，并且包括了更有文化和城市化部分的人口，而这些人最有可能曾经获得经济增长所带来的收入上的好处。同时，对于中国和南非这两个国家，有其他组织的独立调查可以给我们所使用的序列所指示的时间序列变化提供证据。但我们并不能说这里分析的时间序列是完美无缺的。然而，我们要尽最大的努力使不同国家在长期具有合理的可比性。

5.2　结果

5.2.1　横截面的关系

我们开始于一个富有国家和贫穷国家的幸福感和收入的时间点比较。这种横截面数据关系和时间序列关系的矛盾，正是幸福感−收入悖论的本质，但奇怪的是，我们下面将看到横截面数据关系经常被引用，尽管它好像反驳了时间序列的证据。

从横截面分析中我们得出了2个主要结论：

（1）如果将富国和穷国放在同一个时间点上进行比较，生活满意度会随着人均GDP的绝对值增加而提高，但是增长速度却在下降（详见图5-1）。正如第3章所述，这种横截面数据关系已经导致一些分析师断言，比起更富有的国家来说，一个给定的人均GDP增长会对贫穷国家的幸福感有更大的影响。

（2）如果将富国和穷国放在一个时间点上进行比较，"GDP每增加一倍，与其相关的生活满意度也将伴随着一个一致的增加"（迪顿，2008）。这一概述说明了图5-2中所使用的回归方程与图5-1的完全相同，但是现在生活满意度的变化是以GDP相对变化衡量而不是绝对值变化来衡量的。而生活满意度以GDP指数来衡量，也是GDP的绝对值。长期变化所暗示的含意比起第一次概述是更加彻底的。如今经济增长提高了富有国家以及贫穷国家的生活满意度，并且在提升程度上是相同的。此外，经济增长率越高，生活满意度提高得也就越多——人均GDP增长率每增加一倍，幸福感就增加一倍。

上一段开头的地方直接引用了安格斯·迪顿的结论，他基于的数据与这里所使用的不同，这里的数据来自在2006年对132个国家展开的盖洛普

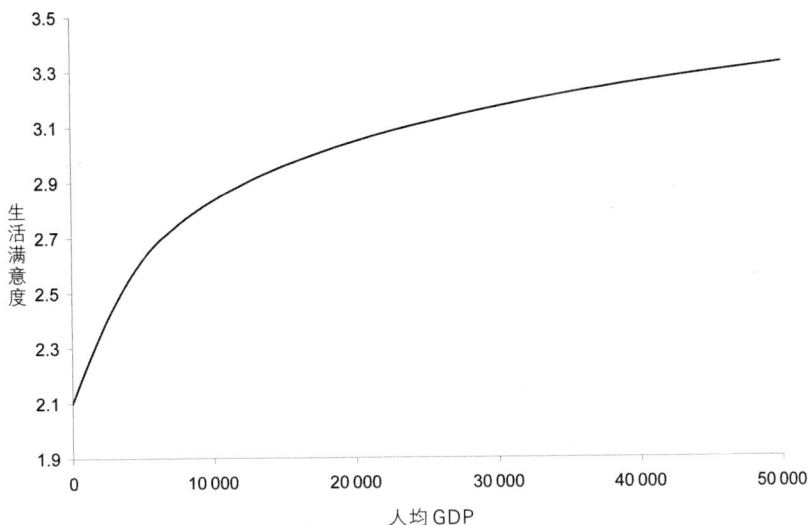

图5-1　收入边际效用递减（基于世界价值观调查横截面的生活满意度与人均GDP

（绝对规模），样本总量为195个）

注：拟合回归的方程是：y=0.405+ 0.270 ln (x)（调整后的R²=0.452），t统计量在括号中。

(2.05) (12.68)

资料来源：这些基础数据是在第1波到第4波世界价值观调查中所调查的89个国家的195个汇集

观测值。个别国家的观测值在图中被省略。

世界民意调查。正如其他研究中说明的那样（卡特勒、迪顿和雷勒斯穆尼，2006），迪顿自己也意识到横截面关系可能对历史经验来说是一个不好的引导。

但是其他人就没那么谨慎了，因此，著名的教育家德里克·博克（2010）在一本富有价值的书——《幸福的政治学》——中引用了迪顿的观点，反驳幸福感与经济增长之间缺乏联系的时间序列证据。经济学家古里厄夫和朱拉夫斯卡娅也是这么做的（2009）。同样地，心理学家丹尼尔·卡尼曼（2008）关于享乐适应症的错误分析，也是基于盖洛普世界民意调查中发现的一个横截面关系。毫无疑问正是这种类型的时间点关系引起了戴安·科伊尔（2007）对经济学科值得深思熟虑的、过分自信的断言：

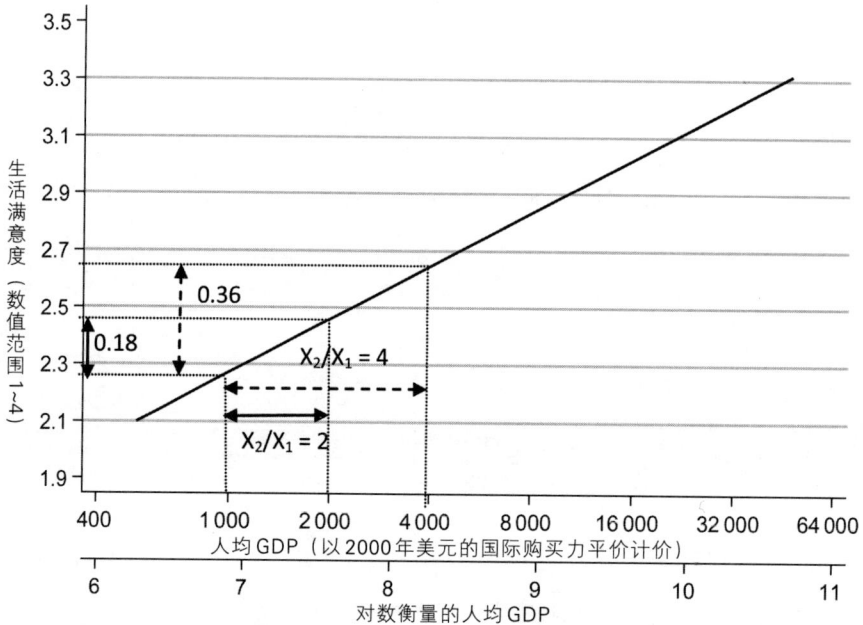

图5-2 "GDP每增加一倍，生活满意度也相应地提高一倍"

(基于世界价值观调查的生活满意度与人均GDP（对数规模），样本总量为195个)

资料来源：同图5-1。

"毋庸置疑的是，世界上绝大多数人都会因为人均GDP的提高而更加幸福。"当然，悖论是，这种横截面数据关系迄今为止还没有在有限时间序列研究中再次产生。

5.2.2 时间序列的证据：长序列

研究时间序列时，我们的出发点是图5-2所表现的含意：伴随着较高的经济增长速度，幸福感以一个更高的速率提升。以下是我们的发现：

（1）对于17个发达国家，时间序列范围为21~34年，其生活满意度的增长率与人均GDP增长率之间没有明显的关系（详见图5-3）。这些国家里包括最发达的欧洲国家，以及美国、加拿大和澳大利亚。对大多数国家来说，长期GDP的增长率处于1.5%~3%，但是有两个例外——爱尔兰和卢森堡，其增长率处于3%~5%。即使将爱尔兰和卢森堡排除，生活满意度的提高与人均GDP增长之间仍然没有什么显著的关系，如图5-3所示。17个发达国家为：希腊（GRE）、丹麦（DEN）、加拿大（CAN）、法国（FRA）、荷兰（NLD）、比利时（BEL）、意大利（ITA）、美国（USA）、英国（GBR）、德国（DEU）、澳大利亚（AUS）、西班牙（SPA）、挪威（NOR）、葡萄牙（POL）、卢森堡（LUX）、爱尔兰（IRL）、北爱尔兰（NIR）。

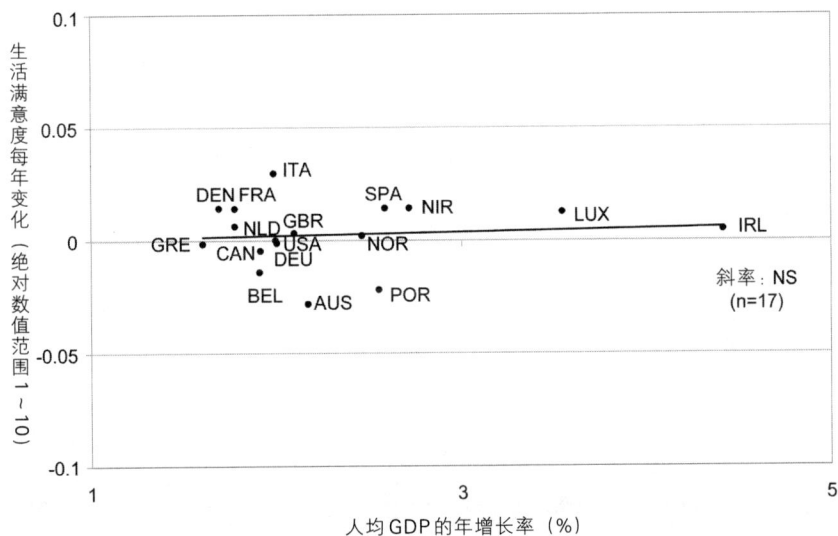

图5-3 17个发达国家生活满意度增长率和人均GDP增长率之间的长期关系

（时间序列范围为21~34年，平均值=29）

注：拟合回归的方程为y=-0.001＋0.002x（调整后的R²=0.006）；t统计量在括号中。
　　　　　　　　　　　　　　（-0.05）（0.31）

（2）对于9个发展中国家，时间序列的范围为15~33年，其生活满意度的增长率与人均GDP增长率之间也没有显著的关系（详见图5-4）。这

9个国家是很典型的人口众多的国家，4个在亚洲，4个在拉丁美洲，1个在非洲撒哈拉以南地区，年经济增长率的幅度包括从南非的接近0到中国的将近10%。如果将中国，即该组中的异常值排除，回归系数仍然不显著。9个发展中国家为：南非（SFA）、阿根廷（ARG）、巴西（BRA）、墨西哥（MEX）、土耳其（TUR）、智利（CHI）、韩国（KOR）、日本（JAP）、中国（CHN）。

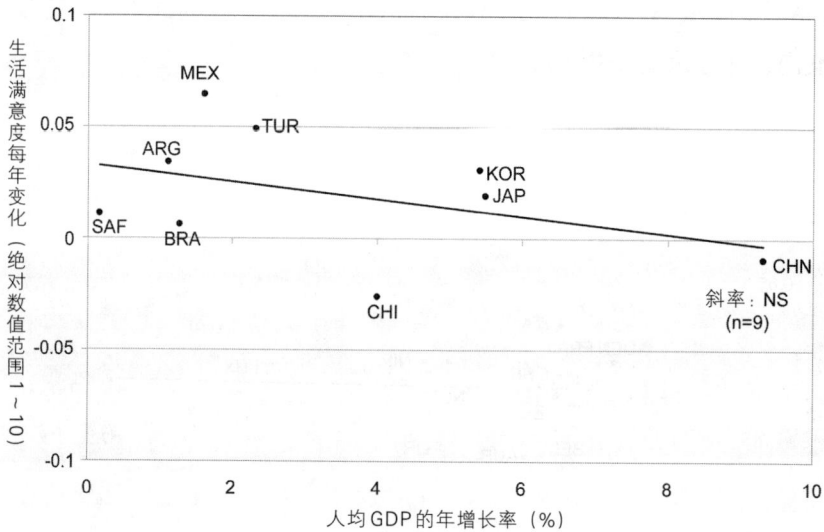

图5-4　9个发展中国家生活满意度增长率和人均GDP增长率之间的长期关系

（时间序列范围为15~33年，平均值=19）

注：拟合回归方程为y= 0.033 − 0.004 x（调整后的R^2 = 0.168）；t统计量在括号中。
（2.24）（−1.19）

（3）11个转型国家的时间序列范围为12~22年，其生活满意度的提高与人均GDP增长速度并没有明显的关系（详见图5-5）。这里有一个关于11个国家接近转型初期时的生活满意度观测值（参考第4章），范围横跨了中欧和东欧，其经济增长率从略微为负到接近3%。11个转型国家为：立陶宛（LIT）、拉脱维亚（LAT）、俄罗斯

（RUS）、爱沙尼亚（EST）、民主德国（GDR）、匈牙利（HUN）、保加利亚（BUL）、捷克（CZE）、波兰（POL）、斯洛伐克（SUK）、罗马尼亚（ROM）。

（4）将37个国家一起统计，时间序列长度为12~34年，其生活满意度的提高与人均GDP增长速度也并没有明显的关系（详见图5-6），而人均GDP增长率的范围通常从略微为负到接近6%，如果将中国接近10%的增长率当作异常值忽略掉，回归系数仍不显著。假设一个较高的经济增长率能更快地提高生活满意度，那么正如图5-2的横截面数据所显示的，即使将这里所涉及的富有、贫穷、转型期三种类型国家都放在一起统计，也很难在其中找到相关证据。

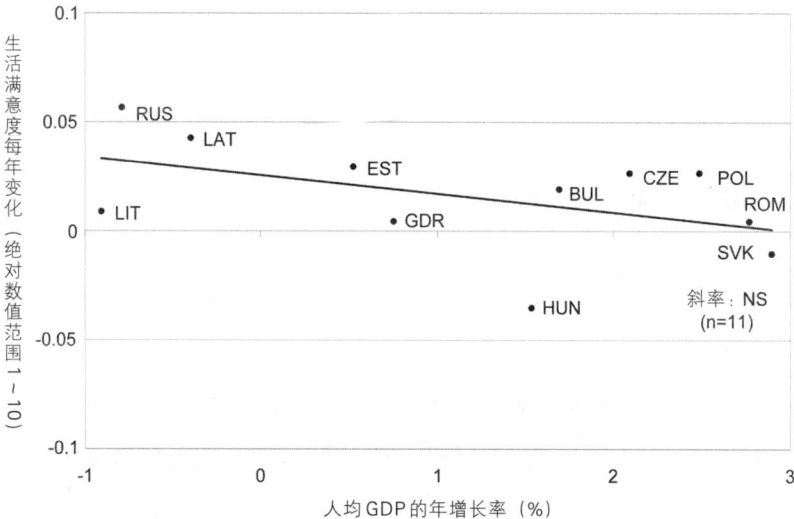

图5-5　11个转型国家生活满意度增长率与人均GDP增长率之间的长期关系
（时间序列范围为12~22年，平均值＝15）

注：拟合回归的方程为y＝0.025－ 0.009 x（调整后的R²=0.229）；t统计量在括号中。

（2.62）（−1.63）

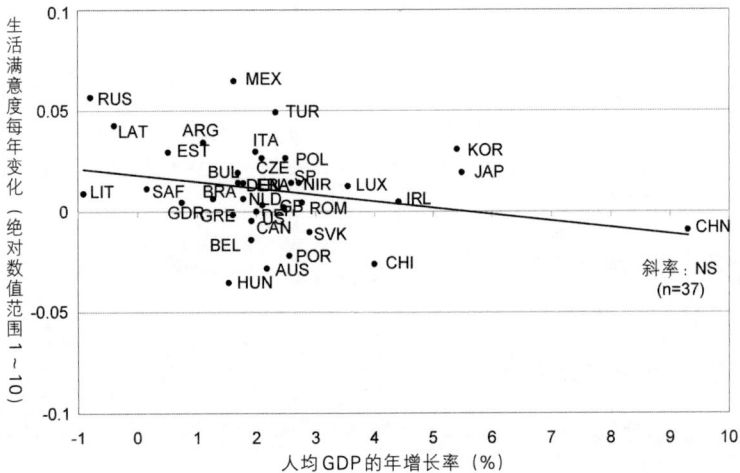

图5-6　17个发达国家、11个转型国家、9个发展中国家生活满意度增长率与
人均GDP增长率之间的长期关系（时间序列范围为12~34年，平均值＝22）

注：拟合回归的方程为y= 0.018 - 0.003 x（调整后的R^2=0.069）；t统计量在括号中。
　　　　　　　　　　(3.07)　(-1.61)

5.2.3　时间序列证据：短序列

随着宏观经济状况的变化，短期中生活满意度和人均GDP是正相关的。这些关于发达国家的经验是由迪特利亚、麦卡洛克和奥斯瓦尔德在2001年首次提出的。转型国家的时间序列图往往是最简单直观的，其人均GDP的衰退和复苏情形与20世纪30年代的大萧条时期相似（详见图5-7和第4章）。对于一些转型国家，比如斯洛文尼亚，其第一次的生活满意度观察在转型国家中相对来说是较晚的，因此，只有复苏阶段的生活满意度变动被观测到了（详见图5-8），这导致一些分析师困惑于生活满意度与人均GDP的短期正向联系与长期趋势之间的关系。显然，对长期趋势的推断需要获得转型国家萧条阶段以及复苏阶段的时间序列。这正是我们尝试对这里所分析的11个转型国家所做的。

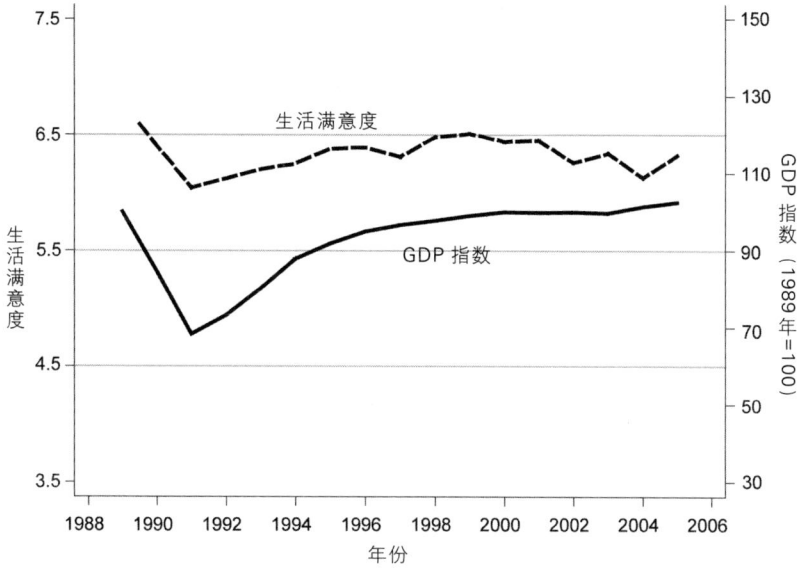

民主德国

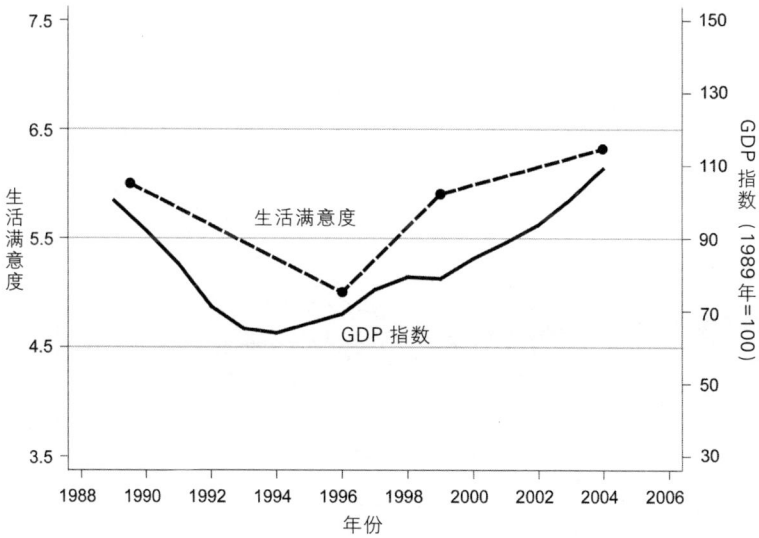

爱沙尼亚

俄罗斯

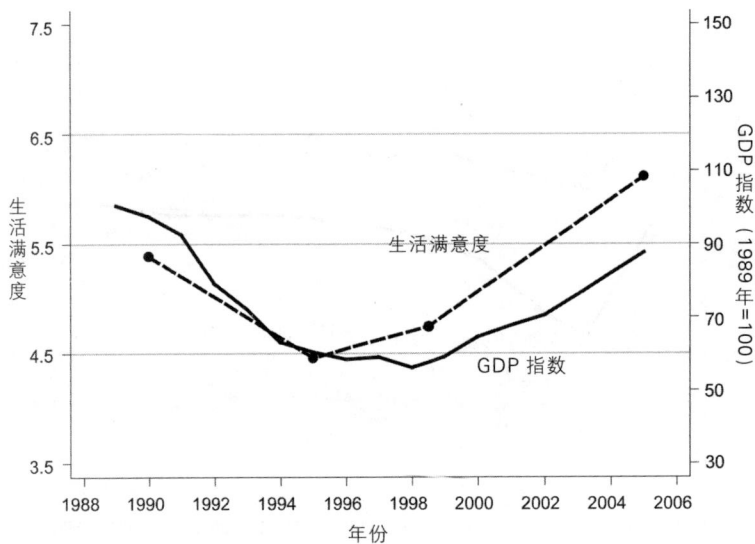

图 5-7　1990—2005年，3个转型国家的生活满意度和实际GDP的年度指数

资料来源：详见本书第4章。

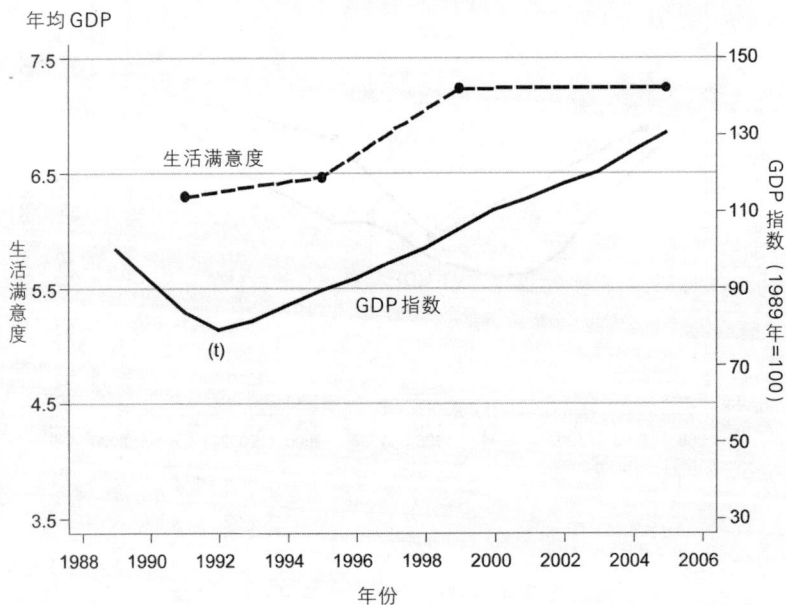

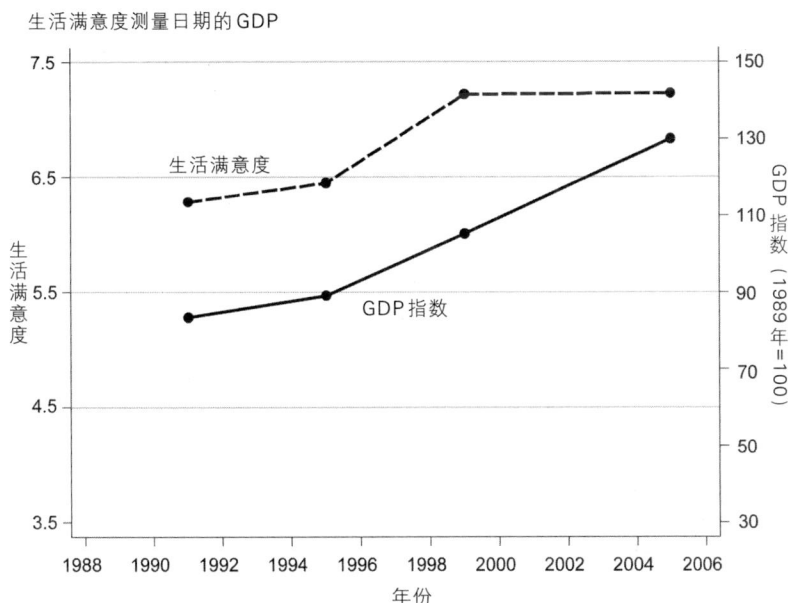

生活满意度测量日期的GDP

图5-8　斯洛文尼亚1992—2005年的生活满意度和1989—2005年的人均GDP

资料来源：详见本书第4章。

　　但是，即便是在这些国家，最初的生活满意度观察时间是在1990年左右，时间序列追溯得可能不够远。正如在第4章中所看到的，一些转型国家的部分证据显示，对于少数转型国家，20世纪80年代生活满意度有可能比1990年左右的更高。

　　在任何情况下，以一个7.6年为平均值的时间跨度将紧缩时期和扩张时期分开，可以很明显地观察到生活满意度的变化与经济增长率之间有着一个显著的正向关系（详见图5-9）。如今GDP增长率十分接近-20%的负相关率到接近10%的正相关率之间变动，并且与这些数据拟合的回归直线的系数是显著正向的。从短期来看，人均GDP的降低与生活满意度的下降是相关的，人均GDP的恢复与生活满意度的恢复也是相关的。

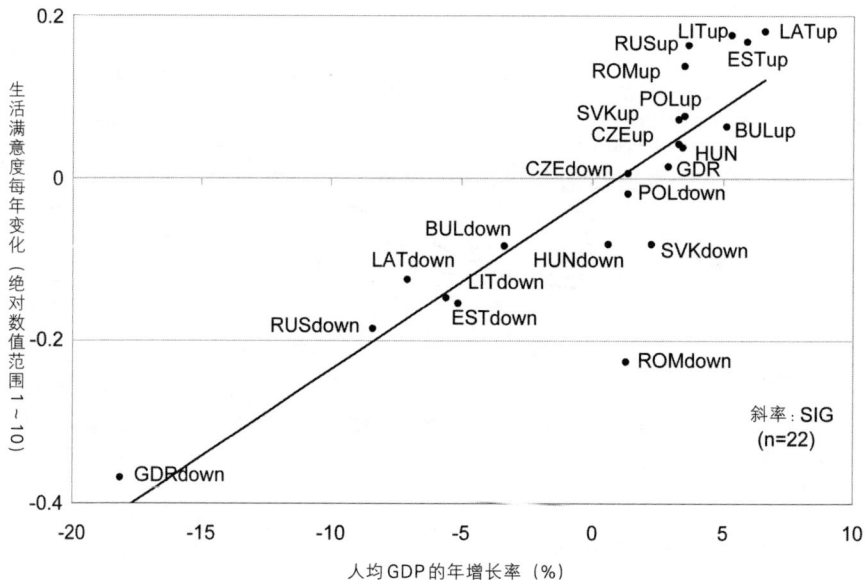

图5-9　生活满意度增长率与人均GDP增长率之间的短期关系：独立的紧缩

时期和扩张时期的11个转型国家（平均值为7.6年）

注：拟合的回归方程为 y= −0.020 + 0.021 x（调整后的R²=0.741）；t统计量在括号中。
　　　　　　　　　　　　　（−1.22）　（7.57）

5.2.4　时间序列证据：短序列和长序列混合

从长远来看，幸福感的提高和人均GDP增长率之间似乎并没有显著的关系。但是，在短期内二者呈正相关。如果将短期序列和长期序列混合在一起，短期正相关关系会趋于主导地位。回到图5-6中37个国家的长期序列，并用图5-9中独立的紧缩时期和扩张时期数据代替11个转型国家的长期时间趋势，可以很容易证明这一点。不令人意外的是，短期观测值支配了长期观测值，而且与数据拟合的回归线系数是显著正向的（详见图5-10）。长期经济增长率主要集中在0~5％，而短期增长率范围则更为广泛，并且由它塑造了回归线的斜率。

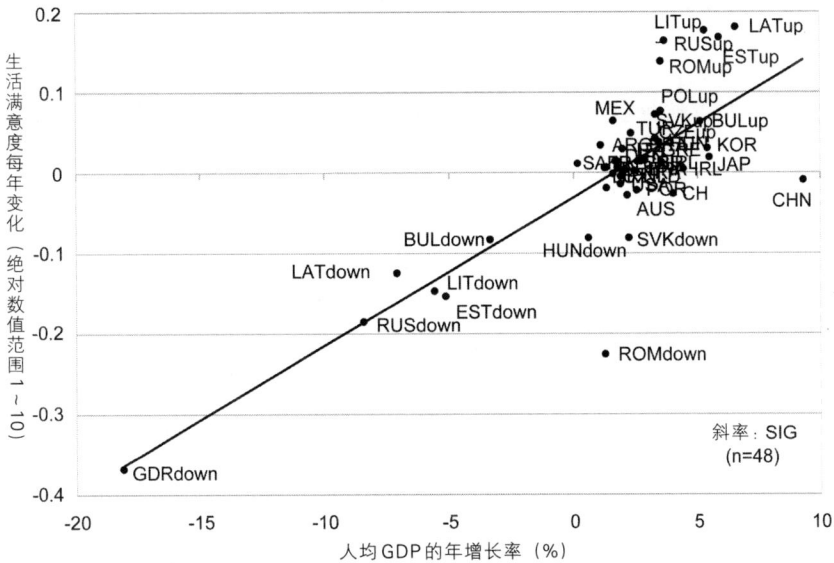

图5-10 将生活满意度增长率与人均GDP增长率的长期关系和短期关系

进行混合：独立的紧缩时期和扩张时期的11个转型国家、17个发达国家和

9个发展中国家

注：拟合回归方程为y= −0.030 +0.018x（调整后的R² = 0.634）；t统计量在括号中。
　　　　　　　　　　　　　（−3.22）（8.92）

被广泛传颂的史蒂文森和沃尔弗斯（2008）的文章，旨在建立一个生活满意度和经济增长之间的正相关关系，其本身就是一个没能成功区分短期和长期关系的典型案例（我们关注的是史蒂文森和沃尔弗斯关于生活满意度的分析，而不是关于幸福感的，正如第4章所讨论的，第3波世界价值观调查中关于幸福感的报告，相对于第2波来说有一个很大的偏离）。在他们关于世界价值观调查数据的时间序列分析中，他们所估量的回归关系就像他们所估量的生活满意度变化与人均GDP变化的回归关系那样。排除了那些他们认为长期不可比较的数据之后，他们公布了3个"短阶差分"和3个"长阶差分"的回归结果。"短阶差分"回归的时间跨度通常为5到6年，这对于确定生活满意度与人均GDP之间的长期关系来说太短暂了。对于他们的3个"长阶差分"回归，只有2个有显著正向的系数。

第2波到第4波世界价值观调查的回归分析中的显著正向的系数（基于32个国家的观测值）是由于列入了11个转型国家，这些数据着重反映了这些国家的生活满意度和人均GDP同步发生的衰退与复苏。如果在回归方程中省略转型国家，斜率系数将不再显著[3]。基于17个国家的第1波到第4波世界价值观调查分析的显著正相关系数，是由于列入了1个转型国家——匈牙利，它有着缓慢增长的人均GDP和一个负向变化的生活满意度，以及一个发展中国家——韩国，它有着高速增长的人均GDP（这在他们的图解中已经超出了预期规模）和高速增长的生活满意度。其他的15个国家都是发达国家，其生活满意度变化和人均GDP变化之间并没有显著联系。因此，史蒂文森和沃尔弗斯所声称的生活满意度变化与人均GDP变化之间的正相关关系，几乎完全依赖于幸福感与人均GDP之间的短期相关性，特别是在转型国家中。

图5-3到图5-6中所估计的每一个长期时间序列的斜率系数与零没什么显著区别。与史蒂文森和沃尔弗斯所宣称的结果相比，所有的这些时间序列系数都与0.4的满意度显著不同，他们得到的收入变化率来源于他们国内和国际间横截面数据的比较，并且被认为给"评估主观幸福感趋势的重要性（甚至是不严谨的估计）提供了一个具体的衡量标准"。当然，这些时间序列系数与0.4的标准进行比较，根据的是所估量的时间序列的斜率系数，该斜率系数反映的是短期而不是长期生活满意度变化与经济增长之间的关系。如果一个人估计的长期时间序列趋势不会被短期关系影响，那么变化率将会趋于零，并且明显不同于0.4的横截面"标准"。这里所估计的图5-3至图5-6中每个长期时间序列在95%的置信区间水平上的斜率同样与图5-1和图5-2中0.270[0.228，0.312]的横截面系数是显著不同的。

我们关于幸福感-收入短期关系的讨论，是基于来自转型国家的证据，在那里，简单时间序列图形中正相关关系是显而易见的。然而，实际上是一些非转型国家的原始数据展示了短期关系。例如，在关于发达国家的长期序列分析中，我们并没有包含澳大利亚、瑞典和芬兰的数据。在20世纪90年代才开始对这些国家进行欧洲晴雨表调查已经相当晚了，这3个国家在20世纪90年代失业率远远高于长期平均值。然而到了2006年，失业率在芬兰和瑞典得到大幅改善，正如在转型国家中所观察到的那样，生活满意度与人均GDP都产生了一个正向相关的复苏。

5.3 为什么幸福感与经济增长之间的短期关系和长期关系 是不同的?

对于这一问题的确定答案已经超出了目前分析的范围。但是一个推测的答案是这样的：在短期关系与长期关系分离中所观察到的正是在社会心理学家和行为经济学家的文献中所报道的"损失厌恶"现象的对应物。一个相关的小群体研究已经发现，收入在一个原始参照点上的增加对人们的幸福感来说，其意义远不如等量的损失来得重大（特沃斯基和卡尼曼，1991；罗宾，1998；卡尼曼，2003）。对于这里的这一争议的关联性，将用第6章提出的生命周期模型图的一个变量来说明。

假设在一个既定的时间点上，平均收入是y_1，幸福感水平为u_1，位于效用方程A_1上，A_1说明的是观察到的幸福感和收入之间的横截面正向关系（详见图5-11）。如果收入增加，人们的期望也会相应地增加，则当人均GDP从y_1增加到y_2时，幸福感平均值位于u_1点保持不变（这是一个从点1到点2的移动，可以通过连接这两个点之间的粗虚线来说明）。这是因为人均GDP增长对于幸福感有着正向的作用（一个沿着A_1的向上运动），被效用函数的一个从A_1到A_2点的向下移动抵消了，因为物质欲望的增加会减少一个给定数值的收入增加所带来的幸福感增值。但是，如果人均

GDP下降，比如说从 y_1 下降到 y_3，而收入期望值仍位于其起始水平，则幸福感从 u_1 降低到 u_2（这是一个沿着 A_1 从点1到点3的下降，可以用连接这两个点的虚线来说明）。相应地，人均GDP从 y_3 开始恢复，使人们沿着 A_1 朝着参照水平1点移动，使得幸福感回升到 u_1，说明了示意图中所描述的主观幸福感对收入增加具有完全的享乐适应性（hedonic adaptation），而对收入损失的适应性却是零的极端情况。

简单地说，这个观点认为，对于收入在一个既定的起始水平上的增加，人们会乐于接受，并且他们的欲望会随收入的增加而相应地增长。但是欲望在收入下降时却没有那么容易适应。人们一旦达到了某种既定的收入水平，他们将坚守这个参照点——即著名的"禀赋效应（endowment effect）"（卡尼曼、克内齐和泰勒，1991）。因此，如果收入降低，他们就会感觉被剥夺了什么，他们的主观幸福感将下降。反过来，收入的一个恢复会使他们回到参照水平从而增加主观幸福感。图5-11中点1上虚线的扭曲与"损失厌恶"示意图中的扭曲是类似的。点1和2之间的移动说明了幸福感–收入之间的长期关系，点1和3之间的移动说明了短期关系。

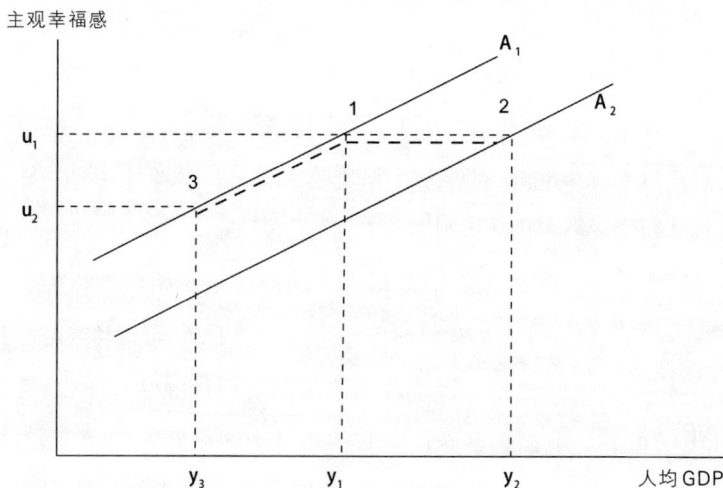

图5-11 主观幸福感（u）是收入（y）和欲望水平（A）的一个函数

作为例证，我们来看一看民主德国和联邦德国这两个相邻的，具有共同的语言、历史和文化却具有相反经验的地区。在民主德国，人均GDP于1990年急剧下降，然后又恢复，生活满意度也经历了大体类似的过程。但在联邦德国，人均实际GDP从1990年到2004年间增加了15%，但生活满意度却有着轻微的下降（伊斯特林和帕尼奥尔，2008）。民主德国的模型与图5–11中从1点向3点的虚线运动大体上是一致的，而联邦德国的模型却与从1点到2点的运动相符。

5.4 结论

幸福感–收入悖论是幸福感和收入（正相关的）横截面关系和时间序列（几乎为零的）关系之间的矛盾。当前关于幸福感增长与经济增长率之间长期关系的时间序列分析显示，被认为是独立的3个国家群体——17个发达国家，9个发展中国家和11个转型国家之间没有显著的关联性，又或者当这3种类型的国家被放在一起时没有关联性。

这种悖论主要基于两个理由。最常见的情况是，矛盾的第一部分——横截面关系，被用来反驳第二部分的时间序列关系。这至少可以说是逻辑中令人费解的一点，也就是我们常说的"悖论"。更加切题的是，最近的时间序列研究结果看起来与幸福感–收入之间缺乏关系的断言不符。就目前的分析来看，我们认为这种冲突性结果的出现主要是由于混淆了短期中幸福感和收入之间一个正向联系与其长期关系。这种混淆是由宏观经济状况中的波动引起的。我们推测性地认为，短期和长期关系之间的差异是由于"损失厌恶"这种社会心理现象造成的。

当我们开始进行这一分析时，我们对实证发现并没有什么偏见。由于世界上许多国家的幸福感数据最近才变得可用了，我们都急于看到数据的长期趋势可能会揭示些什么。对于我们，同样还有很多人来说，即使在较贫困的国家中幸福感与经济增长之间也没有任何关系，这让我们感到很不安。上述欲望机制可以提供部分的解释，当然也没有证据显示低收入国家不受这一机制的影响。或许非经济领域的生活满意度的改变，如家庭影响、社交和环境，抵消了经济领域中增加的效果。

可以想象得出，随着更长的时间跨度，会有更多的幸福感数据变得可用，一个显著（尽管也可能是微小的）正向的幸福感和经济增长的长期关系会逐渐显现。尽管如此，在增长率有着如此巨大差异的众多国家中，现有可用的调查数据并不能显示一个正向的幸福感和收入关系是如此显著的。例如，这里所包含的近期有着非常高人均GDP增长率的国家——中国、韩国和智利。中国的增长率暗示着其实际收入在不到10年内增加了一倍，韩国在13年内增加了一倍，智利在18年内增加了一倍。由于在生命周期的一小部分时间里人均商品数量增加得如此之快，有人可能会认为在这些国家中很多人会很高兴，甚至会在街上跳舞。但是中国和智利却都出现了轻微的生活满意度的下降（统计上不显著）——其中的一个调查是由3个不同的统计机构实施的。韩国——其调查没有任何可以挑剔的地方——的生活满意度出现了增长（统计上不显著），但是所有的增长都是由于最初调查所公布的低值所导致的。其中一个调查是在1980年，韩国总统被暗杀后不久的几个月里组织进行的。之后，在1990—2005年的4次调查中，其人均GDP继续保持快速增长，平均每年增速为5%，但生活满意度却略有下降。随着3个不同国家的收入都大幅增长，人们可能会预期能发现主观幸福感的显著增长，但事实上没有任何调查数据记录了这种显著的增长，这看起来非常奇怪。人们可能很容易推测出理由来驳回目前的结论："这些数据是不好的"（虽然我们尽了最大的努力，我们试图筛选并测试数据的长期可比性）。如果主观衡量（幸福感报告）与客观衡量（人均GDP）结果不同，那么，我们都知道的是，认知可能会出错（但是，无论错不错，这都是人们的感受以及他们所遵循的东西）。另外，我们可能会认为数据正试图告诉我们一些什么。或许，正如摩西·阿布拉莫维茨在半个世纪前提出的：经济增长是增加幸福感的一个必然途径是一个随意性假设，有待复查（详见第1章引文）。也许我们有必要利用多种途径进行更广泛和深入的研究，而不是仅仅研究经济增长影响人们生活中的商品积累。

第三部分

介绍幸福感生命周期

随着年龄增长人们的幸福感会增加还是减少？什么样的环境主要决定了幸福感生命周期模型？本部分的第6章到第9章会通过一个持续性的调查来回答这些问题。

事实证明，男人和女人的答案是不同的。在成年生活的早期，女性比男性幸福感更多，但在后期幸福感却较少（详见本书第8章）。在成年生活的早期，女性比男性更有可能实现家庭生活和物质欲望，而在成年生活的后期这种可能性变得更小（详见本书第9章）。这种在欲望达成方面发生的改变以及对幸福感产生的相应影响的一个重要原因是女性比男性在更早的年龄与他人组成联盟——结婚或同居；然而，跟任何给定年龄的男性相比，女性更可能在年长的时候失去伴侣，因为婚姻的结束在女性中有着更高的发生几率，特别是守寡情况的发生。拥有一个伴侣会直接产生更多的幸福感，同时也会使得幸福感间接增加，因为这意味着更多的财务安全感。

在美国，男性平均在整个生命周期的幸福感不断增加，而女性的幸福感则在下降，两者在生命历程中共同形成一个X模型，这正是本书第三部分实证的焦点。在欧洲国家，女人和男人的幸福感交叉也经常发生，但其不同性别的生命周期轨迹并不一定和美国是相同的。例如，两性生命周期幸福感都可能下降，但女性下降得要比男性更快速。

正如本书的第二部分论述的那样，本书第三部分中的分析也与长期变化有关，但现在我的合著者和我遵循"出生队列"的同比经验，对那些出生在一个给定的年份或期间的人采用人口统计学家的队列分析技术，而生命周期幸福感并没有遵循记录在本书第二部分的国家人口模型的时间序列稳定性。例如，每一个出生队列在生命周期里都可能有一个相同的幸福感增长模型，但如果每个队列的幸福感的开始值和结束值都是一样的，那么国家的平均水平在长期将会保持不变。幸福感的生命周期模型也不应与时间点上幸福感与年龄的关系相混淆。正如在第7章讨论的，这个横截面方法比起在第二部分中讨论的国家的关于幸福感和收入的时间点比较，更不可能推导出幸福感长期变化的有效结论。

生命周期幸福感也显然不同于在幸福经济学文献中所估计的幸福与年龄的U形回归关系。这种U形模型是通过比较不同年龄阶段的人获得的，他们有相同的生活环境、收入、婚姻状况、健康状况等等。但生活环境随着年龄的增长而系统性地发生变化，进而影响幸福感的生命周期模型。例如，平均来说，老年人与中年人相比更可能发生收入降低、健康状况变差和独自生活的情况，而这些情况都会损害他们的幸福感，因此这些因素都需要考虑在评估幸福感的生命周期模型中。

生命周期幸福感在这里是由欲望和获得的满足之间的平衡决定的。第6章中的分析侧重于物质产品领域，后续章节在家庭生活、工作和健康领域中也沿用这种由心理学家安格斯·坎贝尔在20世纪70年代开创的领域满意度方法。在美国，各领域满意度模型通常是不同的，同样，幸福感中各领域满意度也不同。尽管在组合中，领域满意度模型预测的不是生命周期幸福感而是观察到的长期幸福感的稳定性，幸福感与社会经济地位之间的时间点正相关关系在出生队列之间是不同的（详见第10章）。该领域满意度调查方法不同于那些经济学文献中所估计的微观方程（详见第7章）。在微观方程中，幸福感被看作由客观环境，如家庭收入、婚姻状况、就业状况等客观状况来确定。在领域满意度分析中幸福感是这些状况的主观感受的结果。例如，客观变化的收入是用财务满意度来表达（这反映了收入是如何满足个人主观意识的"需求"），以及婚姻状况是用家庭生活满意度来表达等等。幸福感本身就是一种主观变量，而且有理由认为它不仅只取决于客观条件，同样也取决于判断这些客观情况的主观标准。

近几十年来，心理学家从坎贝尔的领域满意度方法转向一个"定点"的幸福感理论，该理论中一个人的幸福感在其生命历程中被认为是恒定的，以一个由遗传和个性给定的值为中心。不管是定点模型还是经济学家的传统观点，证据都支持"更多的收入使得人们更加幸福"。一个更完善的关于幸福感的理论，必然考虑到欲望、获得的满足，以及决定幸福感的多个生活领域，并会综合两大学说的分析成果，为个人决策和公共政策提供一个更有意义的指导（详见本书第11章）。

第6章 收入与幸福感：建立一个统一的理论[①]

"生活是从需求中不断进步的过程，而不是从享乐中不断进步的过程。"

塞缪尔·约翰逊，1776年

6.1 介绍

幸福感和收入之间的关系令人费解。在某个时间点，那些收入更高的人平均来说比那些收入较低的人更加幸福。但是，在整个生命周期中，一

① 本章是 Easterlin, R. (2001)的《收入与幸福：建立一个统一的理论》的一个修订版。参见：《经济学杂志》,111(473)，第 465–484 页，版权为皇家经济学会所有,转载许可来自威立检索平台。我很感谢 Donna H. Ebata, Paul Rivera 和 John Worth 的帮助。同时我也很感激 Dennis Ahlburg, Richard H. Day, Nancy L. Easterlin, Stanley L. Engerman, Timur Kuran, Jim Martin, Bentley Mac Leod, Vai-Lam Mui, Jeffrey Nugent, Andrew J. Oswald, Lynwood Pendleton, James Robinson, Alois Stutzer,特别是加州理工大学、牛津大学、宾夕法尼亚州立大学、洛杉矶市加利福尼亚大学和南加州大学会议的参加者,和两位匿名审稿人的很有帮助的建议。财务支持由安得鲁·W.梅隆基金会和南加州大学提供。

个队列的平均幸福感水平会保持不变，尽管收入大量增加。此外，即使一个队列体验到的幸福感在跨越整个生命周期时保持不变，人们通常还是会认为他们在过去是比较糟糕的，在未来将会变得更好。

经济理论能解释这些自相矛盾的观察数据吗？也许对物质偏好或欲望的系统性变化进行一些修正后是可以的。接下来，在对这些矛盾关系的本质进行了简短的讨论之后，我们提出了一个模型来解释它们，并提供了一些支持性的证据。

这里测量主观幸福感的主要方式，是一个自1972年以来美国综合社会调查（General Social Survey，GSS）所采用的问题："考虑所有因素，你会怎样评价这段时期，你会说你非常幸福、相当幸福，还是不太幸福？"（National Opinion Research Center，1999）。通常，人们不会有回答此类问题的障碍。例如，美国综合社会调查在1972—1987年间进行的14项调查中，没有答复的比例平均不到1%。答复的可靠性和有效性问题，受访者是否反馈自己的真实感受，以及可能来自于问题内容以及人们之间可比性的偏差，都在第二部分的介绍和第1章中讨论。

6.2　实证关系

6.2.1　横截面关系

我们先从幸福感和收入之间简单的时间点联系开始。在1994年的美国综合社会调查报告中，声称自己非常幸福的比例包括了从最低收入阶层的16%到最高收入阶层的44%（详见表6-1第2列）。为了避免依赖于唯一的幸福感分类，如"非常幸福"的比例，我们计算出一个平均幸福感等级，可以从最小值0变化到最大值4。通过这一措施，平均幸福感随收入的直接变化超过了收入变化的范围——从最低值1.8到最高值2.8。据我所知，在对每一个有代表性的国家的调查中，都发现幸福感与收入之间有一个统计上显著的正向二元关系（安德鲁，1986；阿盖尔，1999；迪纳尔，1984）。该关系适用于家庭收入，可根据家庭规模调整，也可如表6-1不进行调整。在最近的工作中，存在一种低估以收入为衡量依据的个人客观经济情况与主观幸福感之间关系的倾向（迪纳尔和卢卡斯，1999；莱肯和特勒根，1999；施瓦茨和施特拉克，1999）。在一定程度上，这是因为个体数据间有大量无法解释的方差，如表6-1中个体数据幸福感和收入之间的简单相关性，虽然显著，但显著性水平只有0.20。那是因为本就不明显的幸福感与收入之间的关系被引入的其他控制变量削弱了，如失业和教育（弗雷和斯塔泽，1999；奥斯瓦尔德，1997；威洛夫、多诺万和库尔卡，1981）。幸福感-收入关系也存在争议，它只适用于收入范围中较低的部分（阿盖尔，1999）。

表6-1　　1994年美国基于不同收入水平划分的幸福感人口比例

家庭总收入	(1)	(2)	(3)	(4)	(5)
（1994年美元计价）	平均幸福感评级	非常幸福	相当幸福	不太幸福	（样本个数）
所有收入群体	2.4	28	60	12	（2 627）
75 000美元及以上	2.8	44	49	6	（268）
50 000~74 999美元	2.6	36	58	7	（409）
40 000~49 999美元	2.4	31	59	10	（308）
30 000~39 999美元	2.5	31	61	8	（376）
20 000~29 999美元	2.3	27	61	12	（456）
10 000~19 999美元	2.1	21	64	15	（470）
少于10 000美元	1.8	16	62	23	（340）

注：非常幸福=4，相当幸福=2，不太幸福=0。不知道和没有回答的已经忽略。

资料来源：全国民意调查中心第157号问卷。

虽然不需要对这些参数进行详细讨论，但这里有几个简短的注释。首先，控制变量的使用取决于分析目的。教育和失业通过其对收入的作用部分地影响着幸福感，如果采用收入作为一系列相互关联的社会经济情况集的一个代表，那么二元关系本身就是很重要的。其次，对幸福感水平基于相对收入而不是绝对收入做回归分析，假定较高收入水平的幸福感与收入之间的相关性减少的假设是不会发生的。换句话说，如果假定是收入的同比例增加而不是绝对增加导致了幸福感同等增加，那么收入在较高水平上的变化所引起的幸福感增长，和在较低水平上的是一样的。最后，虽然个体数据有较大方差是不容置疑的——这种情况在个体数据的二元相关性中是常见的——但不相信幸福感与收入的关系就等于不相信在一个又一个的国家中人们最常把经济状况当作幸福感的来源的证词（坎特里尔，1965；伊斯特林，2000；详见本书第1章）。幸福感与收入的正向关系与这种证词是一致的。

6.2.2 生命周期模型

然而，当我们转向幸福感生命周期的变化时，产生了一个看似矛盾却正向的幸福感-收入关系。平均而言，到退休年龄前收入和经济情况大体上会持续改善，而主观幸福感没有相应地增加（详见图6-1）。[1]人们在退休后的日子里收入水平趋平或下降，平均幸福感却没有随之有任何变化。图6-1中的每一个队列，其幸福感与年龄的回归都支持了幸福感缺乏生命周期趋势的说法，或者说没有出现一个统计上显著的斜率，添加了队列虚拟变量后的合并回归系数同样也不显著。

当然，幸福感与收入的横截面关系和生命周期关系之间的矛盾，可能是因为其他因素在整个生命周期过程中超过了收入对幸福感的影响。然而，收入的效果是肯定不会被横截面中的这些因素所压倒的。此外，经济状况作为排名第一的影响幸福感的因素普遍存在于生命周期中的各个时间点（赫尔佐格、罗杰斯和伍德沃思，1982）。因此，我们提出了一个悖论：为什么在同一时间点上幸福感与收入是正向相关的，但在整个生命周期中却是没有关系的？

20世纪40年代的出生队列

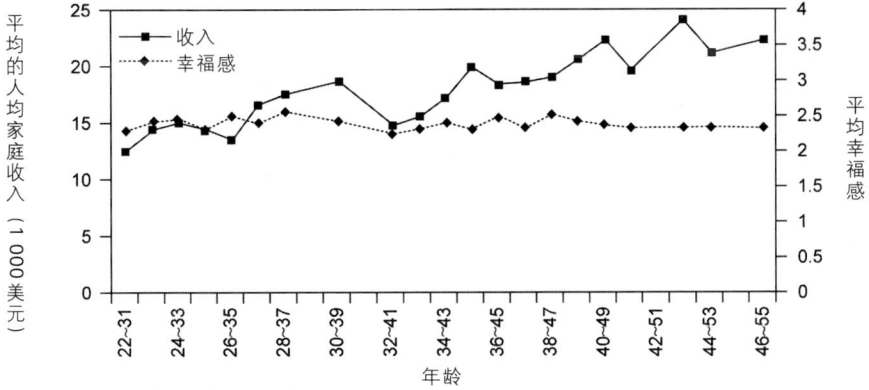

20世纪30年代的出生队列

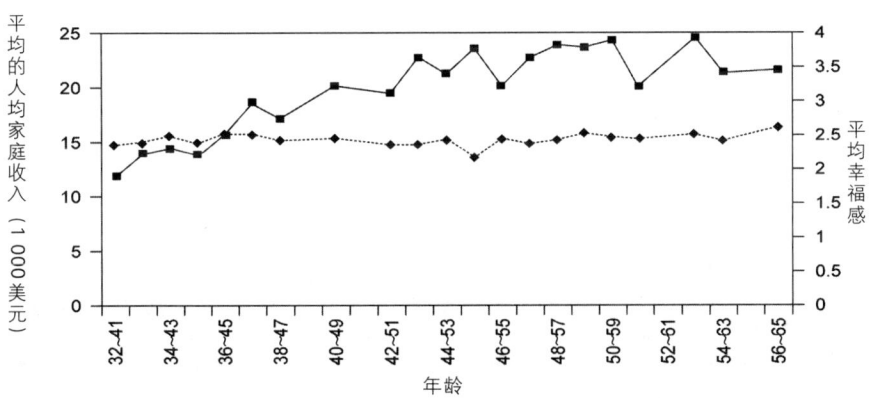

20世纪20年代的出生队列

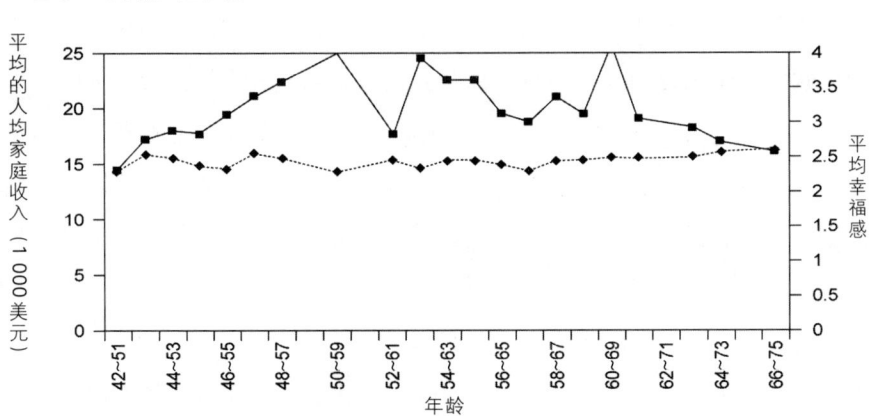

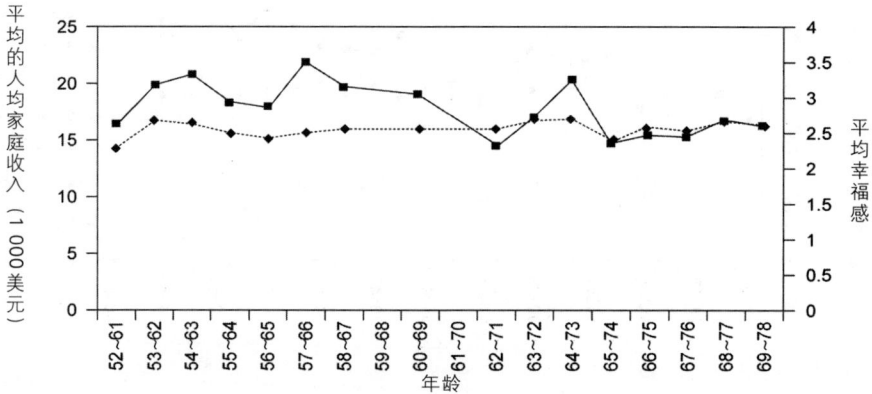

图 6-1　生命周期中幸福感与收入的关系

我们通过连续跟进许多出生队列的生命周期中超过 24 年的期间，获得关于持续年份的合适数据，以得到生命周期模式，这个方法有时被称为"合成队列"（synthetic cohort）方法（伊斯特林和舍费尔，1999）。在本书中，这种在一个半世纪前由人口学家发明的技术首次被用于研究生命周期幸福感。正如第 7 章所指出的，关于生命周期幸福感的前期概括几乎完全是基于幸福感与年龄之间的横截面关系，并且得出了一致的结论。

不要对横截面研究结果的好坏参半感到惊讶，因为这些结果没有考虑到横截面关系随时间变化的可能性。乔治（1992）关于横截面研究的一项调查发现，在美国 20 世纪 70 年代之前，老年人比年轻人更不幸福，但在最近的调查中却没有什么显著的关系。因此，根据选择的年份不同，横截面研究可能会导致关于幸福感的生命周期趋势产生截然不同的结论（坎贝尔，1981）。[2]

这并不是说目前的生命周期研究方法是没有缺点的。一方面，它不可能针对同一个人进行一年又一年的跟踪，因为这可以用固定样本数据来完成。另一方面，一个合成队列的组合不同于固定样本数据，它会因不同的死亡率和国际移民而略微改变。此外，时期和队列都会影响数据。但对于所有的缺点，我们使用的生命周期测量程序对于推断生命周期变化似乎都要远远优于横截面年龄数据，因为它追踪了同一组人群的大部分生命周期。

当然，一个队列在生命周期幸福感中的稳定性并不意味着主观幸福感在整个人生跨度中的个体水平上只是一条水平线。一个人的生活环境发生重大变化——发生生命周期事件，如拥有婚姻、失去工作、孩子的出生、退休、心爱的人的死亡——都会影响主观幸福感（麦克拉纳汉和索伦森，1985；迈尔斯，1992）。如果此处的样本大小允许更精细的校准——如跟踪单一年份的出生队列——人们有可能会在数据中观察到这些影响的痕迹，因为一些事件是与年龄相关的（详见第7章）。然而，对于这里所研究的10年出生队列和24年的人生跨度部分，这些影响被扩大了，但这并不能改变幸福感的水平趋势。

6.2.3 过去和未来的幸福感

基于幸福感生命周期所观察到的模型，人们可能会期望当个体过去和未来的幸福感与目前相比是变化不大的。但事实证明情况并非如此——人们在生命周期的任何时刻，一般都会认为他们在将来会比现在更好，并且现在比过去更好。这里讨论的是不同长度的期间之间的比较，即5年或更长时间，而不是很短的时间间隔，如1年甚至更短的时期。这方面最全面的证据来自第1章讨论的坎特里尔调查。受访者们在按一个整数从0到10的规模等级指出现在的幸福水平后，会被问到他们5年前在哪个水平上，以及5年后会在哪个水平上。在各个国家，从18岁~29岁到50岁，乃至更大的年龄组中的每位受访者，基本都会认为自己的未来幸福感更多，过去的幸福感较少，只有少数例外（详见表6-2）。平均来说，年轻的受访者预见的幸福感变化会比年长者更大，而且设想的未来变化也比过去更大。

表6-2　　　　　　　过去和未来的幸福感与现在的幸福感相比

（1965年14个国家按年龄分类）

年龄组	(1)	(2)	(3)	(4)	(5)
	过去与现在的幸福感对比			将来与现在的幸福感对比	
	数据数量	过去更低的等级	平均差额，现在减过去	现在更高的等级	平均差额，将来减现在
18~29岁	14	14	1.0	14	2.2
30~49岁	22	22	0.8	22	2.0
50+岁	14	12	0.6	13	1.3
65+岁	4	2	0.1	4	0.4

注：观察对象是一个国家中某个年龄组的幸福感平均值。在一些国家的调查中，给出的年龄组比这些更为详细，因此观察对象的数量远远超过了国家的数量。提问程序如下：受访者会指示他们现在位于一个从"0"到"10"的梯子的什么位置，其中"10"表示"完全幸福"，而"0"表示"不幸福"，然后他们指出5年前他们站在梯子的何处，以及5年后他们会站在梯子的哪里。这些国家包括：巴西（2 170个样本）、古巴（992个样本，只涉及城市）、多米尼亚共和国（814个样本）、埃及（499个样本）、印度（2 366个样本）、以色列（1 170个样本）、日本（972个样本）、尼日利亚（1 200个样本）、巴拿马（642个样本）、菲律宾（500个样本）、波兰（1 464个样本）、美国（1 549个样本）、德国（480个样本）、南斯拉夫（1 523个样本）。

资料来源：坎特里尔调查（1965）。

美国的时间序列数据为坎特里尔的国际横截面理论提供了证据。从1959—1985年，坎特里尔在26年的期间内进行的36项调查中也问了同样的问题（利普塞特和施耐德，1987）。平均而言，在每个调查中受访者都会预期他们在未来会更加幸福，并认为他们在过去的情况更糟，在现在/过去的比较中只有3个例外。正如在国际数据中，未来的变化被设想为要大于过去的。[3]而事实上，在整个时期内，当前的幸福感平均而言是稳定的。因此，我们有另一个悖论要去解释——那就是为什么人们通常认为他们在过去的情况更差，并会在未来变得更好，而他们对当下的幸福感的评价却是长期保持不变的。

6.3 解释这种关系：理论

我已经记录了3个需要被解释的经验性规律。在给定的时间上，那些有着更高收入的人，平均而言，比收入较低的人更加幸福。并且，在某个时点，受访者通常觉得他们在过去较为不幸福，但在未来会更加幸福。最后所体会到的幸福，平均而言，在整个生命周期中是不变的。试探性的解释来自第5章中模型的一个变量，并同时涉及了收入和欲望，以及它们在时间点上和长期是如何变化的。[1]正如已经看到的那样，个人所宣称的幸福感的来源范围超出了纯粹的物质欲望，但我们在本章关注的就是物质欲望。

假设在不同社会经济条件下的人们在成年人生命周期开始时有一组相当类似的物质欲望，如A_1。其他条件不变，收入较高者将能够更好地满足自己的欲望，并且平均来说会感觉更加幸福（详见图6-2，比较与欲望水平对应的效用函数上的点1、2、3）。这是幸福感与收入的时间点正相关关系。

如果收入提高，物质欲望保持不变，那么个人将沿图6-2的A_1效用函数向上移动，逐渐实现自己的愿望，并感受幸福感水平上升，如从点2到点3，幸福值从u_m上升到u_2。但是，如果收入保持不变，并且欲望上升，如A_2，那么与给定收入水平相关联的满意度会减少。比如说一个人的收入是y_m，如果他在效用函数上对应A_1的欲望水平，则会感受一个u_m的满意度水平；但如果他在效用函数上对应着较高的欲望水平A_2，那么满意度水平趋于一个较低的水平u_1（点4）。

主观幸福感

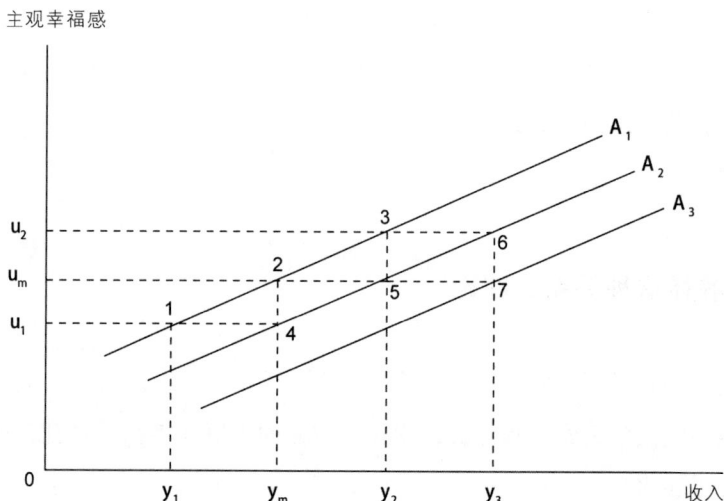

图6-2　主观幸福感（u）是收入（y）和欲望水平（A）的一个函数

　　我猜测，生命周期中物质欲望的改变大致上是和收入成比例的。所以，个体通常从点2移动到点5，而不是到点3或点4。因为欲望和收入同时上升，大体上抵消了彼此对幸福感的影响。在观察了生命周期幸福感在工作年龄阶段的稳定性后所得到的这些结果，正是上升的收入和欲望效果相互抵消的产物。

　　人们会怎么样去解释那些关于过去和未来的福利的陈述呢？关键是要认识到这些是时间点上的答复，并且是基于人们在那一时点上的欲望。例如，考虑一个个体从点2移动到了点5，会伴随着收入从 y_m 升高到 y_2，以及欲望从 A_1 升到 A_2。当处在点5时，他被问到过去的幸福状况，他的判断是基于目前更高的欲望水平 A_2，而不是基于他之前较低的欲望水平 A_1。因为他的欲望上升了，他是基于新的效用函数 A_2 来估计他以前的收入 y_m 时，并认为 y_m 是匹配满意度 u_1 的（点4）。然而当他真的处在 y_m 时，他的物质欲望变得更低了，因此他享受到了更高的幸福感水平 u_m（A_1 效用函数点2）。

一个人对未来幸福的评价是基于这个人被问到此问题时的物质欲望的。一个人在效用函数 A_2 的点 5 上时，如果他预料到收入增长到 y_3，就会设想福利会有一个从 u_m 到 u_2 的提高，也就是沿着 A_2 函数从点 5 到点 6 的向上运动。他不知道的是，当到达了 y_3，他不仅会得到更高的收入，还会产生更高的物质欲望，并会在效用函数上达到相应更高的欲望水平 A_3。所以，他会最终来到点 7，而不是点 6，并且感受着同点 5 差不多的满意度水平。

心理学家所描绘的决策效用和经验效用之间的差别在这里被清晰地阐述（卡内曼、韦克尔和沙林，1997；特维尔斯基和格里芬，1991）。决策效用是感知（事前的）满意度，与在几个选择中的抉择有关；经验效用是来自实际选择的结果已经实现的事后满意度。一个人在应用函数 A_2 上的点 5，收入为 y_2，当被问到 5 年前或者 5 年后的幸福感时，他告诉我们的是收入为 y_m（变差）或 y_3（变好）时的感受。这就是他的决策效用。举例来说，这解释了为什么他不希望回去做以前那个工资更低的工作（点 4）以及为什么要找一个新的工资更高的工作（点 6）。然而，如果他真的去做工资更高的工作，并且工资上升了，他的物质欲望也会同样上升。所以，当被问到当他真的有了 y_3 的收入时有多幸福，也就是说问他的经验效用是什么，这时他来到了点 7，而不是点 6。

经济学家倾向于假定决策效用和经验效用是一样的。目前的理论暗示着这里存在着一个工作愿望上升与收入成比例的机制，这使得它们有着系统性的差异（卡内曼，1999；拉宾，1998）。如果人们的兴趣仅仅在于"选择决定着行为"，那么决策效用就足够了。但是如果人们对行为的幸福效果感兴趣，那么经验效用的"收入-欲望机制"也应当被纳入考虑范围。

6.4 解释这种关系：证据

我们一方面需要去推断，一方面还需要给出支持的证据，尤其是对于研究理论的中心要素——物质欲望的差异和趋势。关于欲望的改变，实际上没有系统性的实证工作去分析要建立什么。我呈现了一些我认为和新提出的理论相一致的新数据，同样也在心理学的文献中标记了一些支持的证据。

在图6-3中，我们首先把每个队列分成两个社会经济群体，每个群体的组成大致上仍和整个生命周期中的相同——一个高于高中教育水平的群体和一个低于或等于高中教育水平的群体。事实上，可以看作教育系统将人们分进了两个不同的生命周期轨迹，教育水平较高的群体享受更高收入的好处。[5]这个分析必须要比之前的分析更为准确才行，原因之一是：把出生队列按照教育水平划分成更小规模的样本，谎报教育水平可能是一个问题，并且在整个生命周期中，一些个体可能通过继续教育而从较低的教育水平走向较高的教育水平。在下面有关幸福感的数据中，为了最小化这些问题，我们采用了一个"3年移动平均法"，并且只对一个队列中那些教育水平分布相当一致的部分进行分析。[6]

把这些队列按照不同的教育水平进行细分，会呈现一个有代表性的微观世界，并且生命周期模型也被呈现出来了。在生命周期中任意给定的时间点上，由教育水平所衡量的社会经济地位直接决定了幸福感的差异，然而纵观整个生命周期，各个不同社会经济地位的群体的幸福感并没有变化。

持久的社会经济地位差异强调了物质状况对于幸福的重要性。整个生命周期的每个教育水平群体中的人基本是相同的，而那些处在较高收入队列的人，比较低收入者总是更加地幸福。心理学家们有时也会指出，同样的个体倾向于更高（或更低）的幸福等级，正是因为个性或遗传的差异是幸福感差异的来源，而不是因为经济状况这样的"外部条件"。该结论与当前的结果是矛盾的。为了排除经济状况对于幸福感的影响，人们将不得不找出一个强有力的证据，那便是内在遗传或个性特征就是那些引导人们进入两个教育队列的背后的理由。

20世纪40年代的出生队列

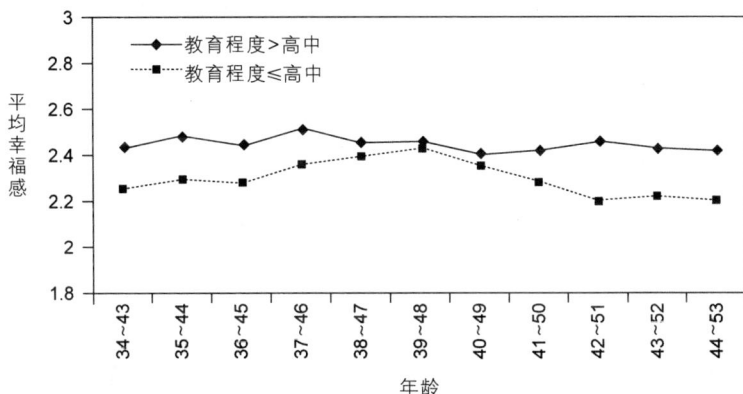

20世纪30年代的出生队列

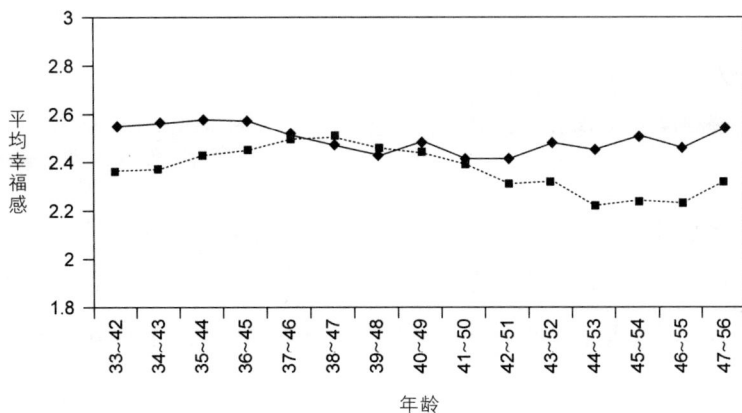

20世纪20年代的出生队列

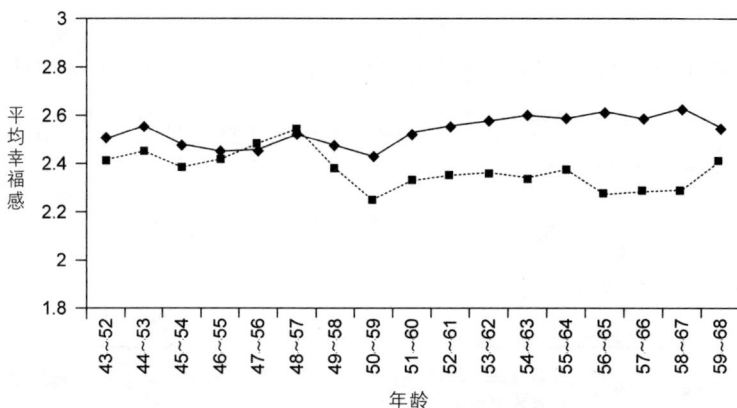

图6-3　不同教育水平的人群的生命周期幸福感

　　我所提出的理论阐述了3个关于物质偏好的假设：（1）在生命周期前期，收入群体的偏好是相当类似的；（2）纵观整个生命周期，偏好的变化与收入成比例；（3）在评估过去或者将来的幸福感的时候，人们采用的偏好与他们当前拥有的是一样的。所有这些假设会被依次地接受。

　　调查报告所显示的高中高年级学生（大多数是18岁）对于大众生活消费品的渴望，为人们都是从非常相似的需求出发的假设提供了显著的证据。不论是否期望完成为期4年的大学教育，但确定12个生活消费品的重要性的人数比例是几乎一样的（详见表6-3）。被认为是非常重要或者相当重要的消费品的平均数量，对于两个群体而言同样是4.5（详见表6-3的最后一行）。

　　总体来讲，这并不意味着物质欲望对于两个群体来说也是一回事。尽管这里公布了许多的重要消费商品，但这份清单是难以详尽的。而且，回答并没有指明那些被调查者纳入思考的合理假设：来自较高社会地位背景的人们与来自较低社会地位背景的人们在对于一个"我自己的房子"的特征的设想上是有系统性差别的。然而，两组数据的相似性是如此显著，人们可能会预期每个群体中认为"劳动节约型家电"非常或相当重要的人数比例会同样是51%吗？

表6-3 　　　　1976年计划完成四年大学的中学高年级学生
对大宗消费品的需求

消费品	(1) 计划上大学	(2) 没有大学计划
	(回答非常重要或者相当重要的百分比)	
至少一辆汽车	76	80
一个自己的房子（而不是一个住房或公寓）	52	53
房子周围有很大空间，一个大院子	60	58
一个保存良好的花园和草坪	60	58
主要家电（洗衣机、烘干机、洗碗机等）	51	51
一个高质量的立体声音响	45	44
最新款的衣服	41	40
一辆电动休闲车（摩托艇、雪山机动车）	15	16
至少两辆汽车	14	14
一辆大（全尺寸）的车	14	13
一个度假屋	12	11
每2~3年有一辆新车	11	11
每个人的非常或相当重要货物的平均数量	4.5	4.5

注：所问的问题是：在未来，对你而言拥有以下每件东西有多么重要？每一列选项大约有1 400项。

资料来源：Bachman，Johnston and O'Malley（1980）.

在生命周期初期给定物质欲望的相似度，根据这一理论，是教育水平造成了幸福感最初的差异，因为收入差异使那些受较多教育的人比那些受较少教育的人更有可能满足自己的物质欲望。启发性的证据来自1978年对一个涉及所有年龄成年人口的全国代表性样本的调查：成年人生命周期早期的幸福感差异源于收入差距。在这项调查中受访者被问及他们是否会像高中高年级学生那样，认为10个消费品中的每一个都是"美好生活"的一部分，即"你想要的生活"，以及他们是否真的拥有这些消费品。对于那些18~29岁的受访者而言，物质欲望被认为是用"美好生活的一部分"的大宗消费品数量来衡量，它与收入之间的二元相关系数为-0.01，再次表明社会经济地位对成年人生命周期早期的欲望没有影响。受访者实际拥有的大宗消费品的数量与收入事实上只呈现一个0.21的显著相关系数。虽然在本次调查中没有关于幸福感的众多报告，但值得注意的是，收入与那些称为"消费者财富"之间的相关性大小与早期报道的幸福感与收入的关系刚好是差不多的。这些结果呈现的一致观点是：幸福感与收入之间的时间点正向相关性，是因为高收入使得物质欲望的满足有更大的可能性的事实。

该理论还假设，整个生命周期中的物质欲望与工资同比例增长。同样，上面所用到的"美好生活"的数据也提供了一些支持。如果人们跟踪队列超过一个大约15年的生命周期部分，就会发现一个队列中受过较多教育的人比受较少教育的人对那些称为"美好生活的一部分"的消费品需求的数量增长更多（详见表6-4第1列[7]）。受教育程度更高的群体的消费者财富增长也更多。受教育程度更高的群体的物质欲望和消费者财富的更大增长，与收入增长推动物质欲望增长的假设是一致的。[8]

表6-4 特定生命周期年龄的人群的大宗消费品需求量的平均数量与

特定教育水平的人群拥有的大宗消费品数量的变化

队列、年龄和教育	(1)	(2)
	商品数量的变化	
	想要的	拥有的
A.1950—1964年，18~29岁和30~44岁的队列		
受教育超过12年的人	1.4	1.6
受教育12年或低于12年的人	1.0	1.1
差异	0.4	0.5
B.1935—1949年，30~44岁和45~59岁的队列		
受教育超过12年的人	1.3	1.0
受教育12年或低于12年的人	0.9	0.4
差异	0.4	0.6

资料来源：Roper Starch Organization（1979，1995）.

整个生命周期过程中欲望和收入之间不断变化的相关系数进一步支持了收入落后于欲望增长的这一假设。如果收入是引起物质欲望不断变化的原因，那么人们应该观察到生命周期中欲望和收入之间正相关关系的逐渐产生，并且事实就是如此（详见表6-5）。

表6-5　　　　　　1950—1964年队列和1935—1949年队列的
生命周期中特定年龄大宗消费品所需数量与收入的相关系数

	(1)	(2)	(3)	(4)
	年　龄	相关系数	年　龄	相关系数
1950—1964年队列	18~29岁	−0.01	30~44岁	0.08*
1935—1949年队列	30~44岁	0.05	45~59岁	0.14*

注：*显著水平意义大致如下：0.08的相关系数在0.01的置信水平下是显著的；0.12的相关系数在0.01的置信水平下是显著的；0.15的相关系数在0.001的置信水平下是显著的。第一行中取样的数量是474个和562个；第二行取样的数量是427个和349个。

资料来源：同表6-4。

水平图6-2可以被用来解释由教育水平决定的那些模型。在成年人生命周期的早期，那些受过较多或较少教育的人都有着大致相同的效用函数，分享着一个相同的需求集 A_1。因为那些受过较多教育的人与那些受过较少教育的人相比，能获得一个较高的平均收入 y_m（与 y_1 相比），随后主观幸福感也相应地增加，差异相当于（$u_m - u_1$）。从每个小组的生命周期进程来看，那些受过较多教育的群体收入上升得更多，如从 y_m 增加到 y_3，而那些受较少教育的群体收入只从 y_1 增加到 y_m。但对于受过较多教育的群体而言，更大的收入增长同样使他们的欲望上升得更多，如从 A_1 上升到 A_3，而受较少教育的群体的欲望只从 A_1 增长到 A_2。因此，受过较多教育的群体从点2移动到点7，而受过较少教育的群体从点1移动到点4。结果，受过较多教育的群体的幸福感差异一直保持在（$u_m - u_1$）的水平。

这里的观点中所隐含的物质欲望决定因素的心理机制是受著名的环抛实验（ring toss experiment）所启示的，该实验中人们在投环时可以自由选择与桩的距离，会发现欲望的设定与能力成比例。他们投环的能力越好，就倾向于扔得越远，因此不断提高的技能伴随着不断提高的欲望，同样地，不断增加的获取商品的能力也伴随着不断提高的物质欲望。

第三个关于偏好的假设是，人们根据他们目前的偏好去评价他们过去或未来的幸福感。社会科学文献提供了对这一假说的一些支持。由马库斯所做的对政治态度的一个队列研究（1986）发现，虽然受访者的态度实际上已经改变了，但仍倾向于表达他们过去的态度和现在的态度是一致的。社会心理学家卡尼曼和斯内尔（1992）基于小群体实验声称："个人对物质享受的预测与他们实际经历的变化之间很少，甚至没有相关性"。拉宾（1998）从一个关于社会心理学文献的研究中推论出："我们不可能一直准确预测自己未来的偏好，甚至也不能准确地从我们过去的选择中评估我们对幸福的感受。"这样的声明尽管没有提供我们想要的具体支持，但与当前的假设是一致的。

然而目前的模型，仍然没有解决一个重要问题，那就是如何解释社会经济地位不同的人在生命周期开始时物质欲望的相似性。那些受过较多教育的人通常有着更加富裕的背景，因此人们会以为，他们会同样在开始时有更高的物质欲望。

我相信对于最初相似性的解释和由于社会经济地位所带来的欲望中越来越多的分歧，缘于生命周期中两个决定欲望的因素的作用的不断改变——人们自己过去的经历和社会比较。同伴影响的重要性，也就是社会比较，在塑造年轻人的欲望上被广泛认可。这些同伴的影响，我相信通常是来自不同社会经济起点的年轻人欲望的一个共性。在未成年时，那些来自不同背景的人聚集在一个公平的领域——学校、体育活动场所、娱乐活动场所，以及工作场所。他们可能做着相同的工作，如快餐快递员；他们看几乎一样的电视节目、电影和广告。比起仅仅以家庭背景作为唯一的因素，这些共同的经历和社会交际形成了更多的类似欲望。然而，一旦进入工作年龄，他们与不同社会经济地位的人的接触以及经历就减少了，那些上过大学的人都走上了不同的职业轨迹，并且被限制在工作场所，很少与那些并没有同样教育背景的人来往。较高的收入也使得不同社会经济地位的人居住在隔离的环境。尽管他人的经历仍然影响着欲望，但更多是通过社会经济的渠道。人们接触同伴的范围随着生命周期的历程变得越来越窄，并且更加局限于那些和他们有着相同地位的人。结果是，那些导致在成年前来自不同社会经济背景的人欲望相似的因素，在生命周期的历程中逐渐变得没有那么突出了。

这一推理可以与更多的心理学和经济学关于偏好形成的常规性理论文献相联系。在心理学中，影响欲望的两组决定因素集被定义为人们过去的个人经历和他人的经验，相当于大家所熟悉的适应水平理论（adaptation level theory）和社会比较理论（social comparison theory）（布里克曼和坎贝尔，1971；弗雷德里克和勒文施泰因，1999；赫尔森，1964；梅尔斯，1992；奥尔森、赫尔曼和赞纳，1986）[9]。在经济学中，这两种理论的竞争对手是习惯养成模型和相互依存偏好理论（戴，1986；杜森伯里，1949；弗兰克，1985；莫迪利亚尼，1949；波拉克，1970；托姆斯，1986）。心理学和经济学理论都强调评价是通过比较形成的。第一种情况是以一个人的过去的经历做比较，第二种情况是以别人的经验做比较。

我认为，既然这两种影响都是在塑造物质欲望并形成幸福的评价，那么它们的相对重要性在整个生命周期历程中也会不断变化。在一个广泛的社会经济范围中，成年前的社会比较在欲望形成上比个人背景起着相对更大的作用。在成年后的时期，随着有着不同教育背景的个体走上相对独立的社会经济轨道，过去的个人经验开始显得更为重要，并且社会比较的影响也越来越多地局限于由他们自己的社会经济地位形成的参照组。因此，物质欲望开始时更多地类似于那些来自不同社会经济背景的人，而不像在生命周期的后期，个人收入经验和在相同轨迹上的其他人的收入经验开始变成物质欲望背后的主要驱动力。

6.5　总结

生命周期中物质欲望变化的模型说明了主观幸福感和收入之间的一些矛盾关系。在成年人生命周期的开始，人们的物质欲望是十分相似的，但在整个生命周期中，欲望与收入呈比例增长，效用函数与物质欲望反向变化。

一般而言，主观幸福感随着收入直接变化，并与物质欲望反向变化。在生命周期开始时，由于所有人群的物质欲望都是相似的，所以那些有着较高收入的人能够更好地满足他们的物质欲望从而更加幸福。然而，收入增长确实不会引起幸福感上升，无论是对于较高收入者还是较低收入者，因为它在物质欲望中产生了等效的增长，后者对主观幸福感的负面影响削弱了前者的积极影响。尽管增加收入意味着人们可以拥有更多的商品，但这对福利的有利影响被在整个生命周期中人们随着发展而想要的东西更多的事实所消除。似乎可以通过拉尔夫瓦尔多·爱默生（1860）的话来证明其正确性——"欲望是一个越长越大的巨人，财富的外套永远显小"。

因为教育体系引导人们进入较高收入队列和较低收入队列的两种生命周期轨迹，平均而言，在生命周期中受过较多教育的人比那些受过较少教育的人更加幸福。一些心理学家声称，在生命周期中幸福感一直存在人际差异表明了决定相对幸福感的主要是个性或遗传特征，而不是如收入这样的"外部"因素。目前的分析表明外部因素是重要的，因为教育凭借它相对收入的影响对人们进行分流，导致幸福感的持续的差异。

在特殊时间点，幸福的评价都是基于当时盛行的物质欲望。结果，人们更加倾向于悲观地去评估过去较低的收入。同样地，人们评价未来的较高收入时，会比他们真正处于那些情况下更加乐观，因为他们不能预见到物质欲望会随着收入的增长而上升。决策效用是基于欲望占有时机优势。由于欲望无法预见的变化，决策带来的实际福利，即经验效用是不同于决策效用的。因此，决策者设想幸福感会随着更高的收入而增长，因为这是基于需求不变下收入增长的预测。但是收入增加本身产生了物质需求的相应增加，而经验效用并没有像预期的那样上升。

第7章　生命周期幸福感及其起源：
心理学、经济学和人口统计学[①]

　　人们在什么阶段最幸福，是在他们成年生活的初期？是在中年拥有完整的家庭，许多人都接近他们职业生涯的高峰时？还是在退休的"黄金时代"？什么是形成幸福感生命周期模型的最终原因？这些有趣的问题涉及生命周期幸福感的本质和原因。在回答这些问题时，本章将借鉴第6章中的经济学、心理学和人口统计学方法的理论和实证研究继续进行探讨。

7.1　心理学和经济学

7.1.1　生命周期幸福感的本质

　　令人惊讶的是，对于幸福感在整个生命周期中如何变化是存在一些争

　　① 本章是 Easterlin, R. (2006)的作品《生命周期的幸福感及其来源：心理学、经济学和人口学的交叉》的修订版，参见《经济心理学》，第27期第4卷，第463页至第482页，转载许可来自爱思唯尔。本章主要得益于 Olga Shemyakina, Anke C. Plagnol 和 Pouyan Mashayekh-Ahangarani 出色的工作和评论，以及 David Culter, Daniel T. Gilbert, Enrico Marcelli, Bob Osborne 和 Steven J.Sherman 的十分有帮助的观点。财务支持由南加州大学提供。

议的。留意最近的4个几乎同时发表的主观幸福感调查（简称为SWB），3个属于心理学范畴，1个属于经济学范畴。戴维·梅尔斯（2000）在《美国心理学家》特刊发表的一个研究积极心理学新领域的调查中声称："尽管许多人认为生活中有不开心的时候——青少年压力时期、中年危机时期或老年衰退时期——但对整个工业化社会的反复调查显示，生活中没有显著的最幸福和最满足的时候。"相比之下，麦克·阿盖尔在"享乐心理学"百科全书中写到：研究生活满意度的积极影响和消极影响的结论是幸福感随着年龄而增长（阿盖尔，2001）。一项由迪纳等人（1999）组织的调查混合了这两种结论，并声称"汇集最近的研究显示：生活满意度经常随着年龄的增长而增加，又或者说，至少是不下降的"。但布鲁诺·弗雷和阿卢瓦施瓦泽（2002）在综合了最近的经济学文献后认为："声称年龄导致了不幸福感，或者老年人比年轻人更幸福时应当更加谨慎……经济研究仅仅得到了一个更加差异化的结论，那就是，青年人、老年人比中年人更加幸福。"

所有的这些调查似乎都是要解决生命周期的幸福感问题——人们从青年经过中年再到老年，体验了生活的各种乐趣和兴衰变迁，平均而言，他们会变得更加快乐、更不快乐，还是幸福感保持不变？但是，弗雷和斯塔泽的声明所基于的那些经济研究实际上考虑的是一个完全不同的问题。U形概论来自于控制了一系列在整个生命周期中系统性变化的生活状况后，幸福感对年龄的多元回归分析。因此，这些研究实际上是在问：如果比较那些收入、就业、婚姻和健康都在相同状况中的年轻人、中年人和老年人，他们的幸福感有什么不同？尽管弗雷和斯塔泽暗示这种经济研究反驳了"老年人比年轻人更加快乐"的断言，但事实上它并没有，因为这种研究需要从众多的经济、家庭、健康状况中区分出老年人和年轻人。显然，如果想知道一个人是否有可能在其黄金岁月时，比在组成家庭时更幸福，就不可能抛开老年人更可能会有较低的收入、更差的健康状况以及更有可能独自生活的事实。经济研究的结论是：当生活环境中与年龄相关的差异被控制时，幸福感与年龄的关系是U形的，毫无疑问，这是有趣的，但是它误导性地表明了年轻人或老年人与他们在中年时相比的幸福感如何。

之前所有被引用的结论，几乎全部来自那些比较幸福感与年龄的时间点的研究。这些研究通常会包含调查年份，将其作为一个控制变量，但是事实上却推导出一系列跨越多年的横截面平均趋势（布兰奇弗劳尔和奥斯瓦尔德，2004）。时间点研究是关于生命周期经验归纳的一个不确定的依据，因为在这样的比较中，年轻人和老年人是来自拥有不同生活史的不同出生队列的人们。当2000年的数据——按年龄分类的幸福感被用来推断生命周期变化时，所隐含的假设是，那些出生在1980年（在2000年时20岁）的人将会同50年前出生（在2000年时70岁）的人那样遵循同样的生命轨迹。这种假设引起的担忧是复合的，特别是人们意识到美国20世纪50年代的横截面数据揭示了幸福感与年龄之间存在一个负相关关系，而当前的横截面研究则显示两者没有任何关系（坎贝尔，1981）。这些时间点比较中的差异很可能反映了时代的一个转变，而非幸福感与年龄的关系的改变（伊斯特林，1987）。

如果幸福感的生命周期模型被更好地建立了，那么需要进行的是纵向研究，即追踪那些出生在相同年份或一组年龄（同样年代）中的一个给定出生队列的幸福感。问题是，很少有关于一个出生队列跨越生命周期中很多年份的研究。或许科斯塔等人的研究是最常被引用的（1987），这是唯一被引用在迪纳和他的合作者的文章中关于主观幸福感和年龄关系的纵向研究，它总结了30多年来心理学研究在主观幸福感上的成果（1999）。科斯塔等人的文章总结得出："目前的数据为成年后幸福水平的稳定性提供了令人信服的证据。"这一结论是基于5个不同的10年期出生队列的生命周期中，9年的期间里观察对象积极影响和消极影响的净值，既包括年轻人，也包括老年人。同样的结论还可以从本书的第6章，以及伊斯特林和谢弗（1999）在一个"合成小组"的研究中得到，它检验了10个为期13到21年的5年期出生队列。然而心理学家的两个新研究提供了不同的结果。查尔斯、雷诺兹和加兹（2001）检验了在生命周期中长达23年的部分中，年轻人、中年人和老年人的积极影响和消极影响的线性趋势。他们的结论是："积极性的影响维持了相当的稳定性"，而"消极性的影响在整个成年生命跨度中下降了"。这个结论意味着，总体来说，主观幸福感在整个生命周期中是增长的。但是由姆罗切克和斯皮罗（2005）所做的有着一定长度的最新面板研究，追踪了1 900个人长达22年，研究表明幸福的一个总体轨迹是在65岁形成一个峰值的山形结构。因此，即使是少数已经完成的相当长期的纵向研究，也并不赞同生命周期幸福感的模型。

7.1.2 生命周期幸福感的决定因素

如果要对生命周期幸福感进行解释，那么文献也是相当混杂的。对比的目的是有效地区分两种极端的观点：一种常见于经济学，另外一种常见于心理学。

经济学家通常会采纳幸福感取决于实际生活状况的观点，那么人们完全可以仅从观察这些状况中推断幸福感。这种极端的观点削弱了使用人均实际 GDP 作为幸福感衡量指标的情况，并声称如果人们拥有更多的商品和服务，他们必将更加幸福。当然，经济学家承认幸福感会受到其他条件而不仅仅是人们拥有的商品和服务数量的影响，但是他们通常也认为如果人们拥有的商品和服务的数量大幅度增加，那么整体幸福感也会朝着相同的方向增加（参见本书第1章）。

相反，心理学家通常把客观条件对幸福感的影响看作人们适应他们生活环境的心理调试过程。在极端的情况下，这个调整过程有时被称为"享乐适应性"，引出了人们处于一种享乐适应症（hedonic treadmill）的观点（布里克曼和坎贝尔，1971；卡内曼、迪纳和施瓦泽，1999）。这一观点通常被描述为一个"定点模型"，"并假设幸福感设定值的存在指导了许多当前理论和对主观幸福感的研究"（卢卡斯等，2004）。在这种方法中，个人幸福感倾向于一个由个性和遗传特征决定的设定值水平。生活事件，如婚姻、失业以及严重伤害或疾病，可能会使一个人的幸福感高于或低于这一设定值，但享乐适应性会很快使个体回到这个设定值。在这个"强大"的设定值模型中，对于生活事件的享乐性适应是快速和完全的。这种观点被最近的言论所论证，我们人类的适应能力……帮助解释了主观幸福感研究的一个主要结论，正如已故的理查德·坎曼（1983）所说的那样："客观生活环境在幸福感理论中几乎起不到什么作用。"（梅尔斯，2000）

心理学家通过对主观幸福感的多元分析来支持这一实证性的观点，包括那些经济学家通常也发现客观生活情况仅能说明一小部分幸福感的个体差异，也许最多只有15%（迪纳，2000）。然而，这个论证所忽视的是，那些决定幸福感个体差异的最重要的因素，在解释幸福感平均生命周期模型中未必是同等重要的。这一区别在心理学文献中并没有被广泛承认，因为一个变量在解释个体差异时的作用，通常是这个变量解释力重要性的唯一标准。然而，一个在解释时间点上个体间差异时有着重要作用的变量，在解释这些人作为一组所共有的长期变化时，并不一定是同等重要的。举个例子来说，第二次世界大战后的30年中，美国生育率显著上升并随后衰退，从而产生巨大的婴儿潮和生育低谷。在解释任何给定时间点上生育个体差异的各种因素时，宗教和经济环境都很重要。然而，在解释婴儿潮和生育低谷时，经济考量是压倒一切的，而宗教随时间的迁移变化非常小，对解释生育高峰期和衰退期就显得没那么重要了（伊斯特林，1987）。同样地，在解释幸福感生命周期的平均趋势时，生活状况的相对重要性大于它在解释个体间差异时的重要性，这也是有可能的。因为生活环境在生命周期中比个性和遗传特征等因素变化得更多。

主流经济学观点和强大的设定值模型之间的鲜明对比，通过心理学家所描述的关于幸福 "先降后升" 和 "先升后降" 的解释之间的区别来说明（迪纳，1984；迪纳等，1999；海蒂、维恩霍文和韦尔林，1991）。当总体幸福感被当作在不同的生活领域中好的和坏的经验结果，经济学模型会被归为"先降后升"的类型。设定值模型体现的观点是：对于全球性幸福感来说，在不同生活领域中个性特征和享乐适应性超过生活事件的影响，从而使其先升后降。因此，"先升后降"观点的支持者认为人们对一个事件，如一个配偶的死亡事件，适应得相当迅速，并将回归到个性和遗传给定的幸福感设定值，而"先降后升"观点的支持者则预期这样一个不良事件会明显抑制幸福感。

不是所有的心理学家都赞成设定值模型，也不是所有经济学家都认为幸福感仅仅取决于实际生活状况。正如在前面的章节所述，在经济学中有一系列的工作，其中一些向后延伸超过了50年，也将心理过程，如社会比较和习惯对幸福感的影响考虑进来。致力于最新的幸福感研究的经济学家们一致承认了心理因素对解释幸福感的重要性（克拉克、弗里吉特斯和希尔兹，2008；迪特利亚和麦卡洛克，2006；弗雷和斯塔泽，2002；格雷厄姆，2005；莱亚德，2005；斯塔泽，2003；帕拉格和弗里吉特斯，1999；帕拉格和卡博内尔，2005）。事实上，经济学家提出的在控制生活状况后所发现的幸福感对于年龄的一个 U 形关系的解释，在某种程度上都是基于一个心理学因素——欲望——得出的。

因此，布兰奇弗劳尔和奥斯瓦尔德（2004）关于 U 形起源的思索如下："一个不确定的可能是，幸福感在经历多年下降后上升可能反映了一个对环境的适应过程，也许在生活的中期，人们放弃了一些欲望，反而能够更好地享受生活。"弗雷和斯塔泽（2002）说的也是几乎同样的事情。[1]

心理学放弃了强大的设定值模型是因为个体能够通过各种心理措施提高他们的幸福的可能性通常是被默认的（塞利格曼，2002）。除此之外，某些生活状况可能对幸福感有持久的影响也是被普遍认可的。例如，梅尔斯（1992）在家庭和社会关系的案例中，创造了关于享乐适应症的一个特殊例外。报告中指出，虽然对于婚姻的适应平均而言是快速的和完全的，但是适应守寡可能平均需要8年（关于适应婚姻方面，可以参考齐默尔曼和伊斯特林2006年的相关研究）。在其他方面，卢卡斯等人（2004）的推断是，失业对幸福感的影响甚至更加持久，改变了"幸福感设定值"。这项研究明确揭示了：关于生活状况对幸福感的影响需要被单独考虑，而不是被简单地囊括，这正是迪纳和塞利格曼（2004）经过深思熟虑后的建议。[2]卡内曼等人（2004）最近的研究清楚地表明了所有的生活状况并不一定是同等重要的，强调分别看待不同生活状况的重要性。因此，一些学科汇集了它们的观点，那就是：在解释幸福感时，生活环境和心理因素都是关键要素。尽管如此，这里依然要强调一个重要的区别，那就是：经济学重视客观生活环境，而心理学重视主观因素。

7.1.3 政策

主流的幸福经济理论和强大的设定值模型对于公共政策有着截然不同的含义。经济模型暗示改善人们的生活环境的规划可以提高主观幸福感。反过来，设定值模型几乎相当于一个"幸福感铁的法则"，任何被用来改善人们经济状况和社会地位的政策对幸福感都只有一个短暂的影响，因为每一个个体都会及时恢复到自身给定的幸福感模型的设定值。[3]林恩和特勒根（1996）一度是这种观点的倡导者，该观点可以明确地表示为迪纳和理查德·卢卡斯提出的政策："遗传和个性的影响暗示着政策在增加主观幸福感程度上的有限性。"

正如我所提到的，近年来心理学家们越来越偏离原有的强大设定值模型。林恩（1999）在书中明确放弃了他早期与特勒根的观点，迪纳和塞利格曼（2004）的文章倡导政府应参与主观幸福感的衡量，具体规定了一系列预计可能会提高主观幸福感的经济状况和社会条件的改善方式。然而，这两大学科观点的鲜明对比突出了一个重大政策问题，那就是公共政策提升幸福感的潜力越少，人们对生活环境改变的心理适应就越多。因此，一个关键性的政策问题是实际生活事件和享乐适应性对决定幸福感的相对权重。

7.2 概念框架

本章采用了心理学家安格斯·坎贝尔和他的合作者所倡导的生命领域方式来解释幸福感（坎贝尔、康沃斯和罗杰斯，1976；坎贝尔，1981）。[4]在这一观点中，全球幸福感被视为在不同生活领域，如物质生活条件、家庭生活、健康、工作中所宣称的满意度净产出。反过来，对于每个领域满意度的陈述则被视为反映该领域中客观结果匹配该领域中受访者欲望、目标或需求的程度（详见第6章）。例如，在家庭生活领域中，一个人的目标可能是一个有两个孩子的幸福美满的婚姻以及温暖的家庭关系。家庭生活满意度会反映客观状况与这些目标的匹配程度——缺口越大，家庭生活满意度越低。随着时间的推移，在主观目标、客观条件或两者都可能发生变化的情况下，领域满意度的评价也会改变。由于客观条件的限制，根据心理学家所强调的享乐适应性过程，目标可能被调整到与实际情况更紧密吻合的状态。在给定目标的情况下，客观状况可能发生改变从而离目标更近或更远，并沿着经济学家所强调的轨迹改变着满意度。

这种方法的一个优点是，对于领域满意度的评价正是决定幸福感反映心理学所强调的主观因素和经济学所强调的客观环境的关键。另一个优点是，当人们被问及那些影响他们幸福感的日常状况时，它被分类成一个易处理的生活领域集。当然，从概念来说什么样的生活领域更重要，这里没有完全一致的观点，生活领域的分类依然是一个持续的研究课题。然而，几乎所有对生活领域的研究都认为经济状况、家庭环境、健康和工作是决定幸福感的重要领域。以卡明斯（1996）为首的对生活满意度领域的集合分析，在最近所有使用生活领域方法的实证研究中都占显赫地位（罗哈斯，2007；塞尔瓦托和萨斯特，2001；赛瑞斯、维恩霍文和邦廷，1995；

帕拉格和卡博内尔，2004；帕拉格、弗里吉特斯和卡博内尔，2003），这里分析的4个领域是经济、家庭、健康和工作。

7.3 数据和方法

我们使用的数据来自全国民意研究中心（National Opinion Research Center）进行的美国综合社会调查（戴维斯和史密斯，2002）。这是一个从1972年到1993年每年进行一次（有少数例外）、在1994年到2002年每半年进行一次的具有全国代表性的调查。目前的研究基于的是1973—1994年的数据，因为，利益满意度、家庭满意度和健康满意度中的2个变量因素只在这段时间跨度中被包含在了美国综合社会调查中。美国综合社会调查是关于家庭的一个调查，采用的加权响应能更加准确地代表全民的意愿（戴维斯和史密斯，2002）。对于幸福感，这里有3个答复选项；财务满意度有3个答复选项；工作满意度有4个答复选项；家庭满意度有7个答复选项；健康满意度有7个答复选项。在本章附录A中给出了关于每个变量的具体问题。在现状分析中，个体根据对每个问题的答复被分配到一个整数值，取值范围从最不满意（或最不幸福）等于1，到回答选项的总数值（如幸福感为3，健康满意度为7）。

建立18~89岁个体的幸福感平均趋势的基础是在控制了出生年份（出生队列）、性别、种族和教育变量之后，用幸福感对年龄进行回归。相同的技术也被用来估计每个领域满意度变量的生命周期模型。该技术在本质上是对人口统计学上的出生队列进行一个精确变量分析，实际上，大量细分的出生队列的部分生命周期经验被组合起来以推断典型生命周期模型。

任一给定年份中实际调查的个体与上年度中的是不同的——这种调查提供了一个年复一年的来自相同出生队列的受访者的随机抽样，但每年的样本并不是队列中完全相同的受访者。因此，它是一种"合成的"小组。

合成小组的好处是，数据是来自整个人口样本的一个随机抽样，这样就能避免由于样本的简单选择而造成的可能偏差。因此，本研究仅限于平均模式，但是由于一个合成小组并没有精确地随着年龄追踪同样的个体，所以它不可能用来研究个体生命历程模式的多样性。这正是藤田和迪纳（2005）还有莫扎克和斯皮罗（2005）的共同发现。

分析中涉及的出生队列总数是93组。其中的51组是在1905—1955年的连续年份中出生的，对其生命周期的追踪超过21年（有些1955年出生的是从18岁就开始追踪，而1905年出生的则是从68岁开始追踪）。而另外42组的时间跨度范围则是20年（1956年和1904年的队列）至1年（1976年和1884年的队列），平均时间跨度为10.5年。

性别、种族和教育程度作为特征，要么覆盖着整个成年人生命周期，要么在接受教育的情况下很早地涵盖了几乎所有人。控制这些特征是因为在老年队列的人口组成中女性、非黑人和受教育程度较少的人占大量比例，这与年轻队有些不同。如果对队列模型中的因素不加以控制就进行分析，那么对整个生命历程中幸福感的概括将被扭曲，因为幸福感或者是不同领域的满意度会因性别、种族和教育程度而不同（阿盖尔，1999；布兰奇弗劳尔和奥斯瓦尔德，2004；弗雷和斯塔泽，2002）。

虽然这里使用的是一个将受教育程度一分为二的变量——接受12年教育或者更少，以及接受13年教育或者更多，但是所得结果将会近乎一样，除非最高年限是变量。之所以使用一个二分变量是因为它被视为划分社会群体的一种方法，就像性别变量和种族变量一样。在这种情况下，人们被分为两大特定的社会群体——上大学的人和没上大学的人。每个对性别、种族、教育程度的细分，都可能被认为是对群体组别的标识，特别是对那些生命周期幸福感平均趋势可能与总体人口有所不同的人。这些子组中的差异是一个非常重要的研究课题，我们会在第8章和第9章专门用性别之间的差异情况来说明。当前分析的重点是将人口作为一个整体的典型模式，将性别、种族、教育只作为控制变量。对于所有变量的描述性统计数据将在本章附录B中给出。

我们使用的技术自始至终都是有序逻辑回归，因为对部分变量的响应是明确的，并且数量在3个或3个以上。普通最小二乘回归法产生了几乎完全相同的结果，表明就方法论而言结果是稳健的。在回归分析中，为了确定幸福感生命周期模式和每个领域满意度变量的各种线性组合和二次组合，我们已经尝试了年龄和队列这2种变量。该组合产生的幸福感或满意度的最佳拟合结果被采用，因为没有理由认为生命周期和队列模式对各个领域乃至全球幸福感都是一样的。生命周期幸福感和各个领域满意度的平均趋势是将所有自变量的平均值，而不是年龄代入回归方程式中[5]。对于一个给定年龄的估计值，与在该年纪个体答复的原始平均值是截然不同的，因为它会随着队列、性别、种族和教育中跨越年龄的组合性差异而调整。

7.4 结果

7.4.1 生命周期幸福感的平均趋势

在中年时人们的幸福感是最强的，但也没有强很多。平均来说，随着人的发展，幸福感在18~51岁间有所上升，在51岁以后开始下降（详见图7-1以及附录C的第1列）。根据对于幸福感尺度的3个选项——非常幸福、相当幸福、不太幸福——的答复，18~51岁之间的一个幸福感增长，相当于有7%的人口在成年生命周期的第一个33年中有一个向上的幸福感转变。也就是说，人们的回答从"相当幸福"变化为"非常幸福"，随后，幸福感按照与之前上升时相同的速度下降，到89岁时幸福感已经低于51岁的水平，大体上相当于9%人口的答复选项有一个向下的移动。合成小组研究（藤田和迪纳，2005）明确指出：很多个体在主观幸福感中的转变是确实存在的，这里提到的7%到9%的改变只是一个大得多的个体运动的净余额。

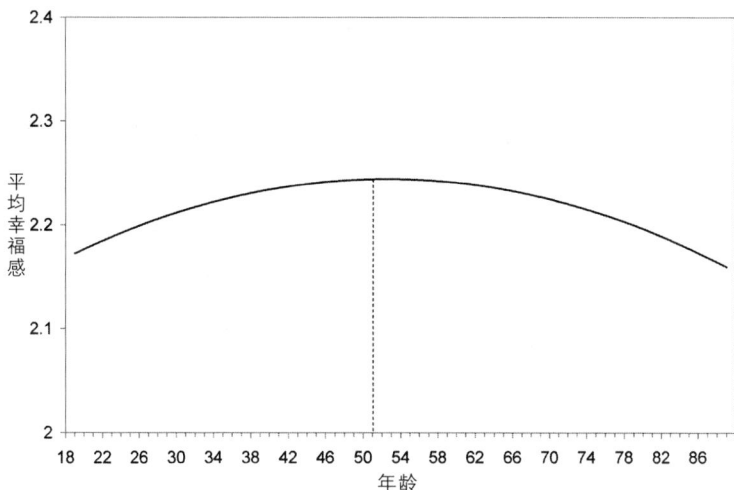

图 7-1　生命周期中的幸福感

资料来源：详见附录 C 第 1 列。

　　由于这里使用了一个更加灵活的统计技术，我们发现的生命周期幸福感的平缓山形曲线不同于第 6 章所述的由伊斯特林和谢弗（1999）发现的幸福感中的一致性。如前所述，莫扎克和斯皮罗（2005）也发现一个生命周期满意度的山形轨迹。他们所发现的移动幅度很难与图 7-1 中的幅度进行比较，因为他们使用了不同的衡量指标和尺度来研究主观幸福感——生活满意度，范围值从 0 到 11。他们发现的峰值发生在稍晚的时期——65 岁。峰值的差别可能是基于这样一个事实，即他们的样本包含的是从 40 岁左右开始算起的相对健康的男性，而目前的结论是针对从 18 岁开始的总体人口来说的。很有可能的是，所有男性生活满意度的峰值会早于健康男性的峰值发生。

　　先前提到的，哥斯达等人（1987）在一个小组研究中追踪受访者长达 9 年，阐明在整个生命周期中情感平衡有着一个持续不变的水平。然而他们的数据并不能明确反驳当前的发现或是莫扎克和斯皮罗（2005）的发现。如果人们根据他们分析的队列所代表的 5 个连续生命周期阶段的研究（不论是否涉及"健康问题"的部分）绘制出随年龄变化的情感均衡的平均水平，也就暗示着平均水平的整体趋势会在65岁左右出现峰值。

对查尔斯、雷诺兹和加茨（2001）提出的生命周期幸福感正向趋势的进一步检验，也产生了一个与当前模式相一致的结论。如果人们在他们的研究中所估计的每一个年龄上的积极影响和消极影响的平均值都是不同的，那么就会发现情感均衡先上升直到55岁，然后开始下降。

所有的小组，无论是不是合成的，其成员数都会因为死亡率而减少（然而，一个合成的小组并没有额外的消耗问题，因为它并不能定位原始的小组成员）。研究偏向于选择整个生命周期中更加快乐的人，因为健康状况不佳的人同样更不快乐而且更有可能死亡（伊德勒和本杰明，1997；梅纳特等，1990；斯密斯、泰勒和斯隆，2001）。70岁以前这种选择并不是非常明显，特别是当这一队列中3/4的人口在18岁时依然活着。但是到了80岁，生存的比例下降到1/2，到89岁时，这一比例只比1/5多一点。[6]

死亡率导致图7-1的曲线在较大年龄层有上升偏差，原因是更加健康的人使得均值在上升。莫扎克和斯皮罗（2005）的价值分析提供了关于这种偏差大小的一个观点，因为他们为那些已故和仍健在的人分别估计了生活满意度轨迹，这一分析可能仅仅依据的是相同的个体随年龄增长的数据。他们的统计结果暗示，样本中那些已故的人们在85岁时的平均生活满意度会比那些健在的人少大约8%。那些死亡的人大约占了原始样本的1/3，因此，在没有由于死亡率而减员的情况下，平均满意度将减少3%左右（8%的1/3）。当人们在75岁左右时，这里所分析的合成小组由于死亡率而产生的减员将达到1/3。如果应用莫扎克-斯皮罗估计法，那么在图7-1中因死亡率所造成的偏差出现的年龄层可能会降低到75岁左右。不过，这种选择偏差以及将超过75岁的人作为观察对象变得越来越罕见，表明对超过75岁的人的这一结论仅仅是试探性的。

图7-1中总体幸福感的生命周期模式与强大的设定值模型看起来是相当一致的——平均而言，幸福感是相当稳定的，没有受到生活状况太大的影响。这里确实存在一些变化的证据，但它是相当轻微的，并且很难有力地去反驳模型。然而，领域模型是一个截然不同的例子。

7.4.2 领域满意度的平均趋势

个体的领域满意度在整个生命周期中通常比幸福感有着更加显著的变化（详见图7-2；附录C第2列至第5列）。但家庭满意度却是个例外，它

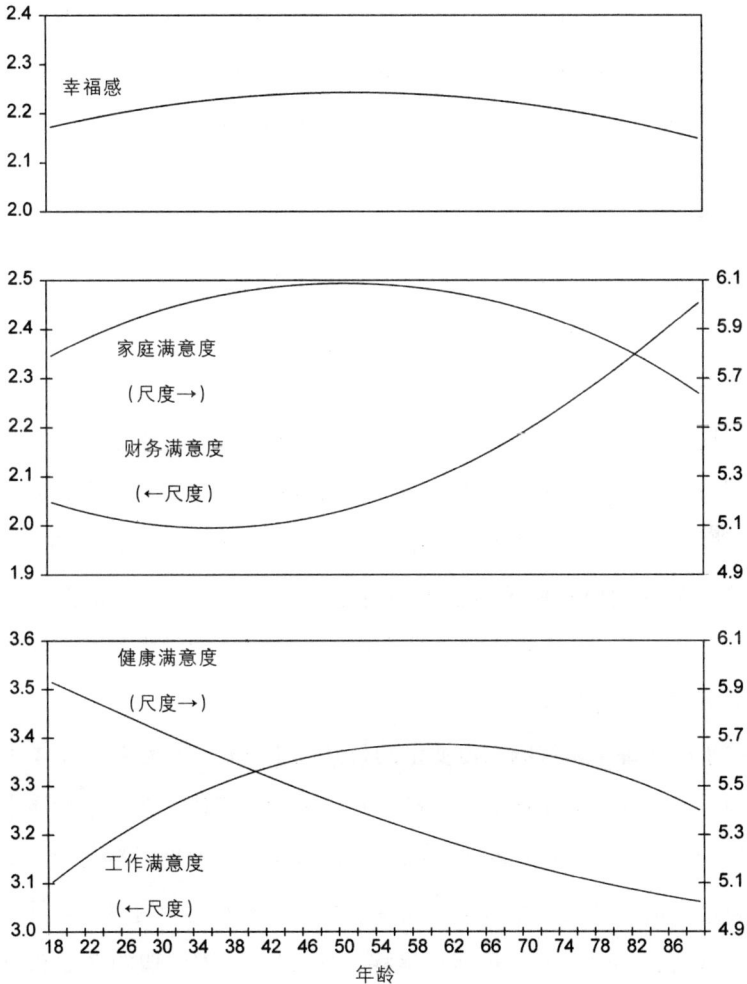

图7-2 生命周期幸福感和领域满意度

资料来源：详见附录C第1列到第5列。

的生命周期运动轨迹和幸福感的运动轨迹是非常相似的，峰值都在50岁左右，并且只有一个稍微大些的振幅。然而，个人财务状况的满意度有着一个明显不同的模式，它在个体36岁时是轻微下降的，但此后大幅上涨，并在晚年有着最大幅度的增加。健康满意度的模式也很有特点，它在整个生命进程中一直下降。最后，工作满意度先是上升直到60岁，然后下降。对于所有不同领域满意度的变量来说，死亡率可能会对那些更加健康的人产生一个选择效应（selection effect），从而就像刚才提到的幸福感那样，在年老的时候产生上升的偏差。健康满意度的偏差可能是由于人们进入70和80岁时健康满意度下降速度越来越慢，从而这个选择偏差变得越来越重要。平均来说，生活特定方面满意度变化的振幅，比幸福感的振幅显然要大得多，即使考虑了排除掉财务满意度的这一事实后，领域变量的答复类型数目也还是大于幸福感的。图7-2中领域满意度的规模因为答复类型数量中的差异而被调整。例如，健康和家庭状况与幸福感的范围值"2"相比，有着一个"6"的答复范围，以1/3的比例被绘制成与幸福感的范围值一样大小。可以看出，即使在调整后，领域满意度变量的生命周期变化幅度也是远远大于幸福感的变化幅度的。所以，尽管在图7-1中幸福感的生命周期模式似乎给强大的设定值模型提供了一些证据，但是图7-2中的领域满意度模式实际上与人们认为在每个领域中都存在快速和完全的适应性是正好相反的。

关于决定每个领域满意度变量的特殊因素分析，已经超出了本书的研究范围。但是这里的领域满意度模式看起来确实表达了在每个领域中客观生活状况相对于主观目标在决定领域满意度时的重要性。举个例子，家庭生活满意度模式可以看作与家庭领域中客观状况的生命周期趋势是大致平行的（威特，1995；德尔贝斯和格穆，2002）。随着结盟的形成和家庭的建立，家庭生活满意度上升，然而人们到了中年及后期，随着孩子的离开、离婚或丧偶，家庭满意度开始下降。健康满意度也表现为被实际生活状况所支配，并在整个生命进程中随疾病发生概率的上升而降低（雷诺兹、克里敏斯和齐藤，1998）。工作满意度随着人们在事业上有所成就而上升，但也会随着失业而下降。如果在每一个这样的领域中，人们对不断变化的生活状况都能迅速而完全地适应，那么满意度就不会遵循实际事件的常规模型。这并不是说没有适应性发生，但是很明显的是，适应性还不足以在每个领域对实际生活事件抵消掉生命周期满意度的相似性。

但是客观生活状况并没有在每个领域都占有主导地位。与其他因素相反的是，个人财务状况的满意度并不遵循个人实际经济状况的生命周期模式。在大部分工作年份中，收入先上升，然后趋于平稳并开始下降，但个人财务状况的满意度的变动几乎与之相反，在中年开始明显上升，在晚年增加得最多，而一般那个时候收入应该是下降的。个人财务状况满意度在中年及中年以后的上升表明一个只依靠于客观状况来决定幸福感的经济模型是错误的，因为后续幸福感的增加显然不是由于收入的增加。第6章介绍的欲望假设，可以作为解释这种情况的一个线索。成年生活早期的物质欲望可能会比收入以及由家庭负担所产生的不断增长的债务上升得更快，因此这种情况会产生经济困境，这些情感波动削弱了收入增长本身所产生的财务状况满意度的增长。然后，后续的生活欲望可能会趋于平稳并下降，并且用于偿还债务的收入压力也会减小。随着财务状况担忧的减退，个人财务状况满意度上升（齐默尔曼，2007；汉森、斯洛格斯沃尔和莫姆，2008）。如果这个推断是正确的，那么它指出了财务领域中主观因素例如物质欲望的重要影响。

领域满意度的结果反驳了关于生命周期幸福感决定因素先升后降的解释。"先升后降"的倡导者认为，幸福感是对稳定特征，如个性（personality）和遗传组成（genetic make-up）的一种反应，因此会期望图7-1中相当稳定的幸福感生命周期模式将会在每个不同的领域被复制。但这种情况不会发生。正如图7-2所示，大部分的领域满意度模式与幸福感模式有着显著不同，它们彼此之间也大不相同。因此领域满意度模式中显著的多样性推翻了"先升后降"的观点，并质疑个性和遗传组成主要决定幸福感平均生命历程模式的这一观点。接下来的部分，我们提出"先降后升"的观点。

7.4.3 领域满意度和幸福感

领域满意度研究在塑造整体幸福感的生命周期模式的过程中是否起到一个重要作用？要回答这个问题，首先要检验幸福感和满意度在各个领域的关系，然后，基于这个结果从 4 个领域的生命周期模式中共同预测生命周期幸福感的平均趋势。

人们可能会预计，如果一个特定领域的满意度对于幸福感有重要影响，那么当满意度在那个领域中上升而在其他任意领域没有发生任何改变时，整体的幸福感也会增加。事实上真的是这样吗？答案是肯定的。平均而言，幸福感随着人们生活的方方面面包括个人财务状况、家庭生活、健康和工作直接而显著地变化着。这是关于领域满意度变量的一个多元有序逻辑回归（详见表 7-1 第 4 列）。因此，对于这些生活状况的满意度越大，平均而言，整体幸福感就越强。

不同领域满意度变量按对幸福感影响程度的大小从高到低排列依次为：家庭生活、财务状况、工作和健康。当逐一考虑每个领域变量对幸福感的影响时，家庭满意度取得了最高的调整的 R^2 值。排在家庭满意度变量之后的是财务状况变量，它会使得调整的 R^2 增加得次多，然后是工作满意度，最后是健康满意度（详见表 7-1 第 1~4 列）。

那么领域满意度变量的生命周期模式是否可以共同为所观察的幸福感生命周期模式提供真实的解释呢？用表 7-1 第 4 列每个领域变量的值替代图 7-2 中年龄的每个年份代入回归方程，得出 18~89 岁中每年生命周期幸福感的预测值。其结果是，预测的这 4 个领域的满意度变量相当接近生命周期幸福感的实际模式（详见图 7-3），预测的移动幅度比实际幸福感的幅度稍大，峰值比起实际幸福感的峰值（51 岁）也略晚一些，在 55 岁。

表7-1 幸福感对指定领域满意度变量的回归:

自变量	模型			
	（1）	（2）	（3）	（4）
家庭满意度（Satfam）	0.578	0.542	0.527	0.461
财务满意度（Satfin）	—	0.705	0.599	0.573
工作满意度（Satjob）	—	—	0.518	0.498
健康满意度（Sathealth）	—	—	—	0.242
Cut1	1.132	2.266	3.519	4.299
Cut2	4.166	5.448	6.899	7.744
样本总量	23 119	23 035	18 470	18 440
Chi²	2 168	3 232	2 920	3 200
对数似然函数值（Log likelihood）	−20 334	−19 526	−15 099	−14 852
调整的 R²	0.065	0.099	0.121	0.133

注：[a]对于所有系数，$p > |z| = 0.000$。

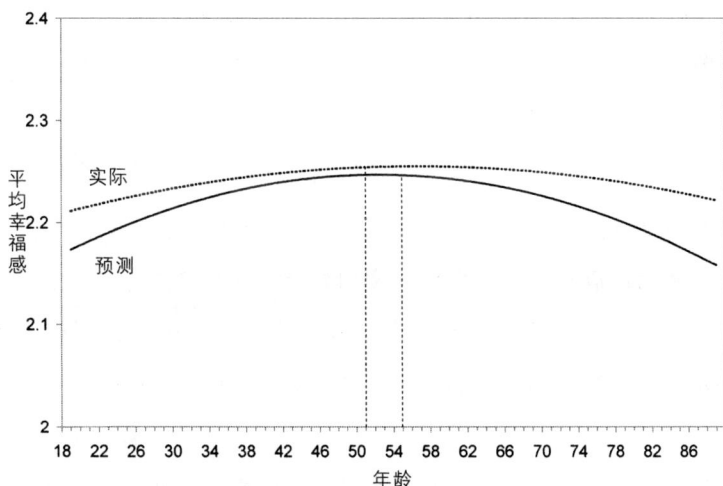

图7-3 实际及预测的生命周期幸福感

注：每个年龄上预测的幸福感是由该年龄在图7-2中的数值代入表7-1第4列中的回归方程得到的。

资料来源：同图7-1。

生命周期幸福感的预测值和实际值之间的对应关系，支持了幸福感的决定因素先降后升的观点。其相似性也进一步表明了，在图7-1中所观察到的整体幸福感的显著稳定性，不是因为不同领域中对生活事件快速且完全的适应性，而是来自人们对不同生活领域满意度改变的抵消[7]。平均而言，发生在总体人口中中年群体幸福感的平缓上升，主要是由于其家庭生活满意度和工作满意度的增加是多于健康满意度减少的抵消作用的。中年以后人们幸福感减少，是因为健康满意度的持续下降与家庭生活满意度和工作满意度减少的共同作用。然而，中年以后这些对幸福感的消极影响被人们财务状况满意度的逐步改善在很大程度上抵消了。

7.5 总结与启示

要记住的是，我们研究的是总人口的平均值，这只是一个在1973—1994年期间关于美国的研究，接下来我们可能会提出试探性的结论。

平均而言，在人口中作为一个整体的趋势，一个出生队列的幸福感从18岁平缓上升到中年，然后在中年以后有所下降。这是满意度在家庭满意度、财务状况满意度、工作满意度和健康满意度这样的主要生活领域内完全不同走势的净结果。直到人们在50岁左右，家庭满意度和工作满意度的增加超过了健康满意度的减少，导致幸福感有一个轻微的上升。而从中年起，家庭满意度、生活满意度、工作满意度加上健康满意度的降低，引起了幸福感的一个下降。然而这种消极影响被人们对自己的财务状况满意度的不断增加而大大抵消了。

总体来说，家庭生活、工作和健康满意度的平均趋势似乎反映了实际生活状况在领域满意度上占支配地位，尽管一些适应性的改变是可能发生的。这与经济学家们所强调的客观条件在决定幸福感时的重要性是一致的，但不一定会与没有适应发生的牢固经济模型是一致的。另外，人们财务状况满意度中的变动与经济学家强调的客观条件背道而驰，并指向心理学家所强调的主观变量——如欲望在决定幸福感时——的重要性。一般情况下，这个结果既不支持由客观条件独立决定幸福感的主流经济学模型，也不支持设定值模型或它相关的支持者的"先升后降"模型，该模型把生命周期幸福感视为由个性和遗传组成决定的高度稳定的产物。生命周期幸福感模式是主要生活领域满意度的净产出结果，这反而暗示了一个"先降后升"的方式，并且每个领域的满意度都是那一领域中客观条件和目标或者说欲望的共同结果。

生命周期幸福感是幸福感在4个生活领域独立运动的净产出，这一研究发现意味着生命周期幸福感的平均趋势不是必然的——也就是不存在"幸福感铁的法则"。举例来说，人们对实际健康状况似乎有支配适应性，这使得减少残疾和疾病的发病率的政策将缓和健康满意度的下降。这些降低死亡率和发病率的政策还可以减少离婚以及因此而降低的老年阶段的家庭生活满意度。反过来，在其他因素不变的情况下，这些政策会使健康和家庭生活满意度更加平缓地下降，从而提高了生命周期幸福感的平均趋势，特别是在人们的老年生活中。通过这种方式，公共政策可能会提高整体幸福感。

附录A

满意度变量与幸福感问卷及其答复类型

幸福感：考虑所有因素，你会说这些日子过得怎么样，你会说自己是非常幸福，相当幸福还是不太幸福？（分别以3、2、1标识）

财务状况满意度：我们对人们如何处理财务状况很感兴趣，考虑到你和你的家人的财务状况，你会说自己对目前的财务状况是非常满意、或多或少有点满意，还是一点也不满意？（分别以3、2、1标识）

工作满意度：（询问长期工、临时工和无业人员）总体来说，你对自己做的工作，你会说你是非常满意，中等满意，很少满意还是非常不满意？（从4到1降序标识）

家庭满意度：对于我将要指出的每个生活领域，告诉我那个表示你从该领域所获得的满意度是多少的数字。

你的家庭生活：

1.相处得很好

2.相处得可以

3.相处得一般

4.少数的互动

5.微乎其微的互动

6.几乎没互动

7.从不互动

（在这里保留编码）

健康满意度：除了将上述问题中"你的家庭生活"替代为"你的健康状况和生理状况"以外，其他问题和家庭满意度中的是一样的。

附录 B

描述性统计数据

变量	观测值	平均值	标准差	最小值	最大值
幸福	29, 651	2.21	0.63	1	3
年龄	29, 651	45.1	17.65	18	89
出生队列（1980年=0）	29, 651	48.9	18.63	−6	86
男人	29, 651	0.44	0.5	0	1
黑人	29, 651	0.11	0.32	0	1
受教育程度小于或等于12年	29, 651	0.61	0.49	0	1
财务满意度	29, 710	2.04	0.74	1	3
工作满意度	23, 816	3.29	0.82	1	4
家庭满意度	23, 189	5.91	1.36	1	7
健康满意度	23, 235	5.43	1.49	1	7

附录 C

幸福与基于特定自变量的每个领域满意度变量之间的回归：有序逻辑回归

OLS（括号中 P>|Z|）

自变量	因变量				
	幸福感	财务满意度	家庭满意度	工作满意度	健康满意度
	（1）	（2）	（3）	（4）	（5）
年龄	0.020686	−0.030693	0.046965	0.044662	−0.032047
	［−0.001］	［0］	［0］	［0］	［0］
年龄 ^{2}	−0.000203	0.000432	−0.000394	−0.000453	0.000142
	［−0.001］	［0］	［0］	［0］	［−0.042］
队列	−0.017975	−0.010219	−0.022615	−	0.028104
	［−0.001］	［0］	［−0.002］	−	［0］
队列 ^{2}	0.000129	−	0.000114	−	−0.000336
	［−0.014］	−	［−0.091］	−	［0］
男人	−0.101324	0.016625	0.023647	−0.180871	0.121271
	［0］	［−0.483］	［−0.381］	［0］	［0］
黑人	−0.735731	−0.671642	−0.461883	−0.480112	−0.238758
	［0］	［0］	［0］	［0］	［0］
受教育程度小于或等于12年	−0.260456	−0.392832	−0.216605	−0.097925	−0.238501
	［0］	［0］	［0］	［0］	［0］
Cut1	−2.510397	−2.360142	−3.027477	−3.68573	−4.751097
Cut2	0.316674	−0.32067	−1.678026	−2.780609	−3.637703
Cut3	−	−	0.272434	−2.12574	−2.99655
Cut4	−	−	−	−1.244581	−1.881087
Cut5	−	−	−	−0.4823342	−1.16334
Cut6	−	−	−	1.035689	−0.279621
样本总量	29，651	29，728	23，808	23，207	23，252
Chi^2	508	1492	812	279	802
LR	−27，395	−30，852	−25，397	−31，446	−37，218
调整的 R^2	0.0119	0.027	0.0187	0.0055	0.0117

第8章 美国女性与男性生命周期幸福感的交叉点①

一些对主观幸福感的调查指出，女性和男性是有着大致相等的幸福感的（迪纳等，1999；莱亚德，2005；迈尔斯，2000)[1]。但是在整个生命历程中，这种与性别相关的关系是一样的吗？美国的数据表明并非如此，与性别相关的关系在中年左右会逆转。女性在成年生活早期比男性更加快乐，但随着年龄增长这种差距会缩小，女性的幸福感开始下降而男性的开始上升。中年之后，差异呈现相反变化，对于两性来说男性变得更加幸福。文献中所宣称的男性和女性在幸福感上的整体相似度是由于平均年龄年轻化所造成的，在早期女性更有优势，而在年长时男人则更加幸福。本章提出了美国女性和男性生命周期中幸福感交叉的证据和直接原因。

正如在前面的章节中所描述的，幸福感的衡量依据的是美国综合社会调查的问题："考虑所有因素，你会说这些日子自己过得怎么样呢？是非常幸福、相当幸福还是不太幸福？"其概念框架来自领域满意

① 本章是作者和 Enrico A. Marcelli(圣地亚哥州立大学)共同撰写的，要感谢他有价值的贡献。此外我们还非常感激 Luara Angelescu，Onnicha Swangfa 和 Olga Shemyakina。财务支持由南加州大学提供。

度模型。描述性统计数据将在附录 A 中给出，详细的回归则在附录 B 中给出。

8.1 结果

在成年生活的早期，女性比男性更加幸福（详见图 8-1）。然而在整个生命历程中，女性幸福感趋势呈平稳下降，男性幸福感的趋势是上升的。在中年左右两个性别有着大致相同的幸福感，此后男性的幸福感越来越多并超过了女性的幸福感。

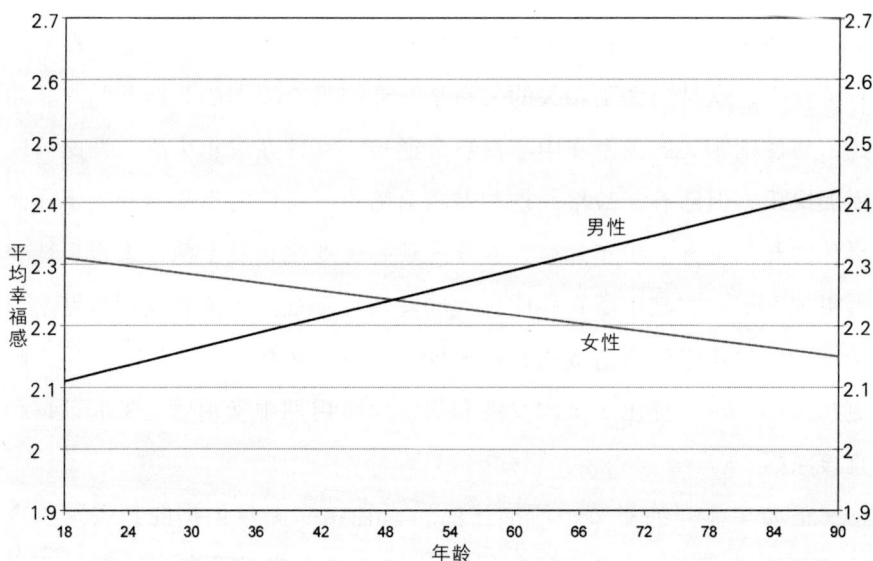

图 8-1　不同年龄和性别的幸福感

注：在控制了种族、教育这两个变量的情况下，图 8-2 到图 8-5 和图 8-7 中出生队列的年龄是不同的。

18~89 岁之间幸福感变化的幅度，相当于 15% 的女性从 "非常幸福"

向下移动到"相当幸福",同时 30% 的男性从"相当幸福"向上移动到"非常幸福"。在这里男性和女性幸福感的交叉发生的年龄估计为 47.5 岁。对于总体人口来说,独立的性别模式导出了第 7 章中所分析的幸福感的平缓山形模型。

正如在第 7 章中所讨论的,死亡率导致图 8-1 中的曲线在较大年龄层上出现一个向上的偏差,这是因为基于存活着的人们处于更加健康的状态,幸福感的平均值是增加的。然而,我们的印象却是,到 75 岁左右时男女性别差异对幸福感可能不再会有太大的影响,此后性别差异的作用可能被夸大了。[2]

领域满意度

在生命周期中幸福感的性别交叉现象是不是产生于个人生活领域呢?在家庭和财务领域,答案是肯定的,而在健康领域,答案是否定的。

男性和女性的家庭生活满意度曲线都是"倒 U 形",在中年之前上升,到了中年之后下降,女性在 42 岁上升到最高点,男性在 55 岁上升到最高点,女性上升到最高点的年纪是早于男性的(详见图 8-2)。在成年生活刚开始时,女性比男性更加满意于她们的家庭生活,但是过了中年之后,她们的满意度下降,交叉点出现在 53 岁。与幸福感的生命周期模式相反,家庭满意度中的性别差异在年老的时候是小于年轻时的。

实际上财务满意度的模式与家庭生活满意度的"倒 U 形"模式是完全相反的。无论是男性还是女性的财务满意度,在中年之前都是下降的,到了中年之后开始上升(一个 U 形模式)(详见图 8-3)。

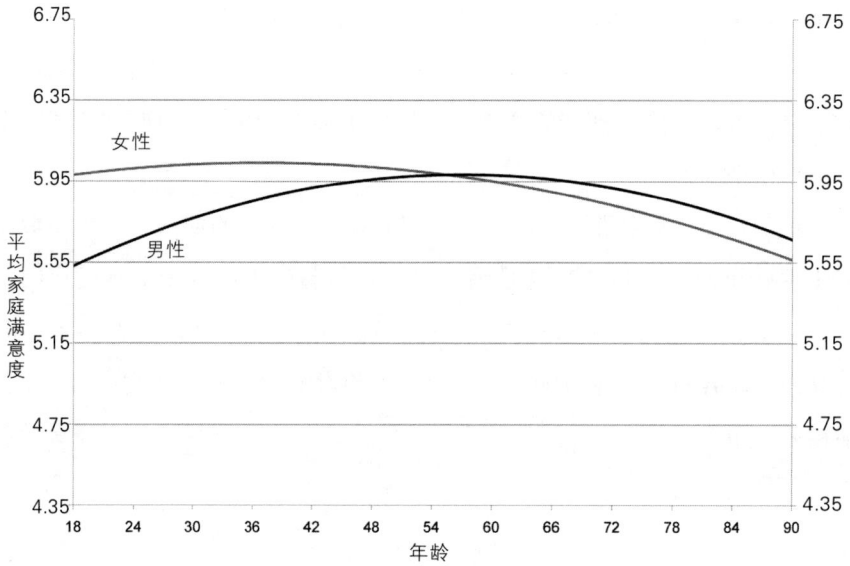

图8-2　不同年龄和性别的家庭满意度

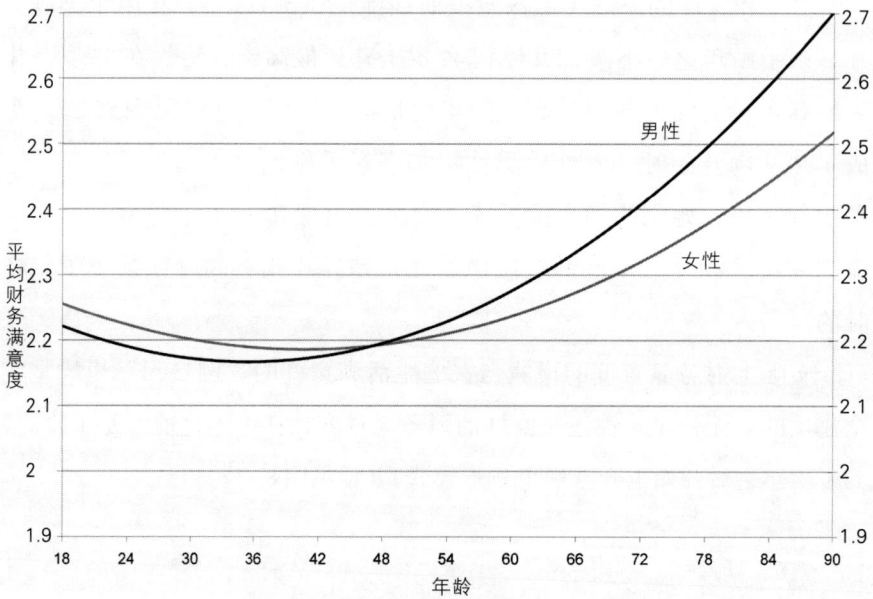

图8-3　不同年龄和性别的财务满意度

男性的幸福感曲线在32岁的时候首先出现最低点，而女性幸福感曲线的最低点出现在39岁的时候。在家庭生活模式中，女性的财务满意度在开始时略高于男性，但最后却比男性低，曲线交叉点发生在44.5岁左右。然而，在年老时不同性别之间的财务满意度差异是大于年轻时的，符合生命周期幸福感的模式。

然而健康满意度是第三种模式，即无论是男性还是女性，健康满意度在生命历程中都是呈下降趋势的（详见图8-4）。然而，与家庭、财务满意度不同，在整个生命周期内，男性的健康满意度曲线与女性的曲线没有交叉，并且男性比起女性对他们自己的健康更加满意。

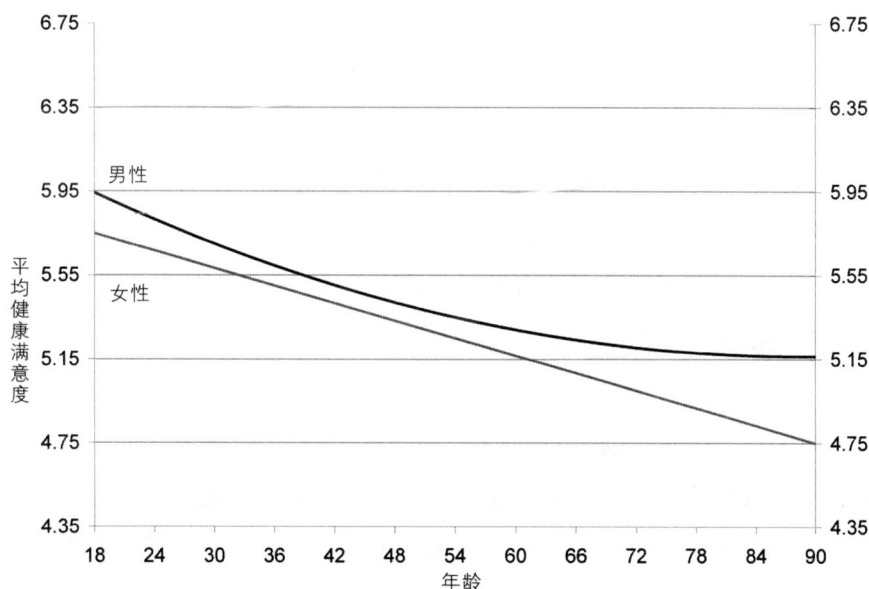

图8-4 不同年龄和性别的健康满意度

健康满意度中得到的结果，与在自我健康报告中得到的结果是一样的。这看起来与死亡率中男性高于女性的性别差异是矛盾的，但可以解释为女性在所有年龄段中，在非致命性疾病如关节炎、哮喘等方面，有着更高的发病率。男性满意度超过女性的部分，在48岁的时候略有下降，此后又逐渐增加，在89岁时差异部分大约是18岁时的两倍。

男性和女性幸福感生命周期差异，是通过比较幸福感中不同领域满意度的生命周期差异提出来的。男性虽然更满意他们的健康状况，但是他们在一开始相较于女性幸福感较少，是因为他们不太满意自己的家庭生活和财务状况（详见图8-5）[3]。不同性别在家庭生活和财务状况这两个领域中的差异趋势与幸福感的差异趋势非常相似，两者的变化趋势都表现为在中年时男性开始超越女性。在健康领域，男性在中年阶段之前，对于健康方面的优势略有下降，这在某种程度上抵消了他们在家庭生活和财务状况满意度方面不断增加的优势。但是在中年以后，男性健康满意度的优势在扩大，并且健康领域加上家庭和财务领域，共同促使男性在整体幸福感上比女性有了越来越多的优势。

合理的推论是，家庭和财务领域的生命周期趋势与男性与女性在伴侣地位中的生命周期差异有关。在年龄较小的时候，女性比男性更有可能结盟，而在较大年龄时，情况则正好相反。婚姻联盟中的差异也说明了这一转变（详见图8-6）。在图8-4中所使用的美国综合社会调查数据并没有允许我们在图中包含同居的数据，如果这一数据被包括在内，在最小年纪和最老年纪之间的差异将有可能增加（卡斯帕和科恩，2000）。

对主观幸福感研究的主要发现之一就是，在保持其他条件不变的情况下，结成联盟的人，即有婚姻或同居的人，比那些单身的人要更加幸福（齐默尔曼和伊斯特林，2006）。在其他条件保持不变的情况下，在较小年龄时，伴侣地位的差别会使女性普遍比男性更加幸福。

在联盟中的人财务状况很可能也比那些单身或大部分靠自身资源的人更加安全（施密特和斯沃克，2006；韦特，1995；韦特等，2002；韦特和罗，2009）。因此，事实上，在更加年轻的年龄阶段，女性更有可能在联盟中，因为这可以提高她们的相对财务满意度并产生更多的幸福感。

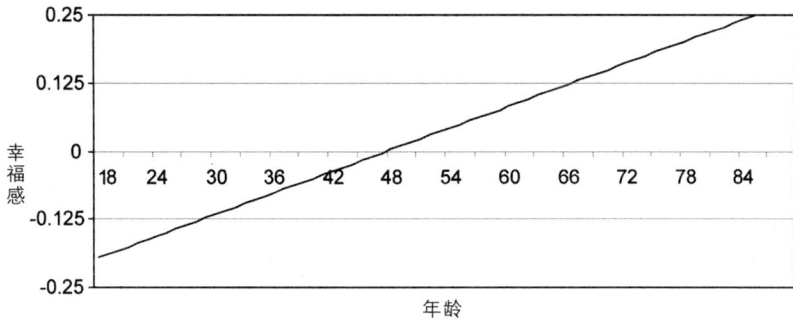

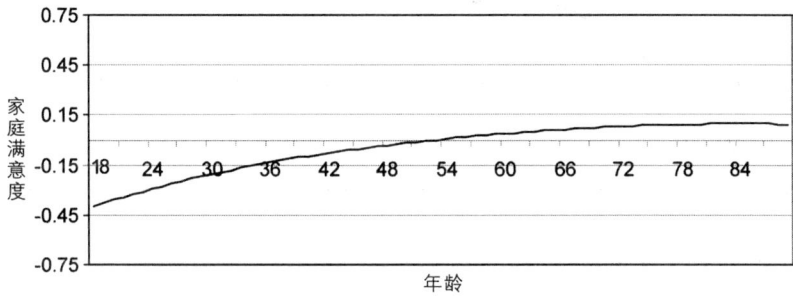

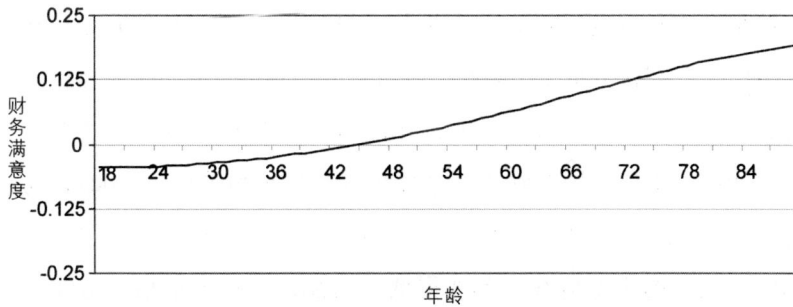

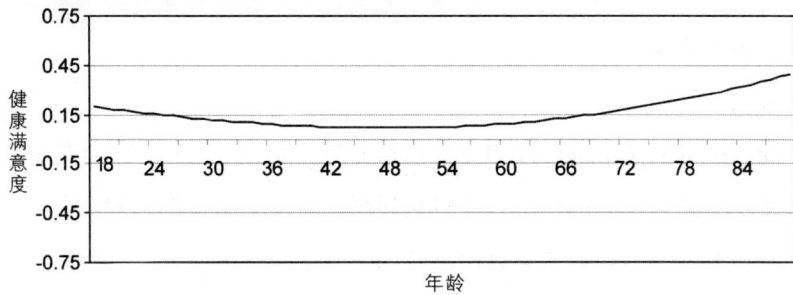

图8-5　各年龄阶段男性幸福感和领域满意度超过女性的部分

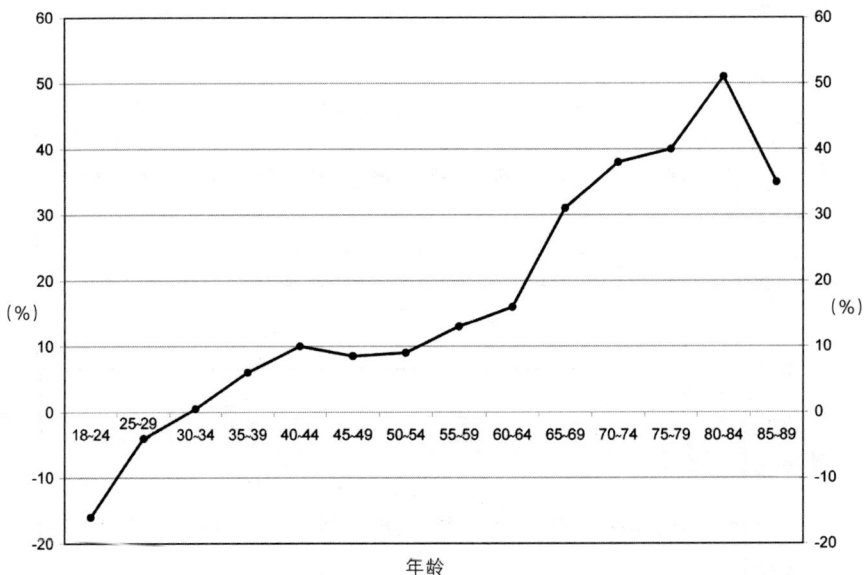

图8-6　不同年龄组中已婚的男性超过女性的比例

　　但是，在年老的时候，伴侣地位差异的影响转移到对男性有利的一面。男性死亡率高于女性，因此，活得更久的男性一般是在联盟中，而活得更久的女性一般是单身（伊斯特林，2003）。因此年老的女性很可能经历上述状况，不仅是因为缺少一个伴侣（德尔布和盖慕，2002），而且也缺乏因结盟所产生的更大财务安全性。对于年龄较大的女性来说，家庭生活和财务状况的满意度往往都变得低于男性，幸福感也相应地较低。因此，在整个生命周期中，男性和女性关于伴侣地位的转变成为幸福感交叉的一个重要来源。

　　预测幸福感

　　先前提到的领域满意度中生命周期差异的趋势与幸福感差异的趋势的比较暗示着交叉现象的原因，不过这里仍存在一个重要的问题。

　　如果家庭生活、财务、健康这些因素在决定生命周期幸福感上的确发挥了很大的作用，那么可以从各领域满意度的性别模式来推测幸福感的交叉现象吗？

接下来用一个与之前章节中相似的程序来解决这个问题。首先，对于不同性别我们要估计幸福感对每个领域的平均关系。这是出于自身的考虑，因为对于男性和女性来说并不是每个领域都具有相同的重要性似乎也是合情合理的。这里所估计的关系是用不同性别的个体数据对幸福感在三个领域满意度变量进行有序逻辑回归（ordered logit regression）估计出的（详见表8-1）。这三个领域决定幸福感的重要性对男性和女性确实有所不同，但也有着相当程度的相似性。相较于男性，家庭生活对于女性来说更加重要。而对于财务和健康的重要性来说，男性和女性之间没有显著的差异。这是由每个系数在95%的置信区间上反映出来的。只有涉及家庭生活满意度时两个性别的系数才下降到95%的置信区间之外。

下一个步骤是预测不同性别的生命周期幸福感模式。我们将图8-2至图8-4中不同性别的领域值，如18岁的值，输入表8-1的性别回归方程式，去了解如果在这三个不同领域满意度的值已知的情况下，幸福感的值是多少。为了获得不同性别在每个年龄上幸福感的预测值，这个关于年龄的程序在每一年都被重复运用。

表8-1　不同性别幸福感与领域满意度的回归：有序逻辑统计（OLS）

自变量	女性			男性		
	系数	95%置信区间		系数	95%置信区间	
财务满意度	0.654577**	0.600023	0.709130	0.687157**	0.625756	0.748559
家庭满意度	0.517919**	0.481769	0.554068	0.419772**	0.383990	0.455553
健康满意度	0.263978**	0.234839	0.293117	0.235251**	0.200798	0.269704
cut1：常量	3.372090**	3.138573	3.605607	2.763294**	2.516358	3.010229
cut2：常量	6.621184**	0.234839	0.293116	6.037174**	5.754897	6.319450
观测对象数量	12 959			10 032		
R^2	0.123			0.105		
Chi^2	2 115.2			1 540.3		
对数似然值	−10 733.5			−8 394.3		

注：**表示在1%的水平上是显著的。

从三个生命周期领域模式中预测男性和女性的幸福感，确实会有一个交叉点（详见图8-7）。与图8-1中实际幸福感模式在47.5岁出现交叉相比较，预测的幸福感总体模式更加平坦，并且交叉出现得更晚，在59.5岁左右。

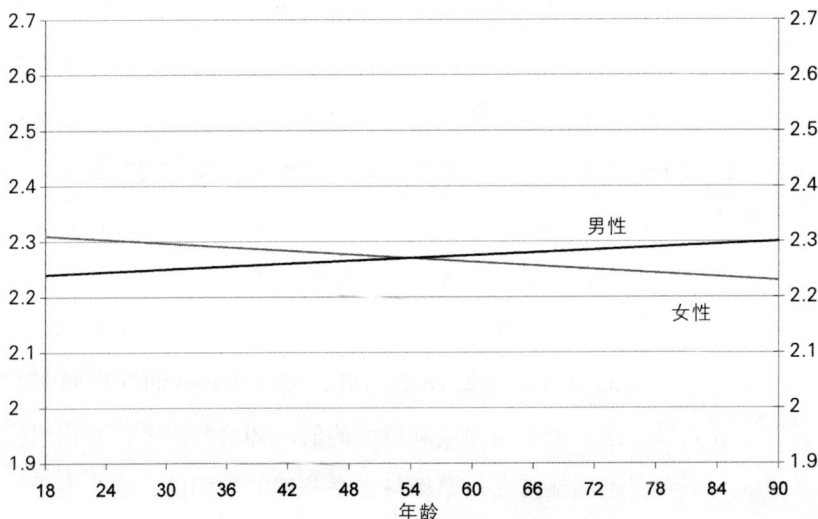

图8-7 各个年龄和性别的预测幸福感

这个平缓的曲线模式的发现，足以说明生活状况除了财务、家庭和健康领域之外，涉及不同年龄的性别差异。然而，这里所分析的三大领域显然才是文章的一个主要部分。

交叉的产生在很大程度上不是由这三个领域决定幸福感的重要性对男性和女性有所不同，而是由于生命周期领域模式本身的性别差异（详见图8-5）。为了测试在不同领域的相对重要性中性别差异的影响，我们用男性的系数去替代表8-1中女性的系数来预测女性生命周期幸福感，发现预测的女性幸福感的生命周期模型变化不大。我们将程序倒过来，发现对于男性也有着同样的结果。因此，家庭生活对于女性比对于男性更加重要的事实并没有在不同年龄性别差异的整体模式中起到很大的作用。

对照不同领域满意度中的性别差异，我们会发现在整个生命历程中，男女之间的幸福感差异在相当大的程度上取决于家庭、财务和健康满意度中的性别差异。但是对于三大领域，那些在相同状况下的男性和女性又会是怎样呢？究竟还有没有一个性别差异呢？要解决这个问题，我们汇集了男性和女性的满意度，并额外地控制了家庭满意度、财务满意度和健康满意度变量，进行了一个幸福感对性别、年龄、出生队列和种族的有序逻辑回归。结果是，对于在相同领域满意度状况下的男性和女性，女性相对男性幸福感的平均水平更高（详见表8-2）。

表8-2　　　　　幸福感对两性组合的特点变量的线性回归：

有序逻辑数据（稳健p值在括号里）

自变量	数据
男性(=1)	0.107425
	(0.000) **
年龄	0.034435
	(0.000) **
年龄的平方	−0.00026
	(0.001) **
同居	−0.02894
	(0.000) **
同居的平方	0.000283
	(0.000) **

自变量	数据
黑人=1	−0.52089
	(0.000) **
教育≤12年(=1)	−0.10842
	(0.000) **
财务满意度	0.611703
	(0.001) **
家庭满意度	0.460212
	(0.000) **
健康满意度	0.275031
	(0.000) **
cut1：常量	3.250576
	(0.000) **
cut2：常量	6.542992
	(0.000) **
观测对象数量	22 941
R^2	0.121
Chi^2	3 849.2
似然对数值	−18 955.8

注：**表示在1%的水平上是显著的。

这一发现与在经济学研究文献中所报道过的主观幸福感回归相类似，当女性和男性在同样的客观生活状况下进行比较，女性平均而言比男性更加幸福（布兰奇福劳和奥斯瓦尔德，2004；迪特利亚、麦卡洛克和奥斯瓦尔德，2001）。这里的差异是该满意度在控制生活状况后得出的，因此是这些情况的主观感受，而不只是单独考虑了客观情况。

8.2　总结与论述

平均来说，美国女性相对男性在成年生活开始时更加幸福，对家庭生活和财务状况平均而言也更加满意。但当变得更老时，她们在家庭和财务满意度中所享受到的超过男性的优势会逐渐地减弱。在更老的年纪，男性对自己的家庭和财务状况更加满意，并且因为这两方面而更加幸福。中年以后，男性的幸福感的优势随男性健康满意度的不断增长而增加。

男性和女性在关于家庭生活和财务状况的相对满意度中的转变，在很大程度上可能来自整个生命历程中性别差异在伴侣地位中的转变。女性更有可能在年轻时结盟，而在年纪较大时男性更有可能结盟。拥有一个伴侣会提高对家庭生活的满意度，同时因为更高的安全性也增加了财务的满意度。因此，在生命历程中性别差异在伴侣地位中的转变会通过对家庭和财务满意度的影响而产生幸福感的一个转变。

我们分析的对象是美国。但是如果我们是正确的，女性和男性在相对幸福感中的生命历程转变，从一个重要层面上是来自女性和男性在伴侣地位中的生命周期差异，那么人们可以预期一个相似的交叉也可能会在其他国家被发现，在那些国家女性通常也会比男性在更年轻的时候结盟。事实上，19个欧盟国家跨越了1970—1999年的汇总数据也显示了这样一个交叉现象[4]。在更加年轻的时候女性比男性更加幸福，但是男性在后来的生活变得比较幸福。同美国一样，在控制出生队列的情况下，欧盟国家女性的幸福感随年龄增长而趋于下降。男性的幸福感则与美国的模式有所不同——从15~19岁到20~24岁显著地下降，然后小幅下降直到大约60岁，之后开始上升，并且在60岁左右开始超过女性的幸福感。

我们主要感兴趣的是，生活状况中的差异是如何影响生命历程中男性和女性的相对幸福感的？然而，如果我们找出这些差异，并比较在同样状况下女性和男性关于家庭生活、财务和健康的满意度，就会发现一个显著的有利于女性的性别差异。

附录 A

描述性统计数据

变量	女性				
	观测对象数量	平均值	标准差	最小值	最大值
幸福感	16 699	2.23	0.63	1	3
家庭满意度	13 076	4.70	1.60	1	7
财务满意度	16 743	2.04	0.74	1	3
健康满意度	13 098	4.20	1.69	1	7
年龄	16 817	44.22	17.28	18	89
出生队列（1880年=0）	16 817	59.90	18.32	5	96
教育程度≤12年（=1）	16 817	0.64	0.48	0	1
黑人=1	16 817	0.12	0.32	0	1

变量	男性				
	观测对象数量	平均值	标准差	最小值	最大值
幸福感	12 952	2.21	0.62	1	3
家庭满意度	10 131	4.61	1.64	1	7
财务满意度	12 985	2.05	0.74	1	3
健康满意度	10 154	4.30	1.67	1	7
年龄	13 036	43.51	17.06	18	89
出生列队（1880年=0）	13 036	60.32	18.38	4	96
教育程度≤12年（=1）	13 036	0.58	0.49	0	1
黑人=1	13 036	0.10	0.30	0	1

附录B

幸福感与指定独立变量下每个不同领域满意度变量的回归：

有序逻辑回归统计（稳定的p值在括号里）

	女性			
	幸福感 （1）	家庭满意度 （2）	财务满意度 （3）	健康满意度 （4）
年龄	−0.007072	0.030427	−0.028984	−0.02234
	（0.006）**	（0.000）**	（0.000）**	（0.011）**
年龄的平方		−0.000363	0.00037	0.000045
		（0.000）**	（0.000）**	（−0.623）
同居	−0.010723		−0.013436	−0.037321
	（0.000）**		（0.000）**	（0.000）**
同居的平方				−0.000348
				（0.000）**
教育≤12年（＝1）	−0.327075	−1.68742	−0.375303	−0.349112
	（0.000）**	（0.000）**	（0.000）**	（0.000）**
黑人＝1	−0.888046	−0.583881	−0.684715	−0.349026
	（0.000）**	（0.000）**	（0.000）**	（0.000）**
cut1：常量	−3.429734	−4.383019	−2.715487	−4.265868
	（0.000）**	（0.000）**	（0.000）**	（0.000）**
cut2：常量	−0.625672	−3.374939	−0.660671	−3.089597
	（0.017）*	（0.000）**	（0.017）*	（0.000）**
cut3：常量		−2.711797		−2.45737
		（0.000）**		（0.000）**
cut4：常量		−1.736876		−1.323811
		（0.000）**		（0.000）**
cut5：常量		−0.95623		−0.610975
		（0.000）**		（0.065）+
cut6：常量		0.551997		0.796975
		（0.000）**		（0.016）*
观测对象数量	16 699	13 076	16 743	13 098
R^2	0.015	0.007	0.026	0.015
Chi^2	373.767	201.496	836.921	579.646
对数似然值	−15 439.4	−17 264.5	−17 371.1	−21 214.7

注：+表示在10%的水平上是显著的；*表示在5%的水平上是显著的；**表示在1%的水平上是显著的。

	男性			
	幸福感 （1）	家庭满意度 （2）	财务满意度 （3）	健康满意度 （4）
年龄	0.013931	0.059565	−0.03407	−0.045404
	(0.000)**	(0.000)**	(0.000)**	(0.000)**
年龄的平方		−0.00054	0.000524	0.000279
		(0.000)**	(0.000)**	(0.010)**
同居	0.001584		−0.006132	0.034331
	(−0.56)		(0.019)*	(0.002)**
同居的平方				−0.000344
				(0.000)**
教育≤12年（=1）	−0.20227	−0.018539	−0.417667	−0.12347
	(0.000)**	(−0.639)	(0.000)**	(0.002)**
黑人=1	−0.528542	−0.352074	−0.649071	−0.085443
	(0.000)**	(0.000)**	(0.000)**	(−0.209)
cut1：常量	−1.605211	−2.820869	−2.179728	−4.750309
	(0.000)**	(0.000)**	(0.000)**	(0.000)**
cut2：常量	1.261175	−1.992359	−0.157679	−3.721804
	(0.000)**	(0.000)**	(−0.606)	(0.000)**
cut3：常量		−1.34231		−3.066656
		(0.000)**		(0.000)**
cut4：常量		−0.549498		−1.973723
		(0.000)**		(0.000)**
cut5：常量		−0.197177		−1.246789
		(−0.179)		(0.001)**
cut6：常量		1.73827		0.24279
		(0.000)**		(−0.528)
观测对象数量	12 952	10 131	12 985	10 154
R^2	0.011	0.006	0.029	0.008
Chi^2	201.257	139.794	658.129	229.884
对数似然值	−11 918.3	−14 094.4	−13 474	−15 988.3

注：*表示在10%的水平上是显著的；*表示在5%的水平上是显著的；**表示在1%的水平上是显著的。

第9章 欲望、成就及满意度：美国女性与男性的生命周期差异[1]

9.1 目标

正如第8章所述，女性在成年生活开始时比男性更加幸福，但在年老时，女性幸福感比男性少。这种转变在很大程度上来自女性和男性在两大生活领域——财务和家庭生活的相对满意度中一个类似的转变。在成年生活开始时，女性对财务状况和家庭生活方面比男性更加满意，而在年老时，她们的满意度变得较少。

正如安格斯·坎贝尔（1981）最初解释的那样，在一个给定领域中，满意度取决于欲望和满足的净平衡。由于缺少有关欲望的数据，对这个假设的实证检验是非常有限的。事实上，据我们所知，在生命周期研究中，没有实证研究将不同领域满意度与欲望和满足之间的净平衡相联系。在本

① 本章是 Easterlin, R. (2008) 的作品《欲望、成就和满意度：美国男性和女性之间的生命周期差异》的一个修订版。转载许可来自施普林格科学商务媒体。感谢南加州大学的财务支持。

章中，我们将证实第 8 章的美国综合社会调查中所观测到的男性和女性在家庭生活和财务满意度上的生命历程差异，与在另一个欲望和满足的净平衡的数据集中所观测到的生命历程差异是一致的。这么做的目的是给不同领域满意度的欲望/满足模型提供新的实证支持。

9.2 数据

这些有关欲望和满足的数据来自 9 个具有国家代表性的调查，这个调查由罗珀民意调查中心（Roper-Starch）组织，从 1978 年到 2003 年大约每三年调查一次，里面包含着对"优质生活"的提问（1997—2003 年的报告参见网址：www.nopworld.com）。这些调查的提问过程如下（所有的调查问题详见附录 A）：

（1）我们经常听到人们谈论他们想要的生活，这其中涉及许多不同的事情（受访者上交了一个含有 25 个事项的清单）。当你想象美好的生活——那种你想要的生活，清单上的事物，如果有的话，哪些是构成你个人所定义的美好生活的部分？

（2）现在，你会愿意接受这个清单，并且放弃你现在所拥有的一切吗？

问题（1）的答案告诉我们的是有关一个人的欲望，问题（2）的答案则是关于他们的成就。我们将欲望超过成就的部分定义为"缺口"，即欲望没有得到满足的程度。

在回答个人幸福感来源的开放式问题中，经常被人们提到的是，在那些日常生活中花费了人们大多数时间和精力的，并且他们觉得自己有一定掌控力的东西（详见本书第 1 章）。关于美好生活的问题并不是开放式的，但清单中反复呈现给受访者的项目基本都是最常被提到的事物——特别是有关物质生活和家庭生活的事物。在家庭生活方面，我们主要采用了罗珀民意调查中心询问的关于"幸福的婚姻"的问题——受访者是否认为它构成了"美好生活"的一部分，以及受访者是否拥有一个幸福的婚姻。在家庭领域，我们还会简要地讨论对孩子的渴望。在物质商品领域，我们的分析基于对10件大宗消费品的答复——范围从一个自己的房子、电视、汽车，到"漂亮的衣服"、出国旅行、一个游泳池和度假屋。我们为每个受访者构建了一个关于这10件受访者视为美好生活构成部分的大宗商品总数的衡量指标，以及在这些他们认为的组成美好生活的部分中，受访者真正拥有的是多少？遗憾的是，2003年前的调查中都没有涉及健康问题。

如前所述，为测试受访者在满足欲望上的差异，我们要计算他们的"缺口"。在个体层面上，有关一个"幸福的婚姻"的缺口要么为0要么为1——用以表示一个人有或没有一个幸福的婚姻。而在商品领域中，个体层面上的缺口可以从0（受访者拥有每件命名为美好生活一部分的大宗消费品）到10（受访者认为每件大宗消费品都是美好生活的一部分，但是没有拥有任何一件大宗消费品）。在接下来的分析中，我们给出了特定性别的所有受访者的平均值。例如，在年龄给定的情况下，如果有60%的女性认为一个幸福的婚姻是美好生活一部分，并且也确实拥有一个幸福的婚姻（所以她们每个人的缺口是0），而40%的女性想要一个幸福的婚姻但还没有一个幸福的婚姻（所以她们每个人的缺口为1），那么有缺口的女性比例就是0.4。因为在商品领域中，个体缺口的答复范围可以从0到10，那么受访者的平均缺口值就是受访者想要但并没有实际拥有的大宗消费品的平均数量。在罗珀民意调查中心的数据中所报道的受访者的年龄数据，以5年为一组划分，并且我们按每个年龄组的中间年龄给该组的受访者个体赋予年龄值，如一个在45~49年龄组的个体会被赋予"47"的年龄值。最老的年龄组通常都是65岁以上的受访者，我们赋值73岁；最近调查中70岁以上的受访者，我们会赋值78岁。由于增加了老年人口，这些年纪较大的人口的生命周期模式还不明确，但因为这个问题同样适用于男性和女性，所以我们相信在较老的年纪的性别差异也是有粗略的代表性的。

同第7章和第8章一样，满意度和幸福感数据来自美国综合社会调查。对美国综合社会调查变量和罗珀民意调查中心的欲望/满足变量的描述性统计将在附录B中给出。这两个数据集代表的是美国非官方成年人口。

9.3　方法

正如在前面的章节中提到的，一个变量的平均生命周期模式——欲望、成就、满意度和幸福感——是针对每一个性别的年龄变量做回归，控制出生年份（出生队列）、种族和受教育程度等因素后估计出来的。此外，我们以虚拟的形式对周期效应增加了一个控制变量，称为调查年份[1]。将所有自变量的平均值而不是年龄代入这一回归方程中所估计的变量值，不同于变量在每个年纪上的原始平均值，原始平均值通过本质上固定的特征——出生队列、种族以及教育程度来控制组合中的年龄差异，如同期间效应一样。我们使用的回归方法是逻辑法或有序逻辑，因为许多变量的反应不仅是绝对的，而且是二进制的或者三进制的，甚至更多。使用普通最小二乘法回归产生了几乎一致的结果。

值得再次强调的是，在任何一个试图概括生命周期模式的分析中，对出生队列的控制都是必不可少的。关于生命周期变化的推论往往是从在单一时间点上所观测到的那些与年龄的关联性中取得的。例如，我们可能会发现，在1990年65岁的人对物质商品的欲望与25岁的人相比较少，从而可以得出物质欲望随着年龄增长而下降的结论。但是那些出生于1925年，也就是在1990年65岁的人，他们是在1930—1945年经济低迷时期长大的，而那些出生于1965年，也就是在1990年只有25岁的人，则是在一个较为富裕的期间成长起来的。因此，在1990年，65岁的人与25岁的人在物质商品欲望之间的差异可能是由于各自不同的生活经历所引起的物质欲望的差异，而不仅仅是由于年龄产生的一个差异。

罗珀民意调查中心的调查和美国综合社会调查中，不同性别的样本特征——年龄、种族、受教育程度以及婚姻状况等——总体来说是非常类似的（详见表9-1）。这两组数据集中特征差异最大的就是出生队列，罗珀民意调查中心的数据中包含着一个较大比例的近期出生队列，而早期出生队列较少。这种差异是因为罗珀民意调查中心调查的开始时间和结束时间比美国综合社会调查都要晚许多年。我们可以通过去除3个1994年以后的罗珀民意调查来降低出生队列的差异，但是这样做会使罗珀民意调查中心的调查样本规模缩小到三分之一。同样，这样也会把一个出生队列观测到的最大生命周期从25年缩短到16年，也削弱了我们追踪每个队列生命周期模式的能力。因此，我们决定保留完整的罗珀民意调查中心的数据集，事实上假定在当前的分析中所有涉及的队列都经历了同样的生命周期模式。

表9-1　不同性别的罗珀民意调查中心和美国综合社会调查样本特征的比较

	男性		女性	
	Roper 1978—2003年	GSS 1973—1994年	Roper 1978—2003年	GSS 1973—1994年
合计	8 463	12 512	9 377	16 148
平均年龄	43.3	44.2	44.6	45.8
分布比例：				
小于30岁	26.4	24.3	25	22.8
30~39岁	20.8	22.5	19.9	21.9
40~49岁	19.7	17.2	19.1	16.1
50~59岁	12.8	14	12.6	13.6
60岁及以上	20.2	22	23.3	25.7
黑人的比例	11.3	9.6	11.6	11.9
高中或以下学历	52.9	57.1	58.7	64
已婚比例	63.2	64.3	58.3	55
平均出生年份	1 947.2	1 939.4	1 945.8	1 938.2
分布比例：				
1990年出生或更早	0	2.1	0	2.3
1901—1920年	10.6	16.6	12.3	19.1
1921—1940年	21.8	27	22.9	27.3
1941—1960年	39.9	42.8	39.1	40.6
1961年出生或更晚	27.7	11.4	25.6	10.7

资料来源：罗珀民意调查中心（Roper）和美国综合社会调查（GSS）。

9.4 结果：欲望、成就、满意度和幸福感在性别方面的差异

9.4.1 家庭生活

自始至终，大多数生命周期中的女性和男性都很渴望拥有一个幸福的婚姻（详见图9-1a；图中所依据的回归方程见表9-2第1列和第2列）。在开始的时候，女性的欲望比男性的欲望要略高一些。但在这之后，不同性别的欲望都会随着年龄的增长而逐渐下降，但女性的欲望下降得稍微快一些。超过42岁的女性渴望一个幸福的婚姻的比例是低于同龄男性的，而且这种差别在进入更老的年龄时会逐渐扩大。

a.欲望

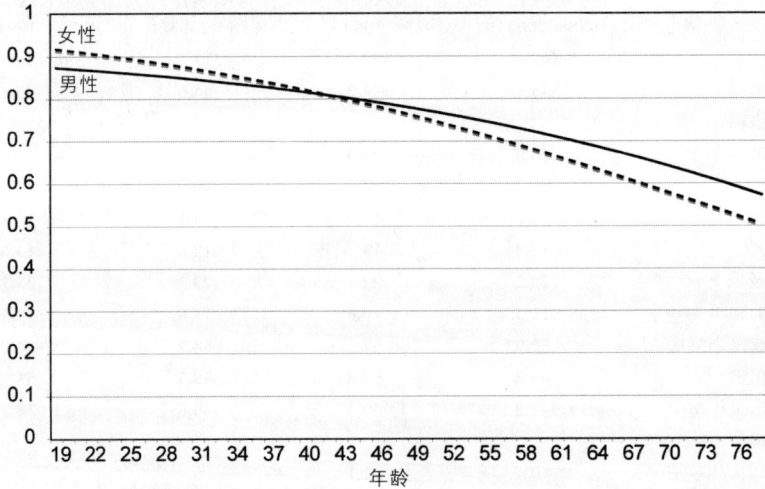

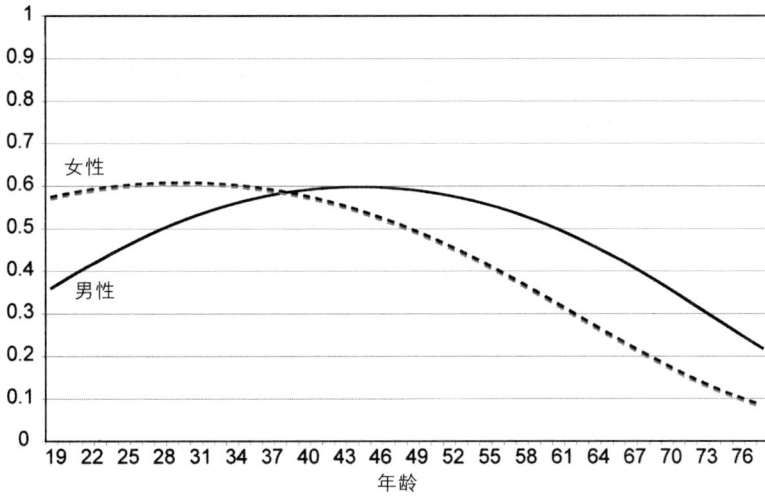

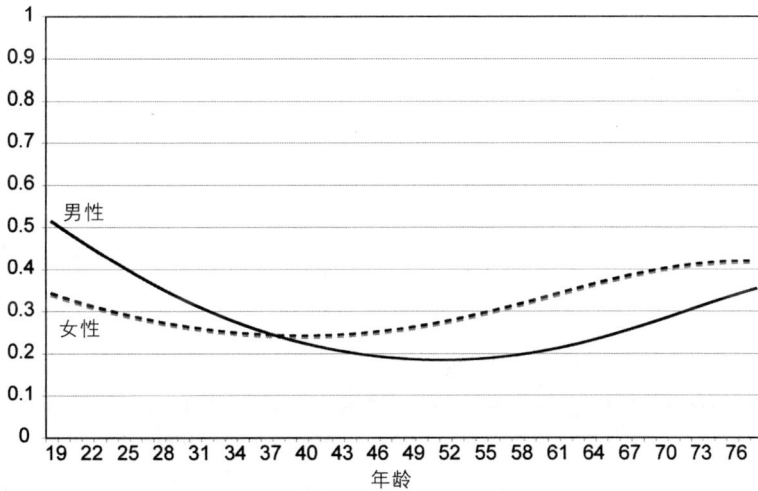

图9-1 幸福婚姻：不同性别和年龄的欲望、成就和缺口

资料来源：罗珀民意调查中心。

　　生命周期婚姻欲望的模式中的性别差异会导致女性在年纪较小时比男性满意度更低，而当年纪变大时满意度也会变多。但在年轻的时候，成年

女性比男性更加有可能实际地拥有一个幸福的婚姻，而在生命中的晚期则正好相反（详见图9-1b，表9-2第3列和第4列）。拥有一个幸福婚姻的性别差异比起那些不论是在最年轻时还是最年老时需求的性别差异都要更大。因此，对于女性来说，未达成欲望的遗憾在生命周期的早期是较少的，但在后来则越来越多（详见图9-1c）。

表9-2　　不同性别对于一个幸福婚姻的欲望和成就对特定

自变量的逻辑回归（括号中的是p值）

	欲望		成就	
	(1)	(2)	(3)	(4)
	男性	女性	男性	女性
年龄，中心值	−0.0263	−0.0409	0.0016	−0.0346
	(0.00)	(0.00)	(0.84)	(0.00)
年龄比例，平方	−0.0002	0.0000	−0.0015	−0.0012
	(0.18)	(0.71)	(0.00)	(0.00)
出生队列，比例	−0.0337	−0.0311	−0.0401	−0.0459
	(0.00)	(0.00)	(0.00)	(0.00)
队列，平方	−0.0001	−0.0003	0.0000	−0.0003
	(0.45)	(0.00)	(0.72)	(0.00)
黑人	−0.4329	−0.5428	−0.8836	−1.2845
	(0.00)	(0.00)	(0.00)	(0.00)
受教育程度>12年	0.4120	0.3560	0.2543	0.2612
	(0.00)	(0.00)	(0.00)	(0.00)
是否包含虚拟调查年份	是	是	是	是
常量	1.1828	1.2652	0.3290	0.2886
	(0.00)	(0.00)	(0.00)	(0.00)
观测对象数量	8 372	9 280	8 371	9 281
虚拟值 R^2	0.0184	0.0243	0.0923	0.0663
Chi^2	158	233	1 071	848
对数似然值	−4 228	−4 691	−5 266	−5 975

资料来源：罗珀民意调查中心。

因此，尽管一个幸福的婚姻是备受关注的，但女性的早期生活优势和晚年生活劣势意味着，在生命周期开始时女性较之于男性而言对家庭生活更加满意，而在晚年时则没有男性那么满意。当谈到美国综合社会调查的数据集时，正如我们在第8章中所观察到的，事实确实如此（详见图9-2，表9-3第1列和第2列）。然而在满足对一个幸福的婚姻的需求中的性别交叉，比在家庭生活满意度中发生得更早（在39岁）。但是，家庭生活不仅仅包括一个幸福的婚姻，并且对于男性来说，极可能是孩子帮助维持了超过39岁的女性的家庭生活满意度。在我们的数据中，女性和男性事实上在整个生命周期中对孩子数量的需求的满足是相同的。然而，家庭生活对于女性的幸福感来说是一个更加重要的因素（详见第8章）。因此，有可能的是，当女性对于一个幸福的婚姻的成就感开始下降并少于男性时，平均而言是孩子帮助维持了女性相对于男性在该年龄上的家庭生活满意度。

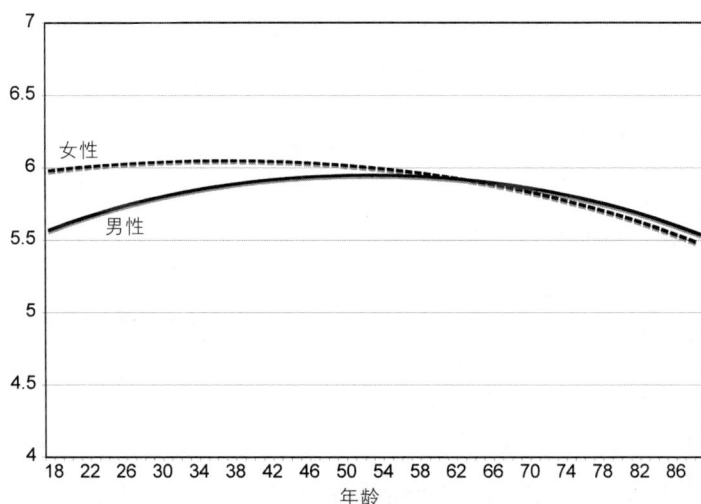

图9-2　不同性别和年龄的家庭生活满意度

资料来源：表9-3第1列和第2列；美国综合社会调查。

9.4.2　大宗消费商品

在物质产品领域所出现的对于欲望实现方面的一个转变与在家庭生活中所发生的转变是类似的。在成年生活早期，男性对物质产品欲望实现程度上的缺口比女性更大，而在以后女性的缺口则变得更大（详见图9-3c）。男性在越年轻的时候不满足感越大，主要是由于男性有着更大的物质商品欲望（详见图9-3a）。女性在以后的生活中有着更大的缺口，则是因为她们实际上拥有的大宗消费商品比起男性稍微要少一些（详见图9-3b）。图9-3是以表9-4列出的回归结果为基础绘制的。

图9-3c体现的是所有10件大宗消费商品作为整体的反差数额，每件单独的物质商品都显示出了一个类似的反差。但一件除外，即"漂亮的衣服"，对于女性来说，这种缺口总是大于男性，而这种趋势在整个生命历程中也是有增无减的。

在第8章中所观测到的财务满意度中的性别差异，与人们期望的基于大宗消费商品欲望实现的性别差异十分接近（详见图9-3c和图9-4）。在成年生活的早期，男性在实现他们的物质商品欲望上比女性的缺口更大，并且对于财务状况的满意度也相应地更少。而在以后的生活中，女性会有一个更大的缺口并变成满意度较低的那个性别。对大宗商品欲望缺口满足的交叉年龄（45岁）与财务满意度中的交叉年龄是非常接近的。

9.4.3　幸福感

个人的幸福感在很大程度上取决于一个人是如何妥善对待家庭生活和财务状况的。正如在第8章所见到的，人们可能会期待在总体幸福感的生命周期模式中，女性和男性之间的差异很大程度上是取决于领域满意度的。在成年生活的早期女性会比男性更容易满足于家庭生活和财务状况，但在后来的生活中，男性对自己的家庭和财务状况感觉更好，并且感到更加幸福（详见图9-2、图9-4、图9-5和表9-3）。

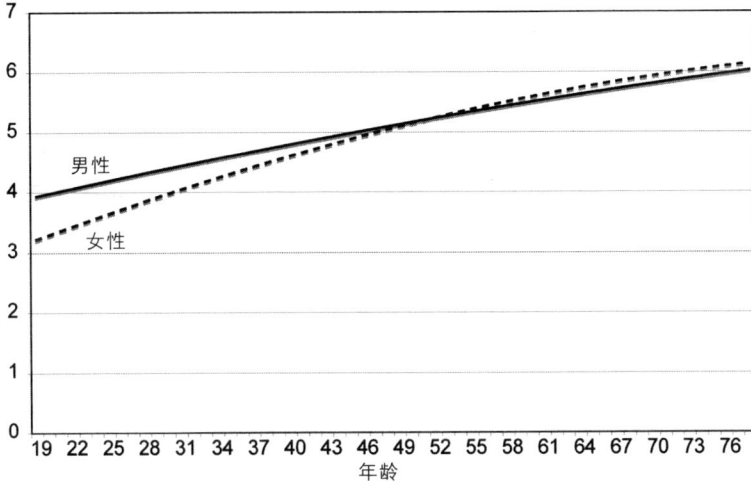

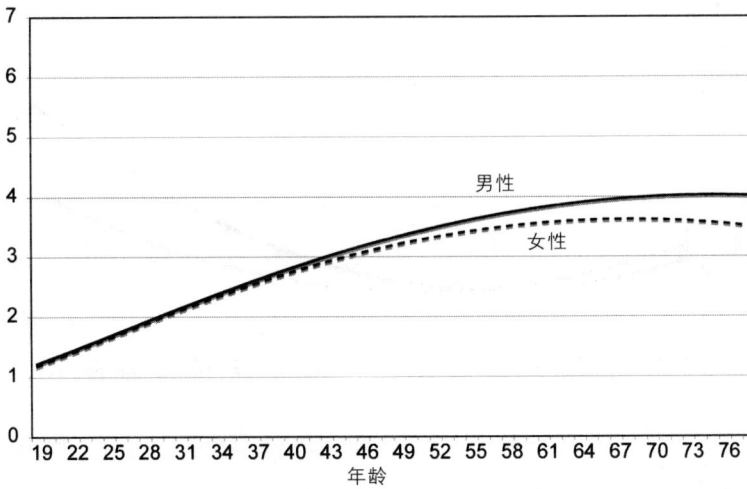

C.缺口

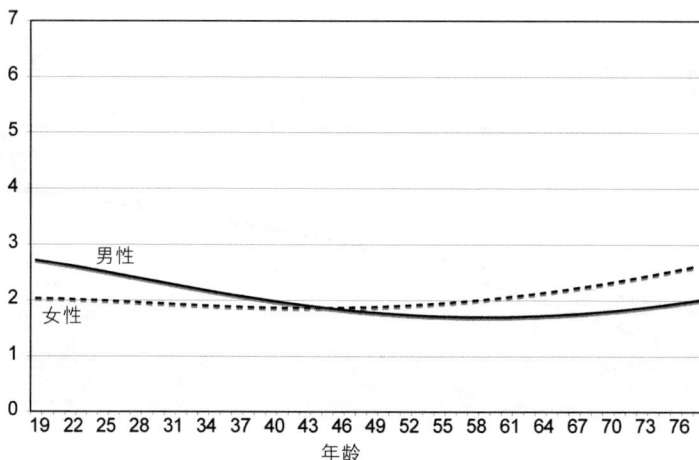

图9-3　不同性别和年龄的大宗消费商品：欲望、成就和缺口

资料来源：表9-4，数据来自罗珀民意调查中心。

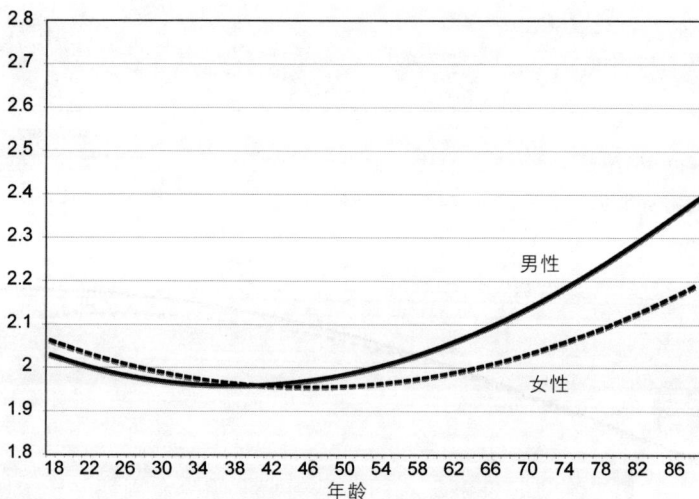

图9-4　不同性别和年龄的财务满意度

资料来源：表9-3第3列和第4列，数据来自美国综合社会调查。

表 9-3

表 9-3　　　　幸福感和特定领域满意度变量对特定自变量的

有序逻辑回归（括号中的是 P 值）

	家庭满意度		财务满意度		幸福感	
	（1）	（2）	（3）	（4）	（5）	（6）
	男	女	男	女	男	女
年龄，中心值	0.0076	−0.0042	0.0052	−0.0016	0.0033	−0.0086
	(0.00)	(0.00)	(0.31)	(0.73)	(0.53)	(0.08)
年龄中心值，平方	−0.0004	−0.0003	0.0004	0.0003		
	(0.00)	(0.00)	(0.00)	(0.00)		
出生队列，中心值	−0.0138	−0.0205	−0.0066	−0.0107		
	(0.01)	(0.00)	(0.20)	(0.03)		
受教育程度>12年	−0.0058	0.1242	0.4338	0.4013	0.1972	0.3489
	(0.88)	(0.00)	(0.00)	(0.00)	(0.00)	(0.00)
黑人	−0.3695	−0.5673	−0.7089	−0.6811	−0.5564	−0.8448
	(0.00)	(0.00)	(0.00)	(0.00)	(0.00)	(0.00)
是否包含虚拟年份	是	是	是	是	是	是
观测对象数量	9 518	12 297	12 368	15 963	12 341	15 926
虚拟 R^2	0.0047	0.0085	0.0309	0.0326	0.0096	0.0161

资料来源：美国综合社会调查。

正如人们所预料的，幸福感的交叉出现在 48 岁，落在了家庭和财务满意度的交叉之间。本章表明，在领域满意度中的性别差异很大程度上反映了女性和男性在满足家庭和物质商品需求上的生命周期差异。因此，当对两个数据集——罗珀民意调查中心和美国综合社会调查中的生命周期性别差异进行比较时，我们发现模式与欲望和成就的净平衡的转变引起了不同领域满意度中相应的性别转变的理论是一致的，而这种在领域满意度中的转变反过来又导致了女性和男性在相对幸福感中的一个转变。

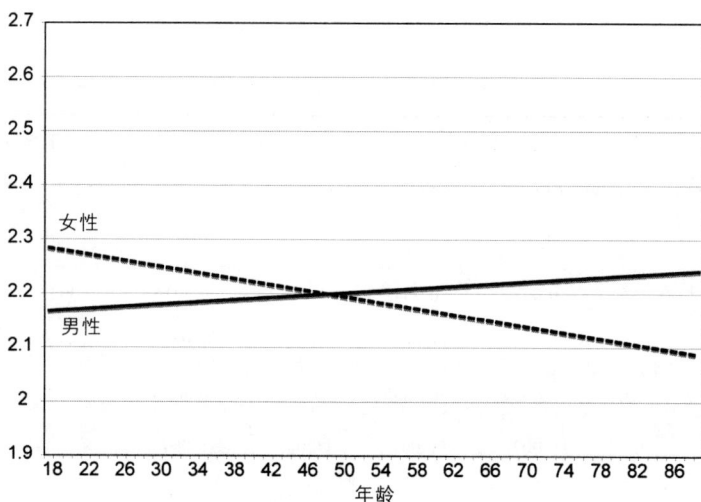

图 9-5　不同性别和年龄的幸福感

资料来源：表9-3第5列和6列，数据来自美国综合社会调查。

9.5　种族、受教育程度和出生队列所导致的差异

由种族、教育和出生队列导致的幸福感差异与欲望满足中的差异在很大程度上也是一致的。尽管这些差异并不是本章所主要关注的内容，但是这里的回归结果为欲望和成就的差异提供了一个全新的证据。关注它们是有必要的，因为它们为阐释幸福的欲望/成就的相关性模型提供了额外的支持。

9.5.1　种族

黑人较之白人来说对婚姻欲望更低，同样，拥有一个幸福的婚姻的可能也更少（详见表9-2）。对于大宗消费品的欲望方面，黑人往往要比白人需求得更多、拥有得更少（虽然女性的差异在统计上是不显著的）。并且最终，黑人在他们对于那些大宗消费商品的需求满足方面，比起白人有

着更大的缺口（详见表9-4）。黑人比起白人在实现他们家庭生活和物质商品欲望方面的更大缺口，与众多研究发现黑人比白人有着更低幸福感是一致的（布兰奇弗劳尔和奥斯瓦尔德，2004；伊斯特林，2001；弗雷和斯塔泽，2002）。

表9-4　　　　　不同性别的10件大宗消费商品的特定领域

满意度变量对特定自变量的有序逻辑回归（p值在括号中）

	欲望		成就	
	(1)	(2)	(3)	(4)
	男	女	男	女
年龄，中心值	0.0251	0.038	0.0517	0.0471
	(0.00)	(0.00)	(0.00)	(0.00)
年龄，比例，平方	−0.0001	−0.0003	−0.0008	−0.001
	(0.26)	(0.00)	(0.00)	(0.00)
出生队列，比例	−0.0323	0.0452	0.0233	0.0219
	(0.00)	(0.00)	(0.00)	(0.00)
出生队列，平方	0.0000	0.0001	0.0000	0.0000
	(0.76)	(0.32)	(0.59)	(0.88)
黑人	0.2963	0.0826	−0.4358	−0.6715
(0.00)	(0.15)	(0.00)	(0.00)
受教育程度>12年	0.1673	0.1855	0.413	0.4947
	(0.00)	(0.00)	(0.00)	(0.00)
是否包含虚拟年份	是	是	是	是
观测对象数量	8 372	9 280	8 372	9 281
虚拟 R^2	0.0100	0.0122	0.0249	0.0247
Chi^2	389	522	852	928
对数似然值	−19 298	−21 220	−16 726	−18 318

资料来源：罗珀民意调查中心。

9.5.2　教育

　　撇开性别、年龄、种族和出生队列中的差异，受教育程度更多的人确实比受教育程度较少的人更加幸福（详见第10章）。这种幸福感的差异与满足物质商品欲望的成功性是基于受教育程度差异的期望是一致的。虽然受过更好教育的人比起那些受教育程度低的人有着略微更高的物质欲望，但他们拥有更多的商品。结果是，他们更容易满足对于物质商品的欲望（详见表9-4）。在家庭领域中，那些接受过更多教育的人更有可能想要并拥有一个幸福的婚姻（详见表9-2）。这些家庭生活差异使欲望与成就相互抵消，使得教育水平在实现一个幸福婚姻的缺口中并没有统计上的显著差异。因此，就数据而言，他们认为教育中的幸福感差异主要是由于受更多教育的人在实现物质产品欲望方面有着更大的成功性。

9.5.3　出生队列

　　在家庭生活和物质商品欲望实现程度上的队列差异与各国幸福感的队列差异是一致的。在一个特定的年龄，一个较为近期的出生队列比起他们的前辈对一个幸福的婚姻的渴望更少，其拥有一个幸福的婚姻的可能性也更少，并且更有可能会在实现他们婚姻欲望的过程中功亏一篑（详见表9-2）。此外，正如人们所期望的那样，近期的出生队列也比更早期的出生队列有更多大宗消费项目（详见表9-4），他们对这些商品的欲望也是更高的。结果是，他们成功满足对这些物品的欲望的可能性较之以前的队列更少。这些近期出生队列中的人们在婚姻和物质商品领域中有更大的缺口，这与在下一章中所提到的他们典型的较低的幸福感水平是一致的。

9.6　总结

在成年生活的早期，女性较之男性而言，更有可能实现对物质商品和家庭生活的欲望，她们在这些领域中的满意度也相应较高，并且她们的总体幸福感也是更高的。而在以后的生活中，这些性别差异却反过来了。男性较之女性更有可能去实现他们对物质商品和家庭生活的欲望，并对他们的财务状况和家庭生活更加满意，从而因为这两方面而更加幸福。正如在第8章所看到的，在对物质商品和家庭生活的欲望实现中的转变可能隐含了一个重要的因素，那就是女性和男性结盟的比例在整个生命周期中的改变。在早期成年生活中，女性比男性更有可能结盟，而这使得她们无论在家庭生活还是在物质商品欲望上都能得到更大的满足。在后来的生活中女性结盟的可能性更少，并相应地会在对欲望的实现上有一个更大的缺口。

这些结论的基础是两个具有全国代表性的数据集的比较，一个旨在提供欲望和成就中性别差异的信息，另一个则提供了领域满意度与幸福感中性别差异的相关信息。值得注意的是，在这两个相当独立的调查中，性别差异和交叉为领域满意度和幸福感的欲望/成就模型提供了一致的相互支持。

这一分析的研究意义是明确的，即满足了对于欲望的本质和决定因素研究的需要。罗珀民意调查中心提供了一些对于欲望的实证研究上的指导，但这里仍然需要一些新的调查以更加全面地充实人们的诉求，特别是在家庭生活和物质商品领域中能决定主观幸福的诉求。这里同样有必要将领域满意度和主观幸福感调查中关于这些欲望的问题进行结合。

当涉及欲望的决定因素时，在一个童年社会化经验在形成成年生活早期欲望中的重要性，以及欲望在成年生活中随着经历而重新调整方面，社会科学文献比起观念性的认知包含更多的内容。在这里我们可以看到一些关于对一个幸福婚姻的欲望的塑造与重新塑造的证据。由于人们在成长历程中不停被灌输一些社会规范，大约90%的年轻人表示成年后想拥有一个幸福的婚姻（详见图9-1a），但在整个生命历程中真正拥有一个幸福婚姻的人的比例大约只有60%（详见图9-1b）。那些没有得到幸福婚姻的人们的失望有可能逐渐侵蚀了他们对婚姻的欲望，并导致我们所观测到的生命历程中这些欲望的下降。这些在生命历程中被塑造的欲望还有待更多的研究。

附录A

来自于罗珀民意调查的关于美好生活的问题

1.我们经常听到人们谈论他们想要什么样的生活，这里涉及很多不同的事情。当你想象美好的生活——那种你想要的生活，这个清单上的哪些事物（见表A），如果有的话会构成你个人所关注的那种美好生活的一部分？

2.你会接受这个清单，并放弃你现在已经拥有的所有事物吗？只需取消项目的字母编号。（记录如下）

表A

	1.幸福生活的部分	2.现在拥有的
a.一个自己的家		
b.一个院子和一个草坪		
c.一辆车		

	1.幸福生活的部分	2.现在拥有的
d.一辆二手车		
e.一栋度假屋		
f.一个游泳池（除了1996年、1999年）		
g.一个美好的婚姻（除了2003年）		
h.没有孩子（除了2003年）		
i.一个孩子（除了2003年）		
j.三个孩子（除了2003年）		
k.四个孩子甚至更多（除了2003年）		
l.一份远超过平均工资水平的工作		
m.一份感兴趣的工作		
n.一份提供社保的工作		
o.自己接受大学教育		
p.自己的孩子接受大学教育		
q.环球旅行		
r.一台彩色电视机（除了2003年）		
s.一台二手彩色电视机（除了2003年）		
t.真正优质的衣服		
u.很多钱		

附录 B

表 B-1　基于罗珀民意调查中心的欲望和成就数据的描述性统计

变量	样本总量	平均值	标准差	最小值	最大值
男性					
幸福感					
婚姻					
想要的	8 440	0.7895	0.4077	0	1
拥有的	8 439	0.4949	0.5	0	1
缺口	8 440	0.2947	0.4559	0	1
大宗商品					
想要的	8 440	4.8624	2.6327	0	10
拥有的	8 440	2.7221	2.1167	0	10
缺口	8 440	2.1403	2.115	0	10
女性					
幸福感					
婚姻					
想要的	9 383	0.786	0.4101	0	1
拥有的	9 384	0.4564	0.4981	0	1
缺口	9 383	0.3297	0.4701	0	1

表 B-2　　　　基于美国综合社会调查的幸福感和领域满意度

数据的描述性统计

变量	样本总量	平均值	标准差	最小值	最大值
男性					
幸福感	12 341	2.2052	0.6262	1	3
个人财务满意度	12 368	2.0513	0.745	1	3
家庭生活满意度	9 518	5.8275	1.4358	1	7
女性					
幸福感	15 926	2.2174	0.6376	1	3
个人财务满意度	15 963	2.0297	0.7439	1	3
家庭生活满意度	12 297	5.9805	1.2893	1	7

第10章 幸福感和领域满意度：幸福经济学的新方向[①]

　　本章的目的在于探讨心理学上的领域满意度模型在多大程度上解释了美国的4种不同幸福感模式：（1）幸福感与社会经济地位的积极横截面关系；（2）近似水平的时间序列趋势；（3）生命周期幸福感的"山"形模式；（4）跨代的下降趋势。领域模型认为，每一种幸福感模式中是人们对每一个生活领域拥有满意度的相应模式，按目前的分析来看，有财务、家庭生活、工作和健康4个领域。这些领域的满意度模型不仅仅是幸福感模式的简单复制。例如，就年龄而言，幸福感在中年时可能上升，财务的满意度却在下降。因此，考虑到不同领域的满意度模式可能不同于幸福感模式本身，而且彼此之间也有差异，我们具体关注的问题如下：社会经济地位的满意度模式能否分别与财务、家庭生活、工作和健康4个领域以一个预测的幸福感与社会经济地位的正面横截面关系结合在一起？这4个领域

　　① 本章是Easterlin, R.和Sawangfa, O.(2003)的作品《幸福感和领域满意度：幸福经济学的新方向》的一个修订版，发表在Dutt A和Radcliff B主编的《幸福感、经济学和政治学：基于一个多学科的方法》一书中。我们要感谢Andrew Clark, Andrew J. Oswald, John Strauss, Anke C, Plagnol以及2006年10月22至24日在诺特丹大学举办的《幸福感研究的新方向：美国和国际观点》会议的参与者们的有价值的建议，Laura Angelescu为研究提供了卓越的调研支持，财务支持是由南加州大学提供的。

中每个领域满意度的生命周期模型是否能够解释生命周期幸福感的"山"形模式？财务、家庭生活、工作和健康满意度中的时间序列趋势能否解释幸福感中近似水平的时间序列趋势呢？最后，队列间幸福感的下降是4个领域中每个队列满意度模式变化的净结果吗？

10.1　前人的成果

迄今为止，与领域满意度有关的经济研究仍然相当有限，并且其中许多集中于解释领域满意度不是总体满意度，而是对于具体经济状况的满意度，如工作满意度、居住满意度、财务满意度、收入满意度、生活水平满意度等等（迪亚兹，2006；哈约和赛福特，2003；谢，2003；索尔伯格，2002；威拉、阿塔加和塞拉诺，2006；沃尔，1999），几乎很少有研究探讨总体幸福感与不同领域幸福感之间的关系。一个重要的例外是帕拉格和费勒所做的工作（2004），他们调查了总体满意度中的个体差异与一系列领域满意度之间的相关程度，其中一些结论与这里所研究的是一致的（详见第3章和第4章；范普拉赫、弗里吉特斯和费雷尔卡波纳，2003）。基于英国和德国的数据，他们的研究结果支持这里所研究的领域重要性，并认为相对于客观状况，领域满意度变量能够更好地提供关于幸福感的统计学解释（对于工资和工作时间也有着一个类似的结论；克拉克，2005）。在另一项有趣的研究中，罗哈斯（2007）用领域满意度方法来研究墨西哥的个人幸福感，研究关注于哲学的领域，而不是社会科学文献的领域。

经济学之外，将幸福与领域满意度联系起来的研究更为广泛（维恩霍文，2005）。一个最具企图心的计划是对12个欧洲国家中的不同领域满意度和总体生活满意度的个体数据研究（萨里斯等，1996）。各国家的领域涉及内容有所不同，但一个适用于所有国家的结论是，物质生活条件（包括住房满意度和财务满意度）和社会交往这两个领域正向相关，反映出人际关系对于幸福的重要性。在当前的研究中,与这两个领域对立的是财务满意度和家庭生活满意度。

所有这些较早的研究,无论是否属于经济学范畴,通常都集中于解释在某个时间点上个体幸福感变量是如何与一个特定的变量相联系的。与之相反的是,我们的目的是测试领域满意度的方法是如何解释美国人口的平均幸福感与4个变量——社会经济地位(受教育程度)、时间的推移(年份)、整个生命周期(年龄)以及跨代(出生队列)——之间的联系。实际上,它将第7章到第9章中的生命周期分析拓展到分析社会经济地位、时间和出生队列而产生的幸福感变化。对于每个变量来说测试都是一样的,即去了解经济状况、家庭生活、工作和健康这4个领域满意度的相应模型可以在多大程度上预测幸福感与该变量的实际关系。

10.2 数据和方法

与前面一样,数据来源于美国综合社会调查。社会经济状况是由受教育年限来衡量的,范围为0~20年;年龄的范围在18~89岁;出生队列范围是1884—1976年;调查年份依据以1973年为参考年份的时间样本。正如第9章中所提到的,时间样本的应用使我们能从年龄和队列效应中划分阶段(布兰奇弗劳尔和奥斯瓦尔德,2007),描述性统计将在附录A中给出。

这个过程包含以下步骤:

1.依据1973—1994年的个体数据估计出一个幸福感对年龄、队列、教育程度、性别、种族以及调查年份(以虚拟的形式)的回归(详见附录B第1列)。年龄、出生队列和受教育程度这些变量都通过线性和二次方程来分析,并且方程所产生的最佳拟合是根据显著的"t统计量"来选择的。然后这个简单的回归被用来估计幸福感变化与控制其他3个变量的4个变量(年龄、队列、学历和年份)有什么关系。我们称这些估计值为

"实际幸福感"。实际的幸福感不同于原始意义上与任何给定变量相关的幸福感，如教育，因为它被其他本质上固定的个体特征所控制。因此，就教育而言，估计的幸福感-教育模型被在人口构成以及期间效应中因为年龄、队列、性别和种族所导致的教育水平差异所控制着。

形式上我们得到：

幸福感=B$^{(1)}$（年代、队列、教育、性别、种族、虚拟年份）

其中B$^{(1)}$表示附录B中的方程（1）。幸福感变动的典型模式与任意一个给定变量有关，也就是说，受教育年限是由将附录A中给出的其他变量（年龄、队列、性别、种族以及年份）的平均值代入这个方程估计得到的，同时允许这些变量（受教育年限从0到20变化）在最小值到最大值的范围之内变化（详见附录A）。

因此，受教育年限为i时的幸福感=B$^{(1)}$（年龄、队列、男性、黑人、学历、1973年，1974年，……1994年）。

这里的年龄指的是平均年龄，队列是指出生队列，以此类推，由于受教育年限从0到20变化，按照上面的序列对每个教育水平进行处理得到一个序列：

幸福感_教育（0），幸福感_教育（1），……，幸福感_教育（20）

幸福感_教育（j）表示有j年受教育年限时的实际幸福感。这一序列作为实际幸福感被绘制在图10-1a和图10-2a中，这一幸福感模式是就是这样被预测出来的。

2.接下来，一个相似的程序被允许实施以获得4个领域中每个领域满意度变化的典型模式。首先，估计一个给定领域中幸福感与年龄、队列、教育、性别、种族和年代（以虚拟形式）关系回归（详见附录B第2列到第5列）。然后，对于一个给定变量在某个领域满意度变化的典型模式，例如教育，是通过在回归中代入所有其他变量的平均值，并允许变量最低到最高值之间变化（在附录A中给出）估计得出的。

因此，在计算不同受教育程度的人群的实际幸福感时，实际领域满意度序列可以从B$^{(2)}$、B$^{(3)}$、B$^{(4)}$、B$^{(5)}$中分别获得：

（i）财务满意度_教育（0），财务满意度_教育（1），……财务满意度_教育（20）

（ii）家庭满意度_教育（0），家庭满意度_教育（1），……家庭满意度_教育（20）

（iii）工作满意度_教育（0），工作满意度_教育（1），……工作满意度_教育（20）

（iv）健康满意度_教育（0），健康满意度_教育（1），……健康满意度_教育（20）

这些序列被绘制在图10-3a中。

3.一个回归是从幸福感与4个领域满意度变量的关系的个体数据中估计得出的，即财务满意度（satfin）、家庭满意度（satfam）、工作满意度（satjob）和健康满意度（sathealth），以此来建立每个领域对于幸福感的相对影响（详见附录C）。公式为：

幸福感=C（财务满意度，家庭满意度，工作满意度，健康满意度）

正如人们所预料的那样，所有领域都对幸福感有着一个显著的积极影响。虽然在领域中有一些变量是由人口统计学上的特征来衡量的，如性别和年龄，但都不足以改变基本结论。

4.幸福感关于每个变量（教育、时间、年龄和队列）的变化的预测是将第二步中所评估的领域满意度值代入步骤3中的回归方程所得到的。对于横截面分析，如一个给定教育水平的预期幸福感，是通过将步骤2中导出的教育水平的4个领域满意度值代入步骤3中的回归方程所得到的。因此，控制年龄、队列、性别、种族和年份后，受教育年限为0的平均预测幸福感计算公式为：

预测幸福感_（0）=D（财务满意度_教育（0），家庭满意度_教育（0），工作满意度_教育（0），健康满意度_教育（0））

预测幸福感（1）=D（财务满意度_教育（1），家庭满意度_教育（1），工作满意度_教育（1），健康满意度_教育（1））

对所有的其他教育水平反复使用此程序，以获得幸福感与教育关系的预测模式。

预测幸福感_教育（0），预测幸福感_教育（1），……预测幸福感_教育（20）

以上序列被绘制在图10-2a中作为预测的幸福感曲线。

使用的回归技术是有序逻辑，因为许多变量的反应都是绝对的，并且数量在3个以上。进行普通最小二乘回归产生了几乎一致的结果。

步骤3中，在估计幸福感与来自个体数据的领域满意度关系时，一个关于满意度报告的可能偏差问题由此产生（迪纳和卢卡斯，1999；范普拉赫和费雷尔，2004）。众所周知，不管是对总体生活而言还是对个人领域而言，满意度都受到个性特质的影响。考虑两个拥有相同客观条件和主观目标的人，如果他们中的一个是神经质，那么无论是在总体生活中还是在生活的不同领域中，他的满意度可能都要比另一个人更低，因为一个神经质患者倾向于把自身的状况评估得比别人更消极。然而，回归的一个目的就是建立4个领域满意度变量在决定幸福感上的相对权重。因为对于任何给定的个体来说，幸福感与领域满意度答复将会因为个性而产生类似的偏差，所以估计个体的相对权重以及将总人口作为一个整体的相对权重时，应该避免个性偏差。

步骤3中进行回归的另一个目的是从领域满意度中预测实际的幸福感。如果个性偏差存在于幸福感的个体报告中，那么以这个报告为依据的真正幸福感也会因个性而产生偏差。同样地，在个体的领域满意度报告中的个性偏差导致了实际领域满意度中的个性偏差。然后，从实际领域满意度中推断出的预测幸福感，也会因个性而产生偏差。但既然实际幸福感中的个性偏差与实际领域满意度中的个性偏差类型是一样的，那么在预测幸福感时，通过比较实际幸福感和预测幸福感所得到的领域模型的预测能力，是不应该受到个性偏差的影响的。

10.3　结果

幸福感模式要解释的实际幸福感是既熟悉而又陌生的。人们最熟知的也许就是幸福感对于社会经济地位正向的横截面关系（详见图10-1a），同样著名的还有幸福感与时间之间近似水平的关系（详见图10-1b）。

（a）按受教育年限

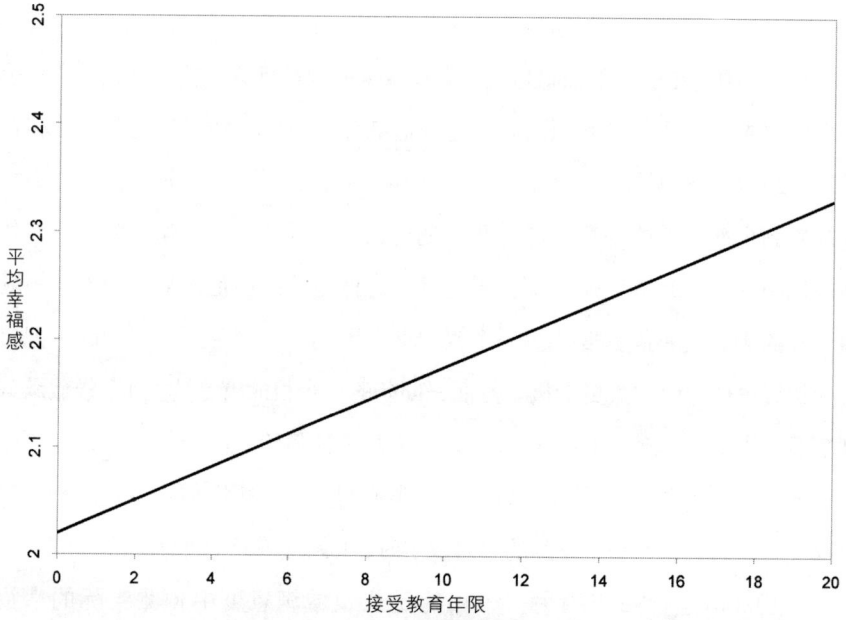

接受教育年限

（b）按年份

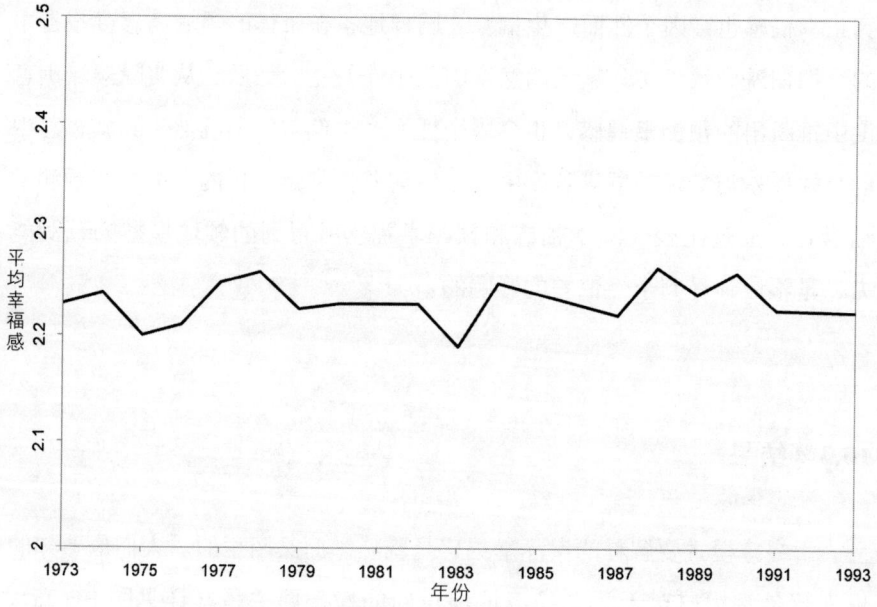

年份

（c）按年龄

（c）按年龄

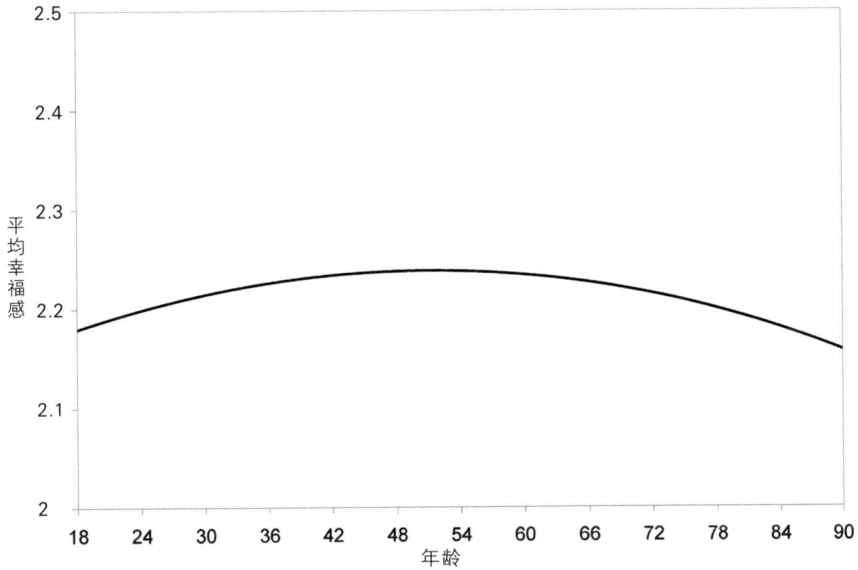

（d）按出生队列

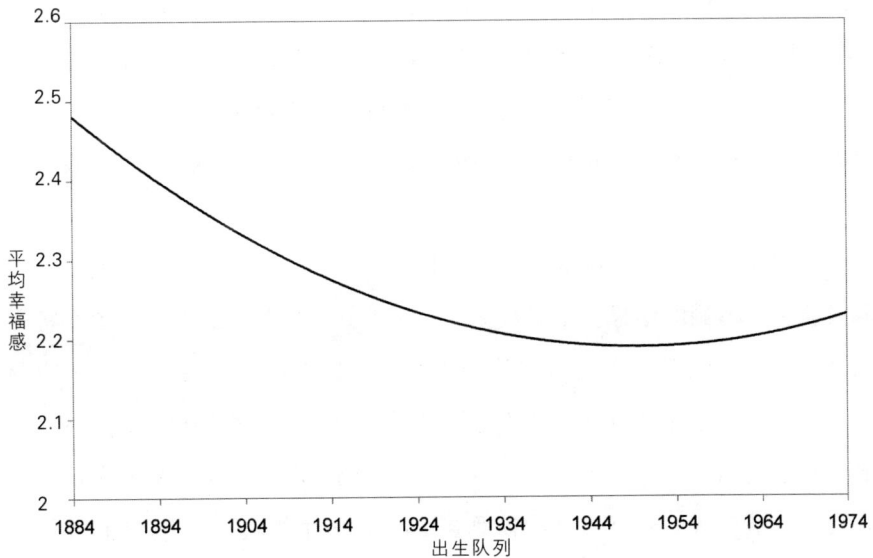

图10-1　1973—1994年不同受教育年限、年份、年龄和出生队列的实际平均幸福感

　　注：每个小组中的值都是在控制了小组标题中的其他3个变量以及性别和种族之后得出的，详见附录C。

比较陌生的是年龄和队列关系的模式。正如第7章中所看到的，在生命周期中，幸福感小幅上升直到中年，之后缓慢下降（详见图10-1c）。尽管幸福感的波动是轻微的，但它在统计上是显著的。这种模式不同于经济学文献中所报道的与年龄相关的常规U形曲线，因为幸福感-年龄关系的U形曲线是涉及控制变量的一个多元回归结果，不仅仅关系到这里使用的变量（教育、时间、队列、性别、种族）而且还关系到生活状况（收入、工作状况、婚姻状况、健康）（布兰奇弗劳尔和奥斯瓦尔德，2004）。对生活状况进行控制，在这里并不适合，同样也不适合教育、时间、队列的幸福感模式。因为这种分析的特定目的是去测试在不同的领域中生活状况满意度是否既反映了客观生活状况又反映了主观规范，解释了所观测到的幸福感模型。

研究得最少的是幸福感如何因队列而变化。'对于在19世纪末期到20世纪70年代之间出生的队列，幸福感与队列的关系是消极而曲折的，最低的幸福感水平在20世纪50年代中期出生的队列中被发现（详见图10-1d）。因此，更年轻的队列的幸福感平均而言明显低于年龄较大的队列，除了在最近期的队列中幸福感水平有一个轻微的好转。队列之间幸福感差异的规模并不是非常巨大的，但它多多少少还是大于那些在时间序列和生命周期模型中发现的变化。

这里发现的队列之间的差异是在控制了年龄、学历、期间影响、性别和种族之后得到的结果。如果数据只适用于某一个单一的年份，那么将无法从关于年龄的数据中区分出队列模式。举例来说，如果在1980年的调查中，平均幸福感从20岁（出生于1960年的人）到80岁（出生于1900年的人）是增加的，那么队列模式将会是消极的，而对于年龄来说则是正好相反，幸福感从1990年出生的队列到1960年出生的队列是下降的。（如果年龄模式是山形地沿着x轴从左至右移动，那么队列模式也将是山形的，事实上队列模式用相反的方式穿越同样的山形。）由于数据只有一年可用，将没有办法决定观测到的是幸福感与年龄关系还是幸福感与队列的关系。

然而，我们的数据跨越了21年，因此在获取队列的影响时，我们比较了21个不同队列在一个特定年龄上的幸福感，并且相应地，在获取年龄对幸福感的影响时，我们比较的是一个特定队列在21个不同年龄上的幸福感。事实上，幸福感的年龄和队列模式并不是简单地彼此对立的（对于个体领域的年龄和队列模型也同样如此），这表明我们成功地区分了年龄和队列之间的影响。

预测的幸福感

这里有4种几乎独立的幸福感模型可以用来解释与教育正相关的横截面关系、对于时间近似水平的关系、生命周期的山形模式以及跨越队列的负相关曲线关系。领域的满意度模型如何更好地去预测这些幸福感模式呢？

基于上述步骤2~4中的程序，可以很好地回答这个问题。幸福感和教育的横截面关系与从领域模型中推导出来的幸福感与教育的横截面模式所预测的是接近的（详见图10-2a）。预测的幸福感时间序列模式基于每个领域满意度的时间序列模式与实际水平时间序列模式也是密切对应的（详见图10-2b）。虽然预测的移动高峰（43岁）比52岁稍微早些，其振幅也比实际的略微小一些（详见图10-2c），但是经由领域满意度的生命周期模式预测得出的生命周期幸福感依然遵循着实际幸福感的山形模式。虽然年轻队列的幸福感被正确地预测出是少于年长一代的，但最不满意的就是队列模式的预测结果——预测曲线几乎是线性的，而不是凹面向上，以至于最年轻的队列的上升趋势被漏掉了（详见图10-2d）。

表10-1比较了不同受教育年限、年份、年龄和队列的预测幸福感的均值方差。结果最满意的是对于生命周期幸福感的预测，紧随其后的是对于不同受教育年限的幸福感和幸福感的时间序列模式的预测。从图10-2中可以明显看出，结果最不满意的是队列模式的预测，有一个超过了生命周期预测值5倍以上的均值方差。

(a) 按受教育的年限

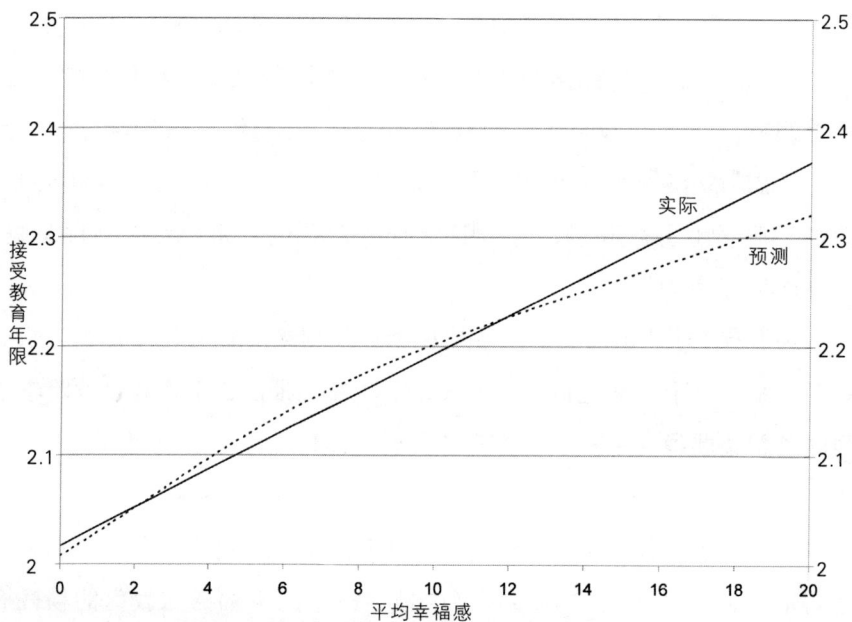

(b) 按年份

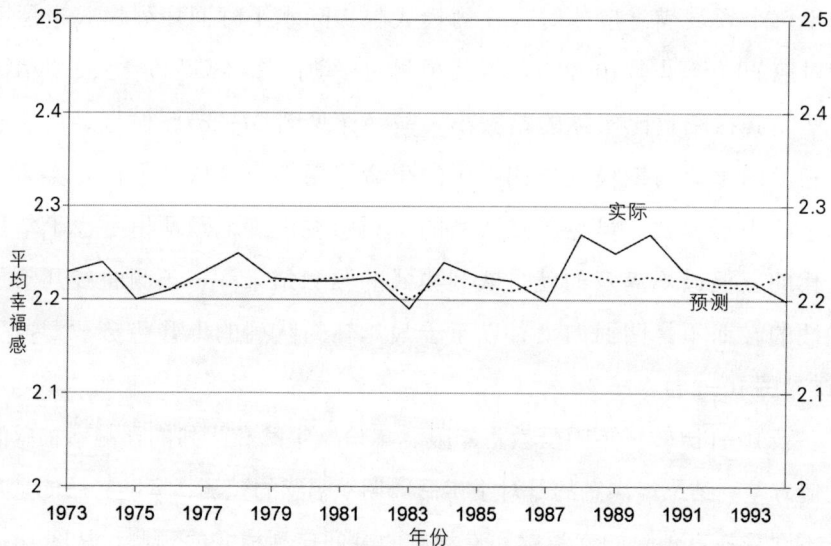

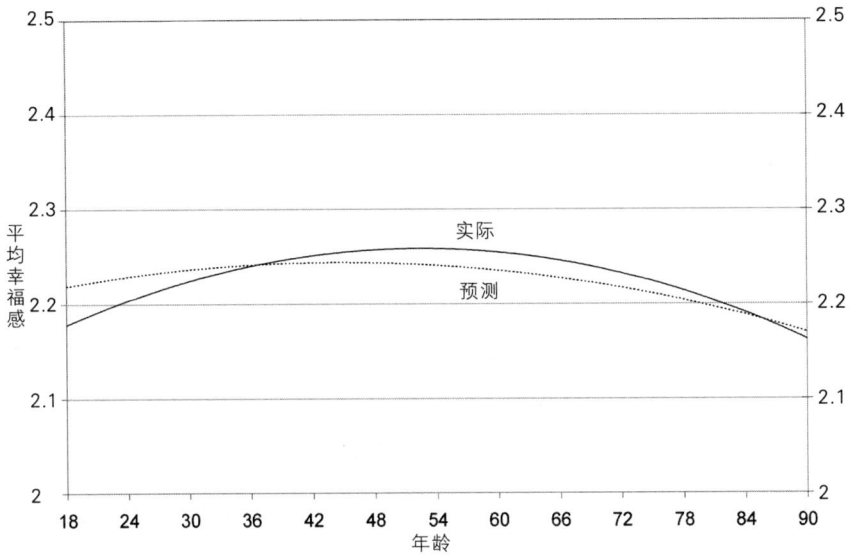

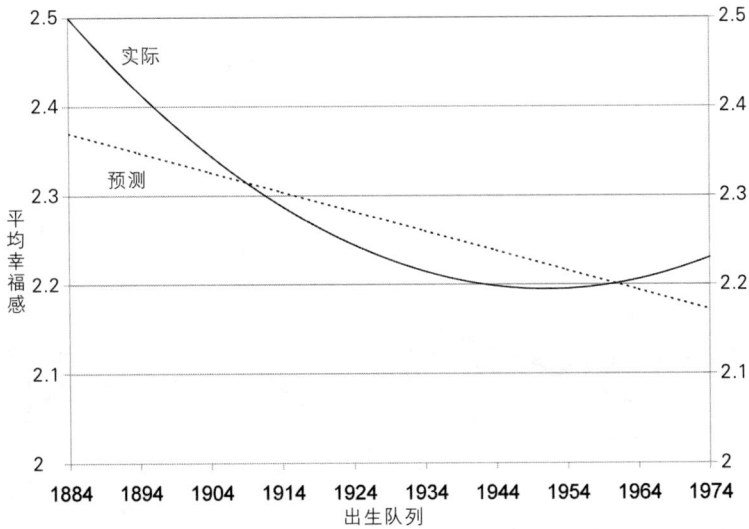

图10-2　不同受教育年限、年份、年龄和出生队列的预测

平均幸福感和实际平均幸福感

注：详见图10-1中注解。

表 10-1   预测幸福感的均值方差

变量	均值方差
受教育年限	0.00033
年份	0.00054
年龄	0.00028
出生队列	0.00152

领域满意度

作为一个总体事件，对于任何一个变量来说，4个领域模式都是各不相同的，并且对于4个变量来说，领域主导着对幸福感的预测。这一点可以从图10-3中看出，它体现了每个变量的实际领域模式以及实际幸福感。每组上面的图体现的是家庭生活满意度和财务满意度的领域模式；下面的图体现的是关于工作满意度和健康满意度的领域模式。通过比较实际的领域模式与实际的幸福感，人们能够形成一个初步的印象，那就是对于任一给定变量，对于幸福感模式哪个领域才是最有代表性的。

(a1) 按受教育的年限

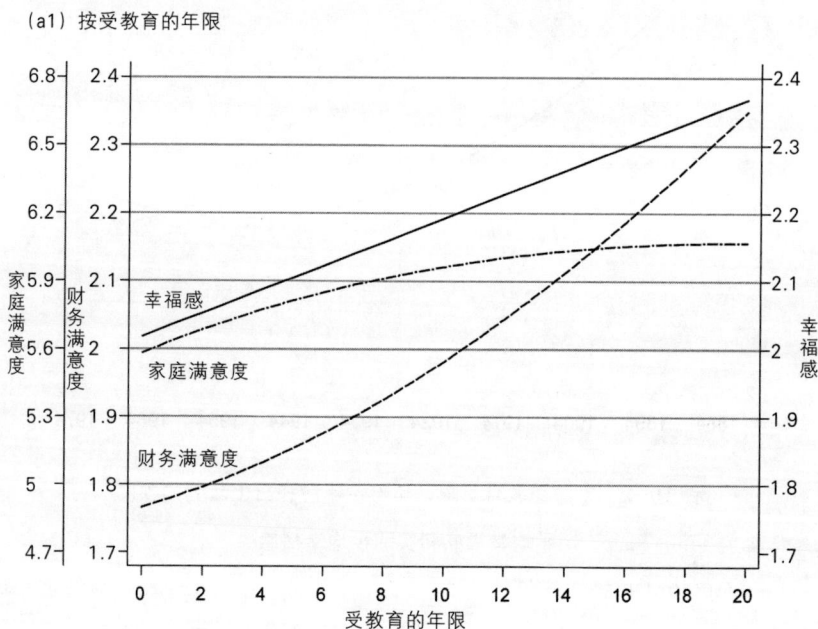

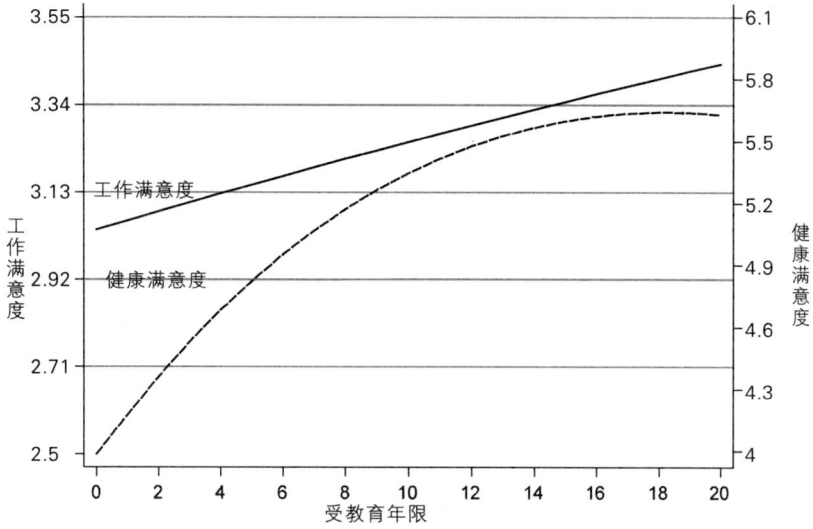

（a2）按受教育的年限

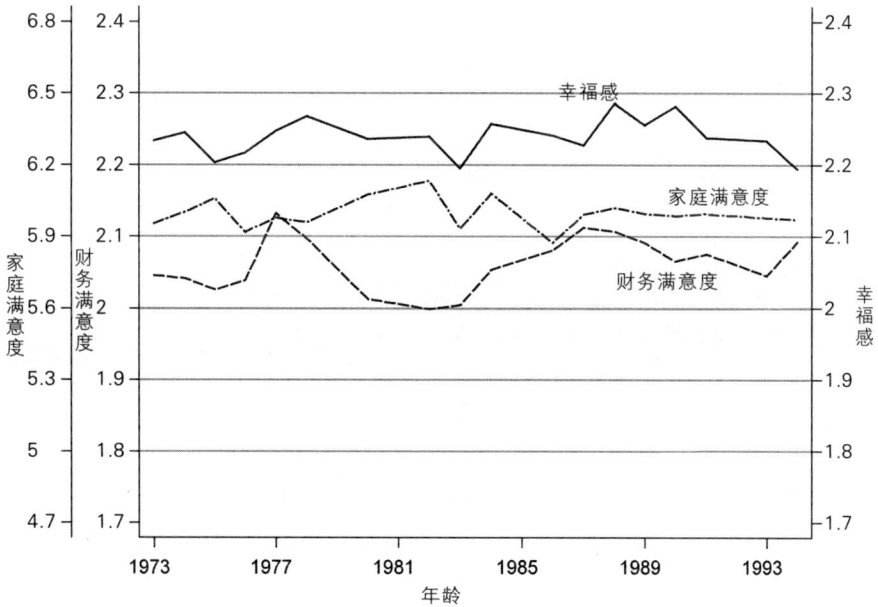

（b1）按年份

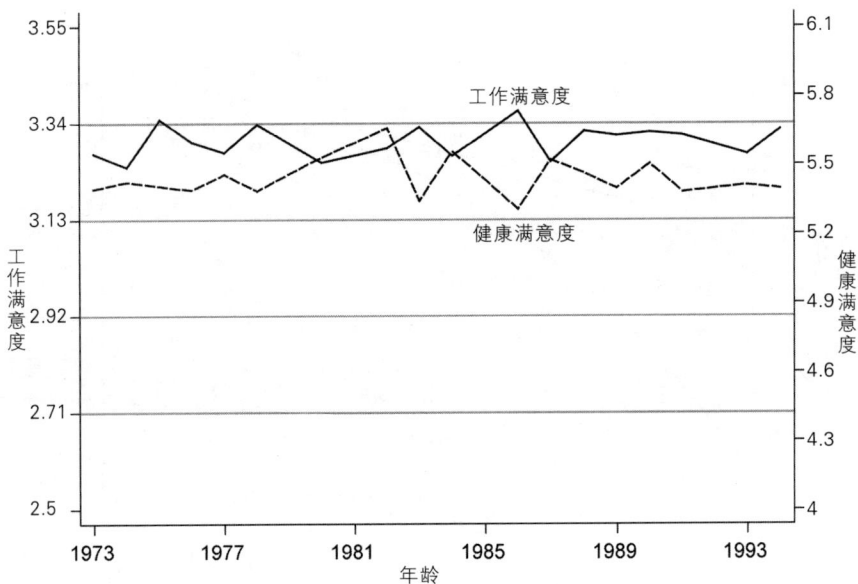

工作满意度

健康满意度

工作满意度

健康满意度

1973　　　　　1977　　　　　1981　　　　　1985　　　　　1989　　　　　1993

年龄

（c1）按年龄

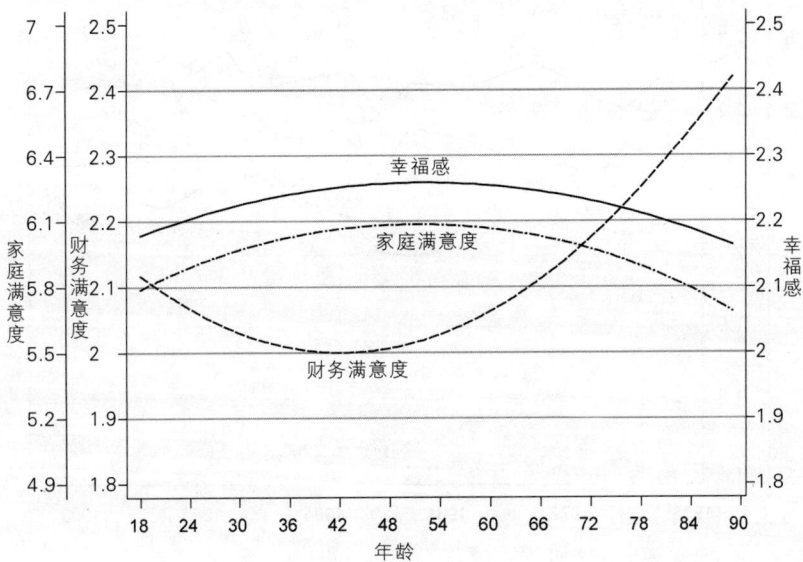

幸福感

家庭满意度

财务满意度

家庭满意度

财务满意度

幸福感

18　　24　　30　　36　　42　　48　　54　　60　　66　　72　　78　　84　　90

年龄

（c2）按年龄

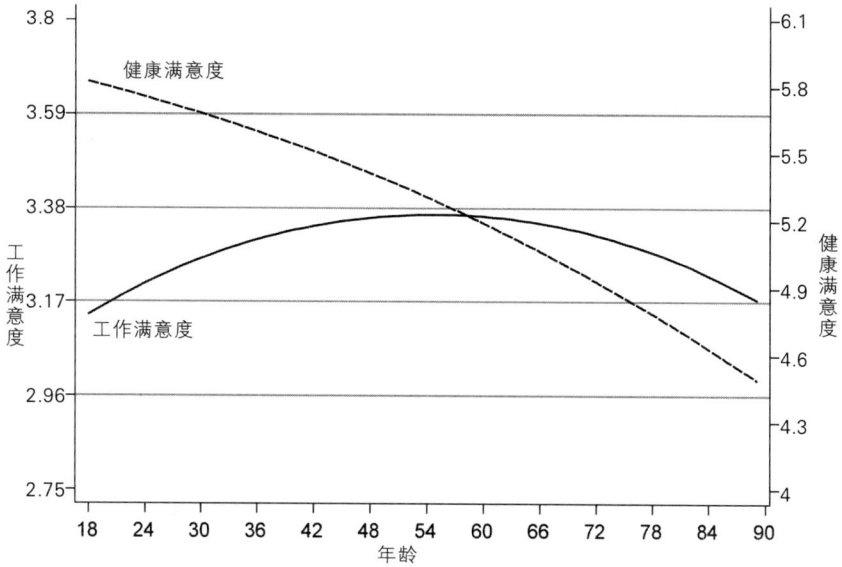

（d1）按出生队列

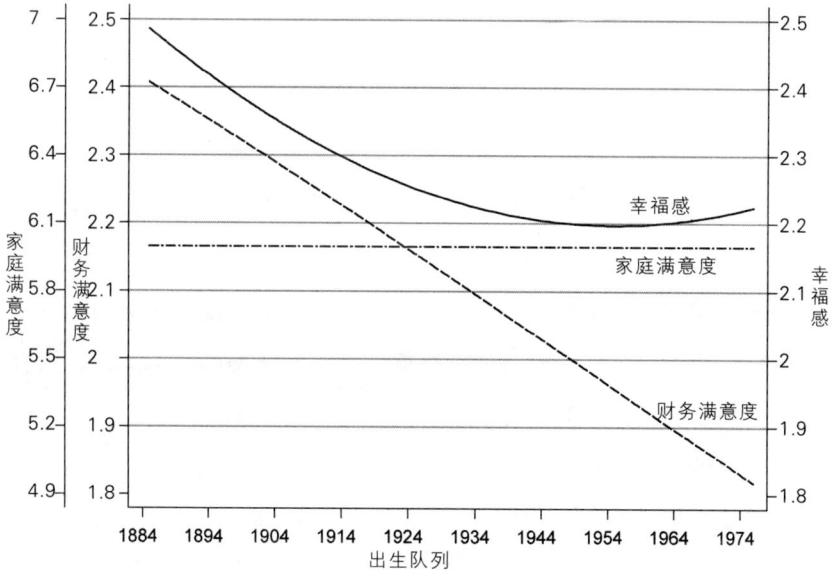

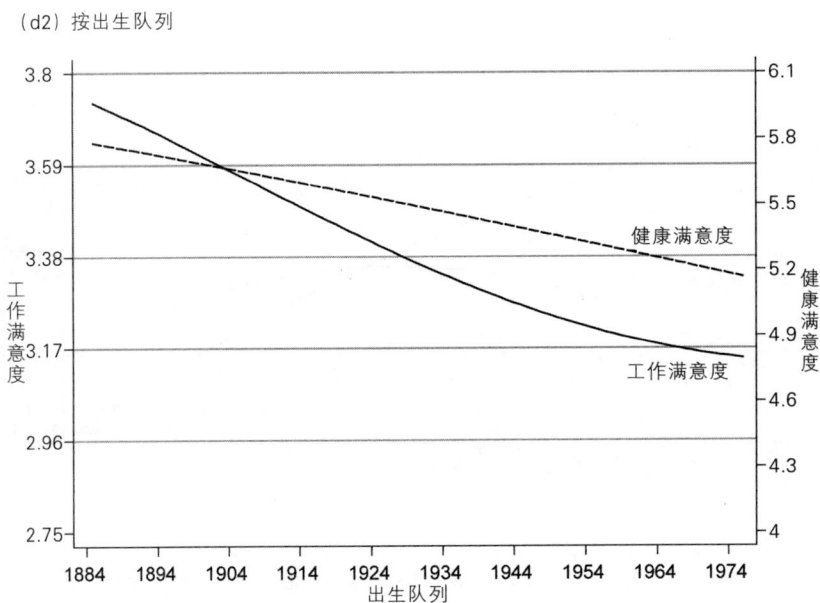

图10-3　1973—1994年，不同受教育年限、年份、年龄和出生队列的
平均领域满意度和实际幸福感

注：详见图10-1的备注。

也许最引人注目的是，受过更多教育的人是更加幸福的，因为他们在所有4个领域中都享有更大的满意度。对于家庭生活、财务、工作、健康来说，满意度的增加与教育水平同步（详见图10-3的a1和a2组）。然而，不同领域之间的变化率却有所不同。家庭生活和健康状况的满意度以一个递减的速率上升，同时财务满意度则以一个递增的速率上升，只有与工作相关的满意度是线性趋势，就像实际幸福感的那样。

在图中出现的幸福感与时间之间近似水平的关系（图10-3的b1和b2组）反映出4个领域中相似的模式。但是，如果将普通最小二乘趋势线与图中的波动线进行拟合，就会发现细微的差别。所有的模型都有非常轻微，但是显著的趋势。实际幸福感有一个小幅上升趋势，在这段时期，幸福感从等级1到等级3总共增加了0.013。这相当于在个21年中有1.3%的受访者的答复类别从"相当幸福"到"非常幸福"的一个净上移。尽管它在统计学上是显著的,但这对于一个转变来说并不是非常大。基于拟合的趋势,所有领域的相应转变(全部显著)分别为财务满意度+3.2%、工作满意度+2.3%、家庭生活满意度−0.5%,以及健康满意度+1.4%。因此,实际幸福感的轻微上升趋势是财务满意度、工作满意度和健康满意度的轻微正向趋势抵消了家庭生活满意度的轻微负增长趋势后的净结果。幸福感中十分轻微但统计上显著的向上趋势不同于第5章得出的关于美国的结论,因为它反映了对年龄、受教育程度和出生队列控制的使用,并且它是对于一个相当短的时期而言的。

当谈到年龄模式时人们发现,正如第7章所述,生命周期幸福感的增加是由于家庭生活和工作满意度的增加抵消了财务状况和健康满意度的负向转变(详见图10-3的c1和c2组)。中年以后幸福感下降的发生是因为在家庭生活满意度和工作满意度下降的同时,健康满意度也呈下降趋势。这些消极趋势对于幸福感的不利影响是缓慢的,然而,随着进入较高的年龄,人们对财务状况表达出不断上升的满意度。最终,与年长的队列相比,年轻人的幸福感较低是由于在财务、工作及健康领域中满意度呈下跌趋势(详见图10-3的d1和d2组)。尽管当代的出生队列与其父母、祖父母的家庭生活有着显著的差异,但家庭生活的满意度在年长队列和年轻队列之间没有什么差异。在最年轻的队列中,实际幸福感的轻微回升不能用这里所研究的领域来解释,因为没有领域显示相对于年长的队列,年轻人的幸福感有一个提升。

从调查领域模式中所得出的一个重要结论是,没有任何领域可以单独成为幸福感的关键所在。相反,幸福感是所有主要生活领域满意度的净结果,并且所有的领域模式都各不相同。此外,任一给定领域变化的重要性,取决于4种所研究的幸福感关系。

10.4　结论

领域满意度模型对平均幸福感根据社会经济地位、年份、年龄和出生队列变化的方式的预测效果如何？答案是对教育、年份和年龄的预测效果是相当不错的，而对出生队列的预测的效果也不算是太糟糕。

一些怀疑论者可能会说预测结果的成功并没有给人太大惊喜，鉴于个性的共同影响，关于幸福感以及财务、家庭生活、工作和健康的满意度报告在个人数据中都是高度相关的。但是，我们在这里分析的是组别均值之间的关系，而不是个体，从图10-3中可以很容易地看出领域均值的模式通常与幸福感模式以及它们之间的模式是不同的。作为观测对象的幸福感和领域满意度变量在个体之间是高度正相关的并不意味着什么。例如，由年龄决定的幸福感均值和4个领域满意度变量之间同样也是正向相关的。个性从一个时代到另一个时代是趋于稳定的，幸福感和领域满意度则遵循不同的路径，有时甚至与年龄负相关。同样，除非有人认为个性随着时间的推移会因社会经济地位、出生队列不同而系统性地变化，否则没有理由去支持幸福感和领域满意度变量之间以个体为基础的相关性会在这些类别的组别均值之间产生相应的相关性。换句话说，重点在于无论不同个体之间的个性差异是否可以在某种程度上解释幸福感的个体差异，但平均而言，因年龄、教育水平、年份和队列不同而变化的个性，是否会通过这些特征对幸福感产生预测呢？据我们所知，没有研究表明个性像幸福感一样会因年龄、教育水平、年份和队列等不同而变化。

有些人可能会争辩说，那是因为实际幸福感是源自与领域均值（详见附录B）相同的解释变量，但不可避免的是，实际幸福感与通过领域均值预测的幸福感很好地结合到了一起。有一个争论与这里刚刚提出的应用十分相似，即没有理由假定这4个领域均值的一个加权平均在某个年龄应该等于在这个年龄上实际的幸福感。这4个领域中不同的生命周期模式不需要一起产生一个与实际幸福感的生命周期模型相当吻合的生命周期模式。

去了解在经济学文献中找到的仅基于客观变量的幸福感回归十分有趣，也同样可以很好地预测幸福感模型，就像这里使用的领域满意度变量一样。例如，如果有人用收入、婚姻状况、就业状况和健康这样的"客观"的变量来估计生命周期模式，那么他总能够从这些模式中预测实际的幸福感生命周期模型吗？我们冒昧地说答案是否定的，当安格斯·坎贝尔说："主观幸福感并非仅仅取决于客观条件，还要基于客观状况的心理过程，正如关于这些状况满意度的报告中所显示出来的。"他是对的。

这里所研究的领域的模式共同合理地预测了实际的幸福感，这一事实进一步证明了有关幸福感及其构成的主观数据的意义。因此，尽管一个对于目前分析的怀疑可能会指向幸福感的生命周期模式与财务满意度之间惊人的对比——几乎是针锋相对的两面——但事实证明，当其他领域中的变动连同财务满意度的变动一起被考虑时，观测到的实际幸福感山形模式与领域模式预测的相当接近。如果无法证实人们对于自己的感受说了些什么，那么这种接近的预测将不太可能发生。

此外，现有预测的和实际的幸福感模式之间的相似性也支持着这样的结论，那就是，这里所研究的4个领域在决定幸福感方面是重要的，这是一个与领域满意度文献相一致的结论。但是，这4个领域并没有说明幸福感变动的整体情况，尤其是不同出生队列的预测幸福感模式和实际幸福感模式之间的差异使这一缺陷特别明显。

最终，根据正在研究的社会经济地位、时间、年龄或队列与幸福感的关系，不同的领域在确定幸福感中的作用也趋于不同。幸福感是生活中各个主要领域满意度的净结果，并且单一的领域不足以说明不同的总体幸福感模式。

这是在众多方式中第一次通过坎贝尔的领域满意度模型进行相当全面的测试，而且模型表现得相当不错，通过其结果我们发现了许多需要进一步研究的问题。例如，越来越多的生活领域划分能提高预测结果吗？领域主要是由什么决定的？满意度模式是在经济学中强调的客观因素还是心理学中强调的主观因素？领域变量彼此之间的关联性到了什么样的程度？也许，领域满意度的模型为揭开幸福感的奥秘提供了一个新的、合理的开始，也为幸福经济学方面的研究提供了一个新的方向，但它仅仅是一个开始。

附录 A

描述性统计

自变量	观测对象数量	平均值	标准差	最小值	最大值
幸福感	29 651	2.22	0.63	1	3
财务满意度	29 728	2.04	0.74	1	3
工作满意度	23 808	2.66	0.92	1	4
家庭满意度	23 207	4.66	1.62	1	7
健康满意度	23 252	4.24	1.68	1	7
年龄	29 853	43.89	17.18	18	89
出生队列（1880年＝0）	29 853	60.1	18.34	4	96
受教育年限	29 853	12.35	3.12	0	20
男性	29 853	0.45	0.50	0	1
黑人	29 853	0.11	0.31	0	1
1973年	29 853	0.05	0.22	0	1
1974年	29 853	0.05	0.22	0	1
1975年	29 853	0.05	0.22	0	1
1976年	29 853	0.05	0.21	0	1
1977年	29 853	0.05	0.22	0	1
1978年	29 853	0.05	0.22	0	1
1980年	29 853	0.05	0.22	0	1
1982年	29 853	0.05	0.22	0	1
1983年	29 853	0.05	0.22	0	1
1984年	29 853	0.05	0.22	0	1
1985年	29 853	0.05	0.22	0	1
1986年	29 853	0.05	0.22	0	1
1987年	29 853	0.05	0.22	0	1
1988年	29 853	0.05	0.22	0	1
1989年	29 853	0.05	0.22	0	1
1990年	29 853	0.05	0.21	0	1
1991年	29 853	0.05	0.22	0	1
1993年	29 853	0.05	0.23	0	1
1994年	29 853	0.05	0.30	0	1

步骤1和2方程式

幸福感和每个领域满意度变量对特定自变量的回归：

有序逻辑统计（括号中为稳健的p值）

自变量	因变量				
	幸福感 （1）	财务满意度 （2）	家庭满意度 （3）	工作满意度 （4）	健康满意度 （5）
年龄	0.022772 [0.001]**	−0.04344 [0.000]**	0.044079 [0.000]**	0.043668 [0.000]**	−0.01198 [0.060]+
年龄的平方	−0.00022 [0.001]**	0.000514 [0.000]**	−0.00043 [0.000]**	−0.0004 [0.000]**	−0.0001 [0.018]*
队列	−0.02851 [0.000]**	−0.01713 [0.000]**		−0.03556 [0.000]**	−0.0089 [0.064]+
队列的平方	0.00019 [0.000]**			0.000164 [0.018]*	
教育	0.055533 [0.000]**	0.035612 [0.050]+	0.075085 [0.000]**	0.047991 [0.000]**	0.210914 [0.000]**
教育的平方		0.002054 [0.005]**	−0.00192 [0.023]*		−0.00579 [0.000]**
男性	−0.09836 [0.000]**	0.012652 [−0.596]	−0.17479 [0.000]**	0.0211695 [−0.423]	0.138811 [0.000]**
黑人	−0.69836 [0.000]**	−0.61869 [0.000]**	−0.45077 [0.000]**	−0.43641 [0.000]**	−0.16603 [0.000]**
1973年			基准年份		
1974年	0.035135 [−0.648]	−0.00994 [−0.886]	0.077578 [−0.281]	−0.07021 [−0.373]	0.038031 [−0.583]
1975年	−0.09603 [−0.199]	−0.05083 [−0.466]	0.171288 [−0.019]*	0.187315 [−0.021]*	0.014605 [−0.826]
1976年	−0.05226 [−0.471]	−0.01693 [−0.8]	−0.05673 [−0.419]	0.060301 [−0.441]	−0.00767 [−0.906]
1977年	0.043856 [−0.538]	0.224268 [0.001]**	0.039493 [−0.584]	0.00468 [−0.949]	0.079327 [−0.254]
1978年	0.10802 [−0.11]	0.133804 [−0.051]+	0.007053 [−0.922]	0.159489 [−0.034]*	−0.01189 [−0.856]
1980年	0.006386 [−0.927]	−0.08415 [−0.197]	0.199211 [−0.007]	−0.04797236 [−0.52]	0.0177 [−0.009]**
1982年	0.017871 [−0.793]	−0.1206 [−0.054]+	0.303385 [0.000]**	0.02714 [−0.707]	0.352281 [0.000]**

自变量	自变量				
	幸福感	财务满意度	家庭满意度	工作满意度	健康满意度
	（1）	（2）	（3）	（4）	（5）
1983年	−0.12173 [0.062] +	−0.1065 [0.099] +	−0.3378 [0.637]	0.141839 [0.045] *	−0.0688 [0.319]
1984年	0.07414 [0.281]	0.021233 [0.737]	0.208851 [0.005] **	−0.01138 [0.881]	0.212522 [0.003] **
1985年	−0.14544 [0.024] *	0.024798 [0.697]		0.073894 [0.302]	
1986年	0.022754 [0.732]	0.090113 [0.178]	−0.12431 [0.085] +	0.231755 [0.002] **	−0.11249 [0.141]
1987年	−0.02126 [0.759]	0.172639 [0.006] **	0.06154 [0.410]	−0.04379 [0.554]	0.163291 [0.039] *
1988年	0.162877 [0.016] *	0.158673 [0.015] *	0.107415 [0.196]	0.0121667 [0.107]	0.087871 [0.309]
1989年	0.068958 [0.307]	0.119368 [0.076] +	0.066921 [0.407]	0.09812 [0.194]	0.001555 [0.986]
1990年	0.15064 [0.032] *	0.051672 [0.473]	0.052268 [0.526]	0.115772 [0.145]	0.141139 [0.136]
1991年	0.013087 [0.852]	0.077566 [0.252]	0.65499 [0.420]	0.100156 [0.200]	−0.01768 [0.855]
1993年			0.0394 [0.621]		0.019645 [0.845]
1994年	−0.12405 [0.059] +	0.120657 [0.060] +	0.028085 [0.780]	0.12954 [0.074] +	
cut1：常量	−2.03755 [0.000] **	−2.19873 [0.000] **	−2.92248 [0.000] **	−3.07068 [0.000] **	−3.54667 [0.000] **
cut2：常量	0.79881 [0.052] +	−0.14451 [0.713]	−2.0171 [0.000] **	−1.72014 [0.000] **	−2.42659 [0.000] **
cut3：常量			−1.36141 [0.000] **	0.234316 [0.608]	−1.77893 [0.000] **
cut4：常量			−0.47882 [0.006] **		−0.65057 [0.189]
cut5：常量			0.285209 [0.102]		0.075143 [0.879]
cut6：常量			1.808822 [0.000] **		1.529096 [0.002] **
观测对象数量	29 651	29 728	23 207	23 808	23 252
虚拟 R^2	0.014	0.031	0.007	0.02	0.016
Chi^2	607.512	1 734.832	371.977	879.21	1 052.814
对数似然值	−27 328.6	−30 710.4	−31 389.3	−25 354	−37 052.7

注：*表示在10％的水平上是显著的，*表示在5％的水平上是显著的，**表示在1％的水平上是显著的。

附录 C

步骤3方程式

幸福感对领域满意度变量的回归：

有序逻辑统计（括号中为稳健的p值）

自变量	幸福感
财务满意度	0.573019
	[0.000] **
工作满意度	0.498200
	[0.000] **
家庭满意度	0.460422
	[0.000] **
健康满意度	0.242419
	[0.000] **
cut1：常量	4.299545
	[0.000] **
cut2：常量	7.743151
	[0.000] **
观测对象数量	18 440
虚拟 R^2	0.133
Chi^2	3 200.648
对数似然值	−14 855.8

注：*表示在10％的水平上是显著的，*表示在5％的水平上是显著的，**表示在1％的水平上是显著的。

第11章　解读幸福感[①]

在本书的第7章中，我注意到了经济学家和心理学家关于幸福感决定因素的不同意见。而在本章中，我们以揭示幸福感理论含义的角度回到这个老生常谈的主题，出发点是心理学和经济学中关于幸福感的流行理论。在谈到在每个学科中占主导地位的理论时，我并不建议在任何一个领域中理论都是一致的，而是说这些理论是被视为每个学科中的核心趋势。

心理学家更倾向于"设定值理论"（详见第7章），即每个个体都被认为有一个由遗传和个性决定的幸福感设定值。生活事件，如婚姻、失业，以及遭受严重伤害或疾病可能会使一个人偏离，从而高于或低于这个设定值，但享乐性适应会使一个个体相当快速地回到初始水平。

相反，在经济学中，生活状况，特别是收入的增长，被认为对幸福感

---

①　本章是Easterlin,R.2003年发表在100(19)号《美国科学院学报》的论文《解读幸福感》的一个修订版。尤其受益于心理学家Paul T Costa,Ed Diener, Robert R Mccrae David G Myers的工作,以及那些由Daniel Kahneman, Ed Diener和Norbert Schwarz撰写的关于幸福感的开创性文章所做出的贡献。在经济学方面我尤其要感谢的是Robert H Frank，Andrew J Oswald,Tibor Scitovsky和Bernard M.S.van Praag的研究。而且如果没有James A. Davis, Tom W. Smith和Ruut Veenhoven收集的宝贵数据,当前的研究将不具备可能性。本文也是对Bruni L和Porta P.L（主编）的《建立一个关于幸福的更好理论》的一个较短的修订版,发表于牛津大学的《经济学与幸福感:分析的构架》一书中,并作为一份研讨论文可在www.iza.org网页上找到。我还要感谢Luigino Bruni,Eileenm M.Crimmins,Ronald D Lee和Linds J. Waite的宝贵意见,以及Donna Hokoda Ebata,Pouyan Mashayekh-Ahangarani和Paul Rivera的大力支持。财务支持是由南加州大学提供的。

有着持久的影响。流行的理论可能被称作"越多越好。"作为一个总体事件，经济学家倾向于不对关于精神的主观状态进行理论化，而仅仅处理观测到的行为。他们的论据称为"显示性偏好"，说的是如果一个个体被观察到购买一个特定的商品组合 X_2 和 Y_2，还有一个基于现行价格和该人收入能够负担得起的备选组合 X_1 和 Y_1，然后（根据一定的原理）这个个体被认为喜欢 X_2 和 Y_2 多于 X_1 和 Y_1，并且会因此变得更有幸福感（塞缪尔森，1947；瓦里安，1987）。这一理论的主要含义是，人们可以通过增加自己的收入来提高幸福感，并且通过旨在提高作为一个整体的社会收入的政策措施带来更多的幸福感。经济学家认识到，除了物质条件外，幸福感还取决于一系列的状况，但他们一直假设，如果收入大幅增加，那么总体幸福感也会在同方向上移动（庇古，1932）。

在下文中，我注意到一些新的或者以前就涉及的有关幸福感的调查证据与这些理论是不一致的，并且基于这一分析，我们试图概括出一个更好的理论将会采用的方向。正如在本篇的其他章节中，实证研究主要采用了一个生命周期方法，对调查数据运用队列分析的人口统计学技术。我有时也会使用3或5年的平均值，去最小化当人们通过特征，如年龄、性别、健康和物质地位或工作地位来细分总体样本时所导致的样本规模过小的问题。幸福感问题的3个回答选项，是从由3表示非常幸福缩放到1表示不太幸福，来计算各种人口子群的平均幸福感。

11.1　幸福感有设定值吗？

让我们先从心理学理论开始。这里的关键问题不是对发生的生活事件有没有适应性，而是适应性是否是完全的？也就是说，个体是否会恢复到自己幸福感的初始水平，以及如果会的话，恢复得有多迅速？有心理研究明确指出，对于一些经历的反应，如巨响以及整容手术，享乐性适应通常并没有那么完全，并且这些经历对人们的幸福感有一个持久的影响（弗雷德里克和洛温斯坦，1999）。此外，下面给出的调查证据也表明，个人不能完全适应无论是健康状况或婚姻状况中的变化，更不用说我所说的平均影响，因为均值有着显著的离散性。

在心理学文献中被反复引用的，作为对于健康中不良变化完全适应的开创性文章，来自布里克曼和科茨（1978）所做的一项研究，该研究将严重事故的受害者（如截瘫或四肢瘫痪者）标记为29，与一个标记为22的对照组相比，"并没有表现出预期中那样的不幸福"。这项研究中的样本规模是非常小的，但在任何情况下，这一研究也确实没有发现那些事故的受害者像对照组一样幸福。相反，与对照组相比，事故受害者"自我评价幸福感明显更少"。这一研究所保留的设定值（或者说"适应性水平"）理论存在于本研究中，仅仅是通过对事故受害者与一个未明确指定的"可能已经预料到什么"的之间引入一个截然不同的比较。

自从有了一系列的研究以来，一些人支持完全适应性的观点，而另一些人则反对这一观点。据我所知，一个类似前面的最全面的调查是一个时间点研究（梅纳特等，1990）。它检验了一个包含675个宣称有残疾状况的人在内的全国性样本的生活满意度（5点量表），并将他们与一个超过1 000人的非残障人士的国家样本进行比较。这一研究发现，那些有残疾人的生活满意度平均而言，显著低于那些声称没有残疾的人。此外，有残疾的人被通过不同的方式进行分类，如根据残疾的严重程度，受访者是否遭受单一或多重的状况，在日常活动中受访者被限制的程度，以及身边的人是否被认为意识到受访者是有残疾的。在每一个分类维度中，那些有着更多严重问题的人，幸福感更少。

有时候会产生这样一个问题：从健康到生活满意度或者从生活满意度到健康，因果关系是以哪种路径运行的？如果健康被认为是不用大范围考虑的，那么一个貌似合理的生活满意度影响健康的先验性观点，可能就会被创造出来，反之亦然。但是当健康被广泛地分类，那么合理的推论应该是，更严重的健康问题会系统性地导致幸福感减少。

这些结果表明，平均而言，健康的不利变动降低了生活满意度，而且健康变得越差，生活满意度的降幅越大。这些结果并不意味着对于残疾没有产生适应性。比方说，一个事故或者严重疾病对幸福感的最初影响，毫无疑问是大于其长期影响的。由医疗设备，如助听器、药物或轮椅提供的便利，以及来自朋友和亲戚的社会支持网络可以对残疾状况进行调节。此外，适应的程度可能因不同的个性或受个体影响的其他特征而不同。但证据确实表明，即使有适应性，平均而言，健康的一个不利的变动对幸福感依然会产生一个持久的负面影响。

让我们从时间点上的健康分析转向一些生命周期的证据。毫无疑问的是，在成年人中，现实的健康问题是会随着人们的年龄而增长的。但人们对自己的健康会怎么说呢？如果对于健康的不利变化的适应性是完全的，那么在自我健康报告中的生命历程趋势应该是平坦的。如果人们只通过与其他同龄人的比较来含蓄地评估他们的健康，那么趋势也将是平坦的。健康的自我评估不会改变，这是真的吗？答案是否定的，自我评估的健康在整个生命过程中是在下降的。自1972年以来，美国综合社会调查已经询问过以下问题："总体来说，你会认为自己的健康是优秀、良好、一般，还是不好？"（国家民意研究中心，1999）。如果连续地追踪一个较老的10年期出生队伍长达28年的生命跨度阶段，就会发现对于每个队列来说自我评估的健康均值都有一个清晰（并且统计上显著）的下降趋势（详见图11-1）（平均健康等级中4表示极好的健康状，1表示极差的健康状况）。在两个年龄最大的队列中——在他们60岁和70岁时——自我评估的健康水平明显下降是由于死亡率所引起的样本截断，事实上，那些自我评估健康状况较差的人，确实也更快地走向生命的终点（托轮和本亚米，1997；史密斯、泰勒和斯隆，2001）。通过自我评估的健康数据得出的结论与根据之前的残疾数据得出的结论是一样的，那就是不存在对于健康中不利变动的完全享乐性适应。

当然，这个生命历程分析评估了依据自我评估的健康而不是幸福的适应性，正如在残疾状况分析中那样。也许健康可能变得更糟，但人们并不会因此而感到不幸福。然而，在整个生命周期中，那些声称他们不太健康的人同样也说自己不太幸福。在年龄跨越从二十几岁到七十几岁的队列中，幸福感也系统性地变少，平均而言自我评估的健康状态也更加不好（详见表11-1），这与上述生活满意度是如何与不同的残疾状况相联系的结论是一致的，并且大量的多变量研究也发现，幸福感和自我评估的健康之间有着显著正向相关性（阿盖尔，1999；布兰法罗和奥斯瓦德，2004；弗雷和斯塔泽，2002；麦克洛斯、宗博和哈布雷，2000）。在这些研究中，除其他事项外，控制收入明确发现较差的健康状况对幸福感的负面影响来自非金钱效应，正如收入的损失是由于不佳健康状况一样。所有这些研究结果得出一致的结论是不利的健康变化对幸福感有着一个持久和负面的影响，并且小于对于恶化的健康状况的完全适应。

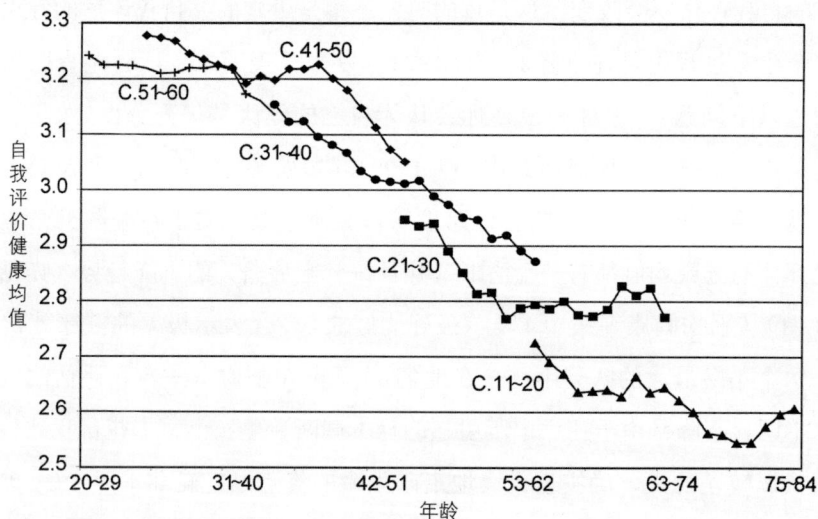

图11-1　1911—1920年到1951—1960年的队列的自我评价健康均值，每个年龄上为5年平均值
资料来源：Davis and Smith（2002）.

表 11-1   不同自我评估的健康状况下出生队列在指定
年龄跨度的幸福感均值

(1)	(2)	(3)	(4) 幸福感均值	(5)	(6)
出生队列	年龄跨度	健康状况极好	健康状况良好	健康状况一般	健康状况不好
1951—1960年	23~45岁	2.36	2.12	1.85	1.63
1941—1950年	27~55岁	2.37	2.17	1.92	1.74
1931—1940年	37~65岁	2.43	2.23	1.98	1.74
1921—1930年	47~75岁	2.48	2.24	2.06	1.83
1911—1920年	57~85岁	2.52	2.27	2.12	1.96

资料来源: Davis and Smith（2002）.

婚姻状况和幸福感。尽管设定值理论的支持者声称生活状况对于幸福感几乎没有持久的作用，但是在婚姻的形成和解散方面几乎没有证据支持设定值理论。然而，最近有一个重要的研究，采用德国纵向数据，研究婚姻和丧偶对于幸福感的影响（卢卡斯等，2003）。尽管它被当作对设定值模型的一种批判，但是实际上是一种支持，特别是对于婚姻，因为它的结论是："平均而言，人们能够快速并完全地适应婚姻，但人们适应守寡的速度却缓慢得多（即使在这种情况下，适应性也要在大约8年以后才会接近完全）"。

然而，对于队列生命周期经历的研究却显示出对于设定值模型的一个实质性偏离。在18~19岁的时候，大多数女性和几乎所有的男性都还没有结婚，他们的平均幸福感是2.1左右，在接下来的10年中，一个队列中高达50%甚至更多的人开始结婚，那些已婚者明显显示出更高的幸福感水平，平均约为2.2至2.3，而那些从来没有结婚的人则保持在2.1左右（参见图11-2中关于女性的模式；男性的模式也是颇为相似的）。

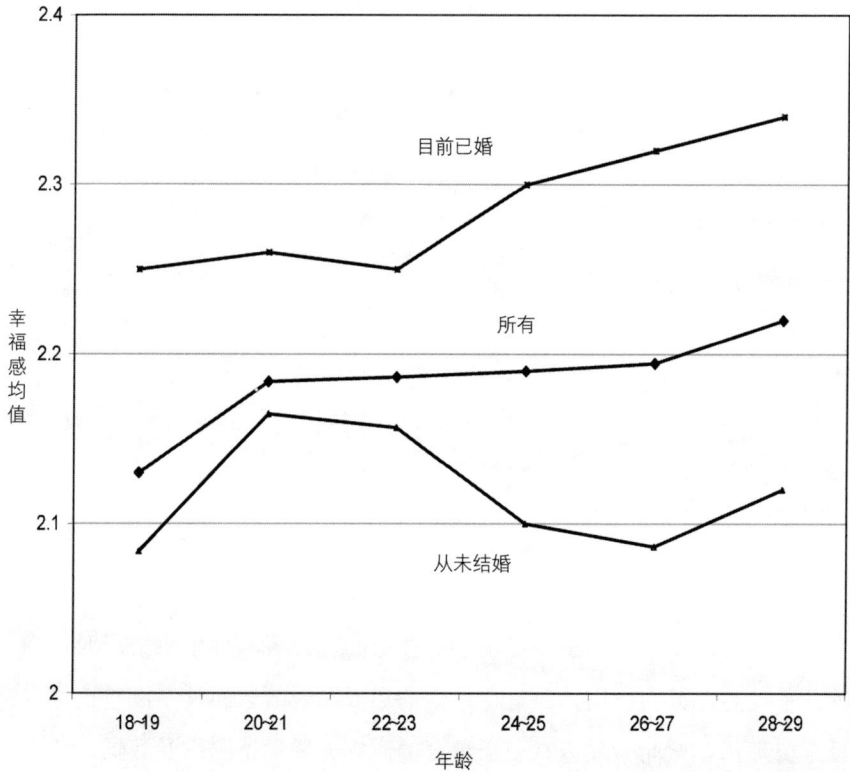

图 11-2　1953—1972 年出生的年龄在 18~19 岁到 28~29 岁的队列中不同婚姻状况的
女性幸福感均值

资料来源：Davis and Smith（2002）.

　　这些结果不能归因于选择效应。平均而言，那些在成年人生命周期的
第一个 10 年中结婚的人，在他们结婚之前并没有比其他人更加幸福。如
果这是真的，那么这些已经结婚的人离开了从未结婚组，余下从未结婚的
人平均幸福感将会下降。事实上，越来越多的人结婚并退出从未结婚组，
那些从未结婚的人幸福感保持不变（详见图 11-2）。结果是，作为一个整
体，队列平均幸福感随着已婚的比例增加而增加，注意图 11-2 中所有人
的曲线从接近 2.1 时开始，并在超过 2.2 时结束。

超过了30岁以后，一个队列中已经结婚的人数比例趋于平稳，幸福感下降是因为离婚、分居、丧偶所造成的婚姻解体的影响逐渐超过通过结婚和再婚形成联盟的影响。然而，在整个成年人的生命周期中，那些已婚者和未婚者在平均幸福感上仍然存在差距（参见图11-3中女性的模式，男性的模式也是相似的）。

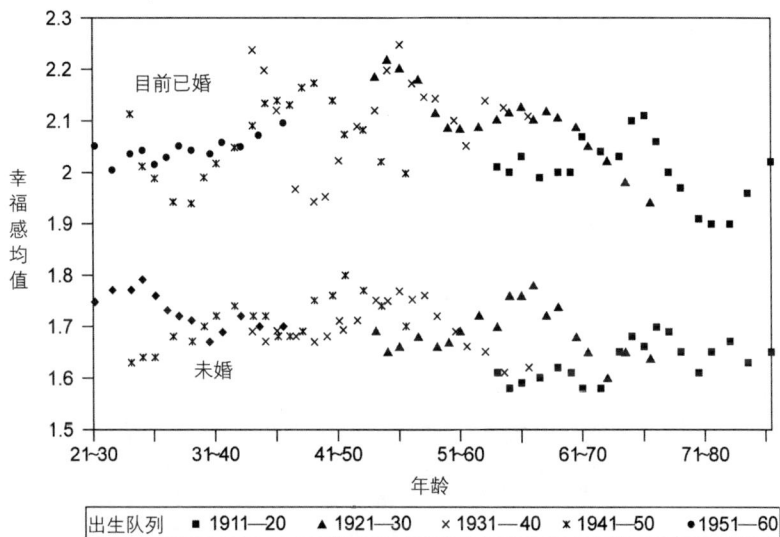

图11-3　不同年龄的特定出生队列中已婚和未婚女性的幸福感均值，每个年龄上为5年平均值

资料来源：Davis and Smith（2002）.

再婚如同第一次婚姻一样，对幸福感有着积极的作用。图11-3中已婚人士的队列数据被分为两种——那些仍然维系他们的第一次婚姻的人和那些再婚的人，这两组在幸福感上没有显著差异。如果受访者被专门问及他们的婚姻满意度，而不是总体的幸福感，再一次被证实的是，平均而言，那些再婚的人对他们的婚姻满意度和那些仍然维系第一次婚姻的人是一样的。

跨队列比较表明，幸福感并没有随婚姻的持续而下降。对于那些仍然在维系第一次婚姻的人，婚姻平均长度在1951—1960年队列中为10年左右甚至更短，在1921—1930年队列中超过35年，尽管他们婚姻的持续时间长短明显不同，但这两个队列的总体幸福感和婚姻幸福感的平均水平几乎是相同的，并显著高于那些他们队列中未婚者的幸福感。

在这些生命周期婚姻模式中，已婚的人并不会"迅速和完全地"恢复到他们结婚之前的幸福感平均水平。作为进入婚姻的一个队列，已婚者的幸福感是显著地高于未婚者的，只要结婚了，幸福感就会增加。在整个生命周期中已婚者的幸福感——无论是再婚的人或一直处于已婚状态的人——都显著高于其他人。此外，即使在结婚35年后，那些仍然在他们第一次婚姻中的人的幸福感依然显著高于那些同队列的未婚者。

就像婚姻对幸福感有着积极影响，解除婚姻关系也有一个消极的作用。正如已经看到的，当前没有结婚的女性平均幸福感是显著低于他们已婚同伴的。然而，在未婚组，那些有着破碎的婚姻的人，也就是离婚、分居或丧偶的人，比起那些从未结婚的人，幸福感显然更少（详见表11-2）。有人可能会猜测，性格可以挑选出离婚或分居的人，但这些人和那些丧偶的人没有显著的幸福感差异。丧偶不可能是依据个性发生的，并且事实上，他们的平均幸福感，和那些离婚或分居的群体几乎是一样的，这里观测到的婚姻解体对幸福感的影响，同样被认为不是个性差异的选择效应。

一个社会学家的小组研究为队列分析中这些结论提供了支持。该研究追踪了一个有着5 000名已婚美国人的群体长达5年（韦特等，2002）。在这个期间的末期，那些仍然在婚姻中的人的幸福感并没有明显的变化。那些离婚后又再婚的人的幸福感与那些一直保持婚姻状态的人也没有明显的不同。与此相反，那些分居或离婚但没有再婚的人的幸福感是显著低于那些已婚的人的幸福感的。

表11-2 　　　　　　　　指定出生队列中不同婚姻状况下
未婚女性的幸福感均值

(1)	(2)	(3)	(4)
出生队列	幸福感均值		
	丧偶	离婚或分居	从未结婚
1951—1960年	1.98	1.96	2.07
1941—1950年	1.95	2.01	2.05
1931—1940年	2.00	1.97	2.11
1921—1930年	1.97	2.00	2.15

资料来源：Davis and Smith（2002）.

　　这些来自队列分析和面板数据的关于婚姻状况和幸福感的生命周期结论，与引入了一系列的社会经济状况作为控制变量的婚姻-幸福感关系的横截面回归分析是一致的（阿盖尔，1999；布兰奇福劳尔和奥斯瓦尔德，2004；弗雷和斯塔泽，2002），并与其他侧重于特定婚姻状况如离婚或丧偶的研究相一致（约翰逊和吴，2002；沃特曼、西尔弗和凯斯勒，1993）。本章开头所引用的德国数据研究推断出人们对于婚姻"迅速并完全"的适应与这个更充足的证据是不相符的（路卡斯等，2003）。德国数据研究的结果产生于对该分析中年龄变量的特殊处理，年龄被假定并未随时间而改变，这一假设消除了与年龄有关而不是与伴侣关系状态有关的其他状况对幸福感的影响。当年龄被允许随时间而改变，正如它本就如此，完全适应性的结论也就不再成立，而婚姻状况的常规效应占了上风（齐默尔曼和伊斯特林，2006）。

　　总之，大量证据表明，联盟的形成对幸福感有一个持久的积极影响，同时联盟的解散也会有一个永久的消极影响。这并不意味着联盟形成或解散后没有适应性产生，但所产生的适应性是不完全的。如果幸福感的设定值模型是正确的，那么就很难看到人们如何能将它与婚姻和健康的研究证据协调一致。

我们应该关注那些很难与设定值模型吻合的幸福感的其他证据。在整个生命周期中，黑人一直比白人的幸福感少（伊斯特林，2001）。这似乎令人怀疑，因为这种种族差异只是遗传和个性差异导致不同平均设定值的一个结果。此外，在较老的年龄生命周期中，女性幸福感超过男性的现象反转了，如果不参考在较大的年龄时生活事件特别是丧偶这种情况发生率中的性别差异，是很难解释这一现象的（详见本书第8章）。

11.2 越多越好？

回到经济理论的角度，显示性偏好方法的一个基本问题是对一个人的幸福感所做出的判断不是通过相关的个人，而是通过一个可以观察这个人的消费选择的旁观者得出的（霍兰德，2001）。如果一个人认为相关的人才是唯一可以对一个人的幸福感做出权威判断的人，那么这个人需要看一下自己的幸福感评估报告。

调查证据是否支持收入和幸福感是关联的这一观点？正如前面所看到的那样，答案取决于是基于横截面数据还是时间序列数据。时间点回归对一个正向关系假设提供了支持，收入与幸福感之间被发现有一个显著正相关关系，不论是否控制其他变量（阿盖尔，1999；布兰奇福劳尔和奥斯瓦尔德，2004；弗雷和斯塔泽，2002；格雷厄姆和佩蒂纳托，2002）。然而，随着收入在整个生命周期不断增加然后趋于平稳，幸福感在很大程度上是保持不变的，这与收入和幸福感一起变化的推论是矛盾的（详见本书第6、7章）。

如果人们用教育作为收入的一个代替，那么生命周期的数据会揭示这两者的关系。在任一给定年龄，那些受教育程度较高的人通常都比受教育程度较低的人更加幸福（详见本书第6章）。然而，更值得关注的是，幸福感的生命周期趋势是取决于受教育程度的高低吗？如果幸福感是根据每个群体的收入变动的，那么这两个群体的幸福感都会增加，只不过受更好教育的群体的幸福感增加得更多，并且幸福感因受教育状态的扩展而不同。事实上，无论是受不同教育程度群体的幸福感，还是幸福感的差异都没有出现显著趋势（详见图11-4）。尽管他们足够幸运以较高的收入为起点，并且平均而言，在整个生命周期都比社会经济地位较低的那些人更加幸福，但没有证据表面两组的幸福感随着收入增加。

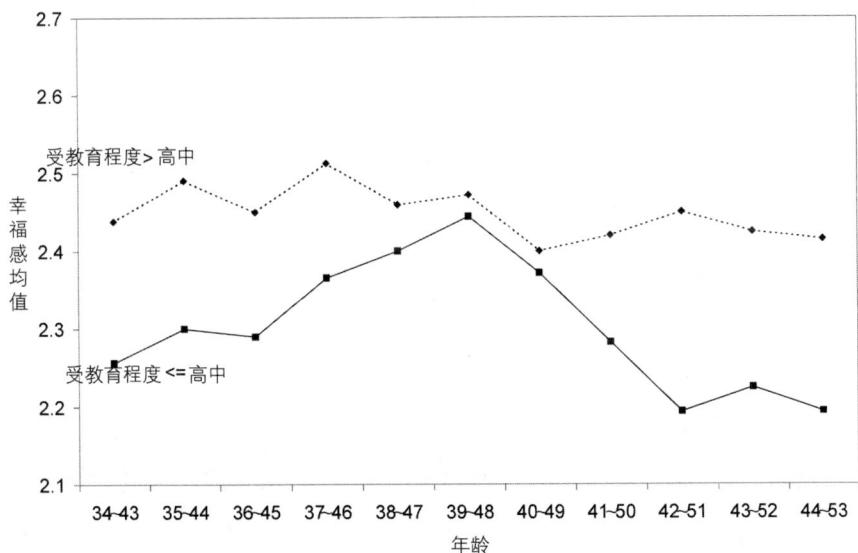

图11-4　1941—1950年队列中不同受教育程度和年龄的人的平均幸福感，每个年龄上取3年平均值

资料来源：Davis and Smith（2002）.

这些生命周期模式显然与基于幸福感随收入增长的经济理论的期望是矛盾的。然而，它们却支持着设定值模型，事实上，这样的发现已经被心理学家引用来支持享乐性适应。尽管对于收入来说可能存在完全的享乐性适应，但这并不意味着所有的幸福感来源都有足够的适应性。正如我们已经看到的，健康和婚姻方面的证据表明，在这些领域中适应性还是不够完全的，并且这些状况的变化对幸福感有着持久的影响。

11.3 欲望和适应性

为什么对于正在研究的生活领域来说，适应的程度是不同的？我认为答案是人们在每个领域中的欲望对他们状况中的变化有着不同的反应。完全适应意味着欲望与一个人实际状况的改变在程度上是相同的，大多数情况下这似乎是发生在收入变动时。物质欲望随收入增加而相应地增加，结果是人们既没有接近也没有远离个人物质目标的满足，而且幸福感没有变化。比完全适应要少意味着欲望的变化比一个人实际状况中的变化要小，如果一个人的实际状况变得更好（比如拥有一个幸福的婚姻），就会有更大的目标满足和幸福增长，但如果变得更糟（如离婚），那么就会对其目标有一个更大的缺口，并且幸福感下降。这些状况似乎会发生在婚姻和健康领域。

这是欲望对于实际状况的反应因领域而变化的证据吗？对于经济和家庭领域来说，答案是肯定的。让我们从"美好生活"清单所包含的10件大宗消费商品开始（详见第9章），在生命周期的每个阶段中，人通常会获得比这些更多的大宗商品（详见表11-3的A-1、B-1、C-1行），但是他们对于这些——他们视为美好生活的一部分的商品——的欲望也增加了（详见表11-3的A-2、B-2、C-2行）。此外，渴望的商品数量的增加，平均来说，与拥有的商品平均数量在规模上是大致相等的。

表 11-3　　在 3 个 16 年期的成年生命周期分段中，对 10 件大宗

消费商品的渴望和拥有[a]

	(1)	(2)	(3)
	生命周期分段的阶段		生命周期分段中的
	开始	结束	变化
A.生命周期早期			
1.拥有的商品平均数量	1.7	3.1	1.4
2. 渴望的商品平均数量	4.4	5.6	1.2
B. 生命周期中期			
1. 拥有的商品平均数量	2.5	3.2	0.7
2. 渴望的商品平均数量	4.3	5.4	1.1
C.生命周期后期			
1. 拥有的商品平均数量	3.0	3.2	0.2
2. 渴望的商品平均数量	4.4	5.0	0.6
D. 所有这三个分段的平均水平			
1.拥有的商品平均数量的改变	—	—	0.8
2.渴望的商品平均数量的改变	—	—	1.0

注：生命周期早期是从 1978 年的 18~29 岁到 1994 年的 30~44 岁。生命周期中期是从 1978 年的 30~44 岁到 1994 年的 45~59 岁。生命周期后期是从 1978 年的 45~59 岁到 1994 年的 60 岁及以上。

资料来源：罗珀民意调查中心（1979、1995）。

　　正在发生的是，由于人们是从获取那些欲望较强的商品开始（如一个家、一辆车、一个电视），他们对于那些最初不太可能视为美好生活一部分的商品的欲望在增加。在生命周期的每一个阶段中，出国旅行、一个游泳池和一栋度假别墅越来越多地被命名为美好生活的一部分。而确实拥有这些物品中某一件的比例通常是小于 10% 的。这表明，新的物质欲望的产生是基于之前的欲望已经被满足，并且渴望的商品的平均数量也在大概相同的程度上。

　　在经济领域中，对于完全适应性的这一推论进一步支持了：如果我们

像在第6章中那样按教育水平来划分队列，那么在生命周期的每一个阶段中那些受过更多教育的人正如人们所期望的会因为他们的收入增长得更多，而拥有更多数量的商品。但是那些受过更多教育的人渴望的商品数量也同样增加得更多。此外，对于所有的受教育群体来说，渴望的商品数量的增加与拥有的商品数量的增加在规模上是相同等级的。因此，物质欲望是随物质财富相应增加的，并且财富增加得越多，欲望增加得也就越多。正是这种欲望变化与收入变化的一致解释了每个受教育群体在生命周期中幸福感的稳定性。时间点上幸福感的差异也同样是由欲望来解释的。在成年生命周期开始时，物质欲望在两大不同教育水平的群体之间差异非常小。受过更多教育而因此收入更高的群体，更容易实现欲望，并且更加幸福，进而使得受过更多教育的群体欲望增加得也更多，但在任一时间点上，欲望中的离差与收入中的离差始终保持着一致，并且因教育水平不同而产生的幸福感差异依然存在。

至今所引用的答复都是关于特殊商品的。那么证据是否表明，收入欲望总体上是与收入是同比例增长的呢？答案是肯定的。这个答案来自一个不同的调查，该调查询问一个4口之家维持生计需要的收入是多少，在一个长达36年的期间里，"维持生计"的收入的增加平均而言和实际收入的增加程度是一样的（润瓦特，1994）。

当转向家庭领域时，对于一个幸福婚姻的渴望是常见的需求。在生命周期的每一个时间点上，3/4甚至更多的受访者表示，一个幸福的婚姻是美好生活的一部分。然而，实际上拥有一个幸福婚姻的人所占比例明显较少，平均50%多一点。

如果适应性是完全的，那么人们就会预期那些没有一个幸福婚姻的人最终会放弃对于这样一个婚姻的渴望。事实上，超过50%的并未真正拥有一个幸福婚姻的受访者会持续对一个幸福的婚姻的欲望（详见表11-4第1列）。在从未结过婚且年龄在45岁及以上的人中，即单身一辈子的人，超过40%的人认为一个幸福的婚姻是美好生活的一部分。而对于45岁及以上的寡妇和离婚者，即那些再婚的可能性很低的人，超过50%的人仍然渴望一个幸福的婚姻。因此，大约50%的未婚者虽然结婚的可能性很小，但对于婚姻的欲望没有随着实际婚姻情况而调整。与经济领域相反，享乐性适应在婚姻状况中似乎在一个相当有限的程度上存在。我相信，在那些丧偶的、离婚的和从未结婚的人中，对于一个幸福感婚姻的渴望的持续性说明了为什么这些群体与那些已经结婚的、对于幸福婚姻的欲望已经差不多满足了的人们相比，是更不快乐的。

表11-4　1994ª年不同物质条件和年龄的未婚者中想要一个幸福婚姻的比例

婚姻状况	(1)	(2)	(3)
	想要幸福婚姻的比例		
	所有年龄	18~44岁	45岁及以上
已婚，但婚姻不幸福	56	8	55
离婚或分居	63	73	55
丧偶的	62	*	62
未婚的	65	68	43

注：*样本量不足20个。

资料来源：罗珀民意调查中心（1979、1995）。

除了对于婚姻的欲望，"美好生活"调查还得出了对于儿童数量和"质量"的信息，质量是由对一个孩子的大学教育的需求所指示的。尽管在生命周期中，收入增长伴随着对大宗消费商品欲望的持续增长，但收入的增长无论是与儿童数量还是质量需求中的增长都没有关联。

我们没有关于健康欲望的队列数据，然而在2003年，良好的健康状态被列入到"美好生活"的商品清单中。在年龄段中视"良好的健康状况"为"美好生活的一部分"的比例也是一样地超过了80%。正如在图11-1中所看到的，在较老的年龄自我评价的健康满意度总是低于更加年轻的时候，所以对良好健康渴望的跨年龄相似性意味着，对于健康欲望的适应性下降非常小。我想这同样也是对于健康状况的适应性比对于其他生活状况——比如友谊以及失去一份工作——的完全适应性要少的证据（克拉克和奥斯瓦尔德，1994；加利和罗素，1998；迈尔斯，1999；奥斯瓦尔德，1997；温克尔曼和温克尔曼，1998）。

11.4 解读幸福感

现在，我们可以来看看生活事件如何影响幸福感的理论纲要。让我从经济学家的观点开始，即典型的个体有一个效用或幸福函数，比如幸福感取决于一系列经济和非经济状况，或者领域。这个典型的个体被看作有着某些目标或欲望，并且目前在每个领域都有一个满足的状态。个人总体幸福感取决于每个领域中欲望和满足之间的缺口，以及每个领域在个体效用函数中的相对重要性。

经济理论通常假设幸福感只取决于满足。然而，正如面前所提到的，这里有两个理论标准——习惯形成和相互依存偏好——确认了欲望对于幸福的影响。习惯形成强调一个人从一个给定的商品集中所获得的效用受到其过去经验比较的影响。相互依存的偏好则指出，一个人因拥有了一定量的一种商品所产生的效用部分取决于他们已经拥有的该商品数量。心理学中与经济学家的"习惯形成"概念相对应的是享乐性适应，与"相互依存偏好"对应的是社会比较。接下来我将使用心理学家的说法，因为这些在关于主观幸福感的文献中是更加常见的。

目前幸福感理论的焦点是，享乐性适应和社会比较在跨越所有领域或领域的组成时不能同等地操作。正如我们所看到的，享乐性适应更多地发生在物质商品领域中，而与家庭状况和健康不是完全相关的。我认为家庭生活和健康的社会比较同样比物质商品领域的社会比较要少，因为家庭生活和健康比物质财富更容易得到公众的监督。

此外，享乐性适应和社会比较可能无法公平地对待一个特定领域中的所有构成，对于物质商品领域，西托夫斯基（1976）曾经说过：文化产品，如音乐、文献还有艺术，比"舒适型"商品，如房子、车子较少受制于享受适应性。同样地，弗兰克（1985）和赫希（1976）描绘的地位性商品与非地位性商品之间的区别，对于一种商品的分类是基于它们的效用是否受到社会比较影响是一个例证。

显然，每个人都只有一个定量的时间，在不同的领域和领域组成之间进行分配。一个人可以通过在享乐性适应和社会比较不那么重要的领域以及这些领域组成中分配时间来使幸福感最大化。

个人能否做到领域和领域组成中的时间优化配置呢？我的答案是否定的，人们分配了一个不成比例的时间数量去追求现金目标而不是非现金目标，就像追求舒适型商品和地位性商品，并且欺骗性的目标会对幸福感有一个更加持久的影响（弗兰克，1997）。这种不当分配的发生是因为个体在决定如何使用他们的时间时，会将他们的欲望固定在他们当前的水平上，并且未能意识到欲望可能会因为享乐性适应和社会比较而改变（详见本书第6章）。特别是人们在做决定时会假设更多的收入、舒适型商品以及地位性商品会使他们更加快乐，未能意识到享乐性适应和社会比较也会起到作用，使得他们的欲望上升到与他们的目标同样的程度，并且使得他们并未感到比以前更加幸福。结果，大多数个体在他们的人生中花费了不成比例的时间去工作以获得金钱，并且牺牲了家庭生活和健康——那些实际状况改变时欲望保持得更加一致，而且目标的实现对于幸福感有着更加持久影响的领域。因此，一个有利于家庭生活和健康的时间分配，平均而言，将会增加个体的幸福感。

有人可能会问，人们难道不会通过社会学习最终意识到他们的物质欲望将随着经济而逐步升高吗？答案也是否定的，因为物质欲望变化本身是不利于社会学习的。正如在第6章所述，当被问及他们5年前有多么幸福时，平均而言人们会系统性地低估他们那个时候的幸福感，因为他们评估过去的情况不是根据他们当时实际上较低的物质欲望，而是基于他们现在已经获得的更高水平的欲望的基础。因此他们倾向于认为，他们比过去变得更好，却没有意识到其实幸福感并没有什么净增长。

我一直专注于生活状况对幸福感的影响，因为这些可能是个人和社会活动提升幸福感的条件。影响着幸福感的是生活状况，而不是这里讨论的友谊、工作，还有就业状态等。但收入、家庭和健康状态是最常被用作幸福感来源的。当然，个性和遗传因素也会影响幸福感。生活事件和个性之间的相互作用如何影响个人的幸福感，也是研究的一个重要主题（麦克雷和科斯塔，1990；详见本书第9章）。所以，是心理、社会、生物和进化机制构成了这里所论述的关系的基础，以及实际状况引起的欲望调整会因领域而不同的问题（弗雷德里克和卢文斯基，1999）。

改善福利的经济政策提案通常指向改变社会经济状况，而不是改变个人的偏好。根据目前分析的观点，改善健康的政策和给予个人家庭更多的时间会相应地增加幸福感（参见本书第7章）。但是当前的分析表明，偏好同样是一个适宜的政策议题。偏好被主流经济学排除在政策考量之外的原因是每个个体都被假设为自己利益最好的评价者，但如果个体在做决定时忽略了享乐性适应和社会比较对他们欲望的影响，那么这一假设将不再成立。一旦认识到个体是没有意识到一些力量正在左右的他们选择，那么就没有可能再争辩他们会成功地使自己的幸福最大化。也许是时候去认识到，我们需要更多地去关注如何制定那些有助于人们产生更加明智的偏好的措施（西托夫斯基，1976；莱亚德，1980）。

第四部分

结语

幸福感同时受到个体决策和政府决策的偏见影响，即倾向于用增加收入去淡化或忽视其他更加持久的幸福感来源，比如说家庭、工作还有健康。

在公共政策领域，这种收入偏见的一个例子来自一个经济专家委员会的 2008 年世界银行报告。包括诺贝尔奖获得者在内的经济学家将那些在近几十年来人均国内生产总值有着异常增长率的国家，如中国和韩国，称为"成功故事"（经济增长与发展委员会，2008）。显然，增长率越高，效果越好。然而，第 3 章和第 5 章中提到的证据并没有给出任何更高的经济增长伴随着主观幸福感更大的增长的指示。有人猜想，如果认真考虑经济增长对各领域中的人类生活而不是收入和物质的影响，对理想的的增长率的判断才有可能是有益的。

收入偏见同样在最近推崇城市化的研究风潮中被证实（世界银行，2009；黄和博基，2009；国家研究委员会，2003；斯宾塞、安妮斯和巴克利，2009；联合国人居署，2004）。城市化的好处中首要的就是收入增长，如工人从低工资的农村工作转移到收入更高的城市工作。城市化潜在的负面影响被大部分或完全地忽视了。因此《世界发展报告》明确地将城市化对社会和环境的影响放在标题"这份报告不是关于"的下面。忽略这种成本和收益不平衡的权重，本书在 3 个章节中介绍了关于促进发展中国家城市化的详细政策建议。

在个人决策中，一个关于忽视家庭生活的生动案例正是下列调查问题的答案："想象你已经 38 岁了，并且为你在你喜欢的领域提供一个新的工作。这项工作比你现在的工作更有声望，但是同时它也需要更多的工作时间，并且使得你经常远离你的家庭。你接受这份工作的可能性是多少？"这项调查在在 1989 年进行，有着 400 个美国成年人的全国性样本(格伦，1996)。该调查有四个答复选项，前三项分别是"很有可能""有可能""有些不太可能"，选择每个选项的人数大约都占了受访者的 1/3，只有第四项——非常不可能——是没有一个人选的！同样的问题在附加了不同加薪比例的额外奖励后被用于调查另外两个同等大小的样本(在第一个案例中加薪比例为15%，而另外一个案例中的加薪比例为35%)。在每个案例中，答案的分布都与第一个样本的非常相似。

这种调查问题的吸引力在于其直接阐明了受访者关于他们在不同领域时间分配上的感受，以及这种选择的成本（工作时间越多，家庭时间越少）与收益（威望，也可能是更多的工资）。答案证实了牺牲家庭生活是多么的容易——关于这一点，在某个样本中约有一半的被调查者承认他们目前确实没有花费足够的时间与他们的家人在一起，而大多数全国性样本中的受访者都将"拥有一个幸福婚姻"视为他们最重要的人生目标。

家庭生活对于个人幸福感的重要性在这里同样被成人生命周期中女性和男性相对幸福感的中途交叉所证实（详见本书第8章和第9章）。这种交叉是由于女性相对于男性在家庭地位中的一个转换。在较为年轻的时候，成年女性更有可能拥有婚姻并且更加幸福；而在较老的年纪，男性更有可能拥有婚姻并且更加幸福。我并非一个政策专家，但幸福感研究的普遍结论却正如这里所呈现的那样明确——对于个体和政府两者都是如此。对于幸福感来说，家庭生活是重要的，工作保障是重要的，健康也是重要的。相比之下，更多的收入和物质商品所带来的幸福感——通常在决策制定中被给予优先考虑——可能被证明是不真实的，因为物质欲望会随着收入的增长而增长，从而抵消收入增长对幸福感的积极影响。

人们该如何得到这一资讯呢？如同其他许多研究幸福感的学者一样（莱亚德，1980；斯托夫斯基，1976），我的建议是通过教育和信息发展人们更加明智的偏好。现今的学校课程内容通常包含了关于身体健康的知识，那为什么不给予影响心理健康的问题同等的关注呢？许多从根本上影响着幸福感的最重要的决定都是必须在人们成年早期做出的。我应该从事什么样的工作？我应该结婚吗？不幸的是，年轻人还没有准备好做出这些决定。那些包含了对人生目标进行深思熟虑的讨论的学校课程，以及那些基于欲望的幸福感研究可能使得人们在实际决策时与其对更大幸福感的渴望更加一致。我们并不需要从主要课程的改革开始着手，谨慎的、探索性的方法似乎更加合适。这是一系列需要及时地找到合理的广泛支持的行动，重点是给个人提供更多的信息，使他们能够根据更明智的选择自由作为，从而做出"深思熟虑的判断"（瑟顿，2008)。这并不意味着要排除直接的政府政策去提高幸福感，如医疗保险(详见本书第7章)等政策。事实上，已经有许多基于幸福感文献的学术书籍专门致力于这些提案 (波克，2010；迪纳、利威尔和卡内曼，2009；弗雷，2008；哈尔佩恩，2010)。

在涉及政策时，我持有的观点是"幸福感是大多数人寻求的一个目标"，而科学的幸福感研究有助于更好地实现这一目标。我并不是在争论幸福感应该是人们想要的，或者是唯一值得追求的目标。然而，我确实相信，幸福感是一个比起收入来说更好的目标，它在个人和政府决策中常常被给予优先的操作权。

注

编者的介绍

1 详见网址：http：//worlddatabaseofhappiness.eur.nl.

2 详见斯蒂格利茨、森、菲图西等人（2009）以及一个有影响力的专家委员会的网址：www.stiglitz-sen-fitoussi.fr。由诺贝尔经济学奖得主约瑟夫·斯蒂格利茨主持的这一委员会从事广泛的主题讨论。2006年，德国国际劳动市场研究学院奖得主艾伦·克鲁格任职于委员会的"生活质量"研究小组。委员会的第一份报告可以在网址 www.stiglitz-sen-fitoussi.fr/documents/rapport_anglais.pdf 上获得，并且提供了许多关于幸福经济学政策措施上的见解。

3 斯蒂格利茨、森、罗菲图西等人（2009），第12页。

4 伊斯特林（2004），第20页。

第一章

1.诺德豪斯和托宾（1972年）得出一个不同的结论，也许更能够代表大多数经济学家的信念，即"增长过时了吗？我们认为不是。虽然国民生产总值和其他国民收入是不够完善的福利衡量指标，但在修正了最明显的缺陷后，仍保留了它们所传达的世俗进步的广阔画面"。

2.阿布拉莫维茨（1959年），第21至22页。

3.例如，它在福利经济学中被米沙（1968）所引用："假如福利被当作幸福感的一个同义词来使用"。同样地，利特尔（1950）也评论："并且，根据我们目前对于福利的定义（＝幸福）……"在最近的一个经济学文献中，埃克豪斯（1972）写道："经济体系应该做的是什么？答案是它应该以人类的幸福作为最好的开端。"

4.爱德华兹（1957）、布洛克（1965）和罗尔（1965）最近的工作表明，这一因素的重要性在偏差调查的结论中被夸大了。

5.这一声明基于布莱德伯恩（1963）的工作中的1963年的NOPC数据（一个稍多限制的人口，部分显示在表1-10中）与1963年的AIPO数据的比较，我要感谢威廉·克鲁斯卡尔对这种比较的推荐。

6.在解释心理健康和社会经济地位之间的关系时，戴维斯（1965）也向这个方向倾斜。在国家中某些地位称谓实际上是世袭的观点也表明我们处理的是"永久收入"差异的实质性部分，并且由于基础受到短暂影响，结果不能被摒弃。

7.实际上坎特里尔（1965）使用了一个稍微不同的社会经济发展衡量指标，对于它来说这里显示的GNP数量只是一个部分。

8.古巴数据的可比性被调查仅限于城市人口的事实进一步限定了。对埃及来说，农村人口的覆盖非常有限，并且调查被坎特里尔（1965）标记为一个"初步试点性调查"。

9.盖洛普在1970年的调查文章中称，在过去的25年中这个数据有一个上升的趋势（显然是因为只对表1-8中的第一个和最后一个调查做了比较）。

10.正如利普赛德所引述的（1960），我非常感激兰纳德·波克威兹，是他引起了我对这个问题的注意。

11.我的同事费诺阿尔泰亚和约翰·兰伯利特对这一节中的论证做出了重要贡献。

12.关于品味形成的最新观点——并没有排除盖布瑞斯所强调的机制——是不同且更加广泛的。通过高度的类比我们清楚地看到，规范被视为只随一个个体社会经验函数变化，没有任何社会中的个人或组织有明显的操控企图。

13.在一个有关生活方式的5国研究中，莫里斯（1956）发现国际间的差异远远大于国家内部经阶级之间的差异。然而，这项研究的对象局限于大学生，并且其经济地位还涉及其父母的收入。

14.哈根的研究是一个例外（1962），他基于麦克勒兰德（1961）的非成就动机。应该注意的是，这里关注的成就动机与目标实现有关，不同于欲望的水平。

15.正如艾克奇所引述的（1944），我要感谢约瑟夫·戴维斯引起了我对这点的注意。

第二章

1.类似的理论推理是在对相对剥夺感和参照体的研究中发现的（海曼，1968）。

2.习惯形成模型与海尔森（1964）在心理学中关于判断如何形成适应

水平理论是十分接近的。简洁地说，适应性水平最普通的原则就是人们对于当前刺激水平的判断取决于这个刺激是超过还是低于他们过去让他们已经习惯的刺激水平（布里克曼和科茨，1978）。社会心理学中一系列巧妙的实验研究为这一命题提供了实证支持（布里克曼和坎贝尔，1971；迪纳，1984）。

3.坎特里尔（1965）；"英格哈特和拉比耶的欲望调整模型"（英克尔斯，1993）。

4.莫拉韦茨（1977）在关于两个以色列定居点的一个研究中总结到：收入分配可能会影响自我评估的幸福感，然而这并没有在图2-4中的7个国家中真正出现（世界银行，1990）。幸福感和收入分配与人均GNP既不在一个二元回归中也不在一个多元回归中显著相关。

5.一些（来自）国际比较的证据表明，文化影响也可能以一种方式作用于美国的数据。对于美国黑人和白人调查结果的分析表明，黑人有着选择更加极端的答复选项的倾向（巴赫曼和奥马利，1984）。这并不是由于黑人一贯更加积极或更加消极，而仅仅是由于他们倾向于一个更加极端的答复（又或者相反地白人倾向于一个更不极端的答复）。对这种答复模式的一种可能的解释出现在英克尔斯1993年的作品中，详见第11页。在一个地理区域的比较中，巴西人的积极主观状况指标（"总体上非常幸福""非常满意于生活标准"等等）是最高或者接近最高的。而对于有关消极状况的4个指标（"担心很多""不能应付开支"），巴西人也是最糟糕的。巴西人怎么会如此地快乐，并且同时如此地焦虑和没有财务安全感呢？答案可能是，当被问及他们的感受时，巴西人往往倾向于将事情放在更加极端的形式中。

第三章

1.分析者试图通过比较近期的盖洛普世界民意调查中"生活阶梯问题"的结果与哈德利·坎特里尔（1965）调查的结果，来推断时间序列变化。假设这种比较是有问题的。在呈现"生活阶梯问题"的答复之前，坎特里尔进行了一个长时间的深入访谈，来调查受访者关于所有可能的最好和最差的担忧（详见第1章），而近期的"生活阶梯问题"调查并没有辅以这种烦琐的开场工作。

2.特别感谢南非格拉罕镇罗兹大学的瓦莱丽·默勒教授提供了这些并不属于公共领域的数据表格，及其对调查问题长期可比性的有益帮助。默勒教授曾发表过许多关于南非生活有质量的文章。

3.这里所使用的草刈序列，在附录B中是作为对"国家生活"序列的一个检查。

4.拉丁美洲晴雨表中，2005年和2006年对于家庭经济形势方面的问题是：在2005年接下来的12个月中，你认为这个国家的经济形势总地来说会变得更好、好一点、不变、有点糟，还是比现在更糟？2006年，你认为比起你父亲曾经的工作，你有了一个更好的工作、好一点的工作，还是没什么变化的工作？这两个问题的答复选项是完全相同的，所以我们在一个从5（非常好）到1（非常糟）的范围内计算每个问题的平均答复。对于一个人当前的家庭经济状况，我们假设2006年的问题——将一个人个人经济状况（一个人的工作）与其父亲的工作状况做比较，与2005年的问题——国家总体经济前景相比，会给应答者创造一个更加便利的答复语境。在17个拉丁美洲晴雨表国家中，每个国家对2006年问题（与其父亲的工作比较）的平均响应比对2005年问题（国家的经济前景）的平均响应多很多的事实也证明了这一点。在1~5的范围中，2006年的答复平均高出0.9个点。然而，2006年的有利的问题也导致了随后对于个人家庭经济状况的提问更加有利的反应。在17个国家中有14个国家对于自己的经济状况的评估从2005年到2006年有一个增长，平均增长在1~5的范围值上大约有0.1个点。如果人们比较这17个国家就会发现这个显著正向相关关系。我们非常感谢斯维特克对这项研究的执行。

第四章

1.与大萧条相伴发生的事实并没有逃过转型分析师们的眼睛，尤其是布兰科·米兰诺维克·(1997)。

2.参见海斯科恩和弗里克（2005），德国数据是由德国社会经济研究所关于德国社会经济的小组研究所提供的。

3.这里的人均国内生产总值数据来自欧洲经济委员会（2003），除了1986—1988年的数据来自菲利普和多尔布瑞兹（2003）。

4.一些少数民族仍然有可能是失利者，但我们没有探索这一点。

5.没有对生活环境因素进行控制是因为：如果说就业环境恶化是通过经济状况差异性地影响到那些受较多和较少教育的人们，有人想要了解受较多或较少的教育对于相对生活满意度的影响，一个对于就业状况的控制会消除这种影响。

6.民主德国是一个例外，其生活满意度不均等增长，在这里有巨大的收入从西德转移到东德，尤其对民主德国人口中的贫困阶层提供了支持（布什，1999；海迪、安道尔和克劳斯，1995；施瓦策，1996年）。

7.加斯曼和纽伯格（2000）用拉脱维亚的实证证据对经济应对策略做了一个很好的概述（戈尔尼亚克，2001）。这种类型的应对策略分析的先驱者是莫迪里阿尼（1949），他认为在大萧条时期，家庭在面对收入下降时试图通过降低他们的储蓄率来维持他们的习惯性消费。

8.参见布朗等（2005），库鲁和卡斯克（2004），阿尔伯特和科勒（2008）和密茨凯维奇（2005）。在世界经济观调查的数据中，20世纪90年代开始和结束时，在5个可比较的国家中，居住人口不到2 000人的地方明显上升了平均7个百分点——在长期经济增长中总是能观察到一个与不断增长的城市化进程形成明显对比的人口再分配。

9.这篇论文同时也给出了其他4个转型国家的生活满意度预测值。选择欧洲晴雨表是因为其覆盖的10个国家中包括了这4个国家，并且这10个国家共享研究数据。在2008年10月本文完成之后，共涉及50个国家的，并包含了哈特等人（2008）研究的5个转型国家在内的世界价值观第5波调查数据被公布于众。

10.一些心理学家事实上提倡采用一系列政府决策者们的主观幸福感措施，并且有一些证据表明欧洲正向这一方向改变（多诺万和哈尔佩恩，2002）。

第五章

1.我们对于日本分析的时间区间是1958—1991年，由于日本较新的数据已经上升到美国2000年数值的80%，我们省略了随后日本经济的停滞阶段。

2.后续调查的偏差是由于1985年10月到11月、1986年、1987年以及1990年的财务满意度问题，我们还因为一个提问格式的不同删除了2004年11至12月的调查。

3.在史蒂文森和沃尔弗斯的分析中，我们已经将两个变量转换成一个每年的基础变量，因为两波指定调查之间的间隔在国家之间有时是不同的。

第六章

1.在图6-1中，家庭收入被转换为一个人均基础，以更好地了解整个生命周期中的物质生活水平变化。关于一个更细化的调整，详见伊斯特林和谢弗（1999）。

2.对于美国的横截面幸福感-年龄模型与生命周期模型之间关系的进一步分析，详见伊斯特林和谢弗（1999）。

3.洛文斯顿和施卡德（1999）论述了幸福感的未来变化将系统性地大于过去的其他例子。

4.参见马奇和西蒙（1968）的"适应性动机行为的一般模型"。德拉克洛瓦（1998）在拉姆齐（1928）的研究基础上使用这种方法，提出了一种关于幸福感的经济模型。类似的心理学模型参见麦克洛斯（1986）。

5.对于教育和收入之间的关系的一个回顾研究，参见阿申费尔特和劳斯（1999）。作者的调查得出结论：教育——独立于能力和家庭背景——对于收入有一个重要的因果影响。

6.对于1941—1950年的队列，3年移动平均的总体样本规模大约为900人或更多，并且高中学历或不到高中学历的队伍有着一个较少的比例（44%），相应的样本规模和比例对于1931—1940年的队列是600人或更多以及65%，对于1921—1930年的队列是600人或更多以及71%。

7.我们的方法是跟踪在第6章中描述过的一个"合成队列"。这一分析是更加近似的（粗略估计），因为罗珀调查中的"美好生活"问题一直只是断断续续地被问到，样本规模是较小的，并且群体数据中年龄的分布为5年或更多。为了表6-4和表6-5中的分析，我已经将1978年18~29岁的数据与1994年30~49岁（大约是1950—1964年的出生队列）的数据，以及1978年30~44岁的数据与1994年45~59岁的数据分别进行配对（大约是 1935—1949 年的出生队列）。

8.赫希（1976）讨论了给定欲望的满足如何产生新的更加高阶的欲望（涂尔干，1930；莱宾斯坦，1976）。卡内曼（1994）发现，在 1950 年和 1986 年之间，美国的收入被认为与实际人均收入保持相同比例的增长。

9.卡内曼（1999）指出，适应水平和期望水平是两个不同的概念，它们看起来相似，然而改变是一前一后的。在投环实验中，一个人适应了更加进步的表现后期望也会相应地增加。

第七章

1.经济学家有时会将他们的 U 形研究发现描述成其他条件不变的情况下衰老对于幸福感的影响。但是以上经济学家提及的欲望可能发生的生命周期变化，使得在其他条件不变的情况下得出的结果是不相符的，因为欲望并没有一直被考虑在他们的研究中。

2.海迪和韦尔林（1989）；海迪、霍姆斯特姆和韦尔林（1994）；迪纳（1996）。韦尔林是第一个反对强大设定模型的人，他们根据纵向数据证明"生活事件对于主观幸福感的影响远在个性的影响之上"。然而，生命事件在海迪-韦尔林实证分析中并非具体状况而是一个结合了众多有利或不利经历的综合措施，每个经历都被认为在影响满意度时有相同的比重。

3.在媒体眼中这一观点已经被视为"对于幸福感的徒劳追求"（加特纳，2003）。

4.这个方法有时被称为多重差异理论（麦克洛斯，1986；迪纳等，1999；索尔伯格等，2002）。这一问题有时会引起一个在第 10 章中讨论过的由于幸福感自我评估报告和领域满意度中个性和遗传性因素所导致的常见偏差。

5.更具体地说，这个估计的程序能够得出每个答复类别发生的概率。

例如，就幸福感来说，幸福感的概率分别等于1、2或3。调查后的均值由该类别概率的类别值（1、2或3）相乘并加总这些结果所得。

6. 存活率参见：http：//www.ssa。gov / OACT /STATS/table4c6.html。

7. 在讨论心理策略可能会增加主观幸福感时，帕尔维奇（1995）描述了适应性的一种可能类型。人们可能会"关掉"不太开心的领域，并把更多的重点放在那些更加快乐的领域。但统计检验并没有给出这种"跨领域"的适应性实际发生的证据。事实上，在以后的生活中，这种趋势就是人们把更大的比重放在了感受到较少快乐的健康领域，并将更少的比重放在了感受到更多快乐的财务领域。

第八章

1. 一些调查给了女性一个微小的优势（弗雷和司徒泽，2002；诺兰和罗斯庭，1999）。

2. 正如在第7章中讨论的，莫扎克和斯皮罗分别估计了那些已经死去的和仍然活着的男性的生命周期轨迹。假设莫扎克-斯皮罗估计在这里是适用的，那么图8-1中男性幸福感中向上的偏差，对于男性来说可能是很小的。

对于女性来说，她们没有获得可比较的死亡率偏差。较低的死亡率意味着她们与男性相比有一个较小的向上偏差。然而有可能的是，女性相比男性来说，在死亡率中失去的是不太可能与在结盟中得到的相比的，并且相对幸存的女性，她们幸福感的缺口大于男性的8%的数值。如果这样，这会女性在幸福感中比男性有一个更大的向上偏差。我们初步的结论是，对于死亡率所导致的不同偏差可能对七十多岁时的模型影响不大。此后，由于差别死亡率的不断扩大，男性的幸福感相对女性可能或多或少会提高。

3.图中，家庭满意度和健康满意度的规模是幸福感和财务满意度的3倍。因为它们的反应类别数量的范围也是其3倍。

4.我们感谢约翰赫利维尔和黄海峰从1970—1999年的欧盟民主调查（欧洲晴雨表）数据中为我们提供了不同年龄和队列的平均生活满意度表格。其中女性受访者的数量是419 441人，男性受访者的数量为393 991人。东欧并没有包含在这一调查中。

第九章

1.我们感谢约翰施特劳斯对这一程序的建议。

第十章

1.布兰奇福劳和奥斯瓦尔德（2000）的研究是一个例外，其关注的是自1972年以来年轻人的幸福感趋势。然而，他们的分析控制了不同队列在生活状况中的差异，而当前的分析并没有这么做。也就是说，如果一个人想要知道"生育低谷"队列如何与他们的前人比较，那么需要考虑"生育低谷"队列独特的就业状况和家庭状况等因素。

参考文献

1.Introduction by the Editors

Easterlin, R.A. (2004) .The Reluctant Economist: Perspectives on Economics, Economic History, and Demography, Cambridge: Cambridge University Press.

Macunovich, D.J. (1997) .A Conversation with Richard Easterlin, in: Journal of Population Economics, 10 (2) : 119-36.

Sokoloff, K. (2008) .Richard A.Easterlin, in: Lyons, J.S., Cain, L.P., Williamson, S.H. (Eds.) , Reflections on the Cliometrics Revolution: Conversations with Economic Historians, Milton Park: Routledge, 309-21.

Stiglitz, J.E., Sen, A., Fitoussi, J.P.et al. (2009) , Report by the Commission on the Measurement of Economic Performance and Social Progress.www. stiglitz-senfitoussi.fr/documents/rapport_anglais.pdf.

2.Bibliography Sections II-IV

Abramovitz, M. (1959) .The Welfare Interpretation of Secular Trends in National Income and Product, in: Abramovitz, M., Alchian, A., Arrow, K.J., Baran, P., A., Cartwright, P.W., Chenery, H.B., Hilton, G.W., Houthakker, H.S., Lindblom, C.E., Reder, M.W., Scitovsky, T., Shaw, E.S., Tarshis, L., The Allocation of Economic Resources: Essays in Honor of Bernard Francis Haley, Stanford, CA: Stanford University Press, 1-22.

Abramovitz, M. (1979) .Economic Growth and its Discontents, in: Boskin, M.J. (Ed.) , Economics and Human Welfare: Essays in Honour of Tibor Scitovsky, New York, NY: Academic Press, 3-22.

AIPO Poll (1970) .Reported in San Francisco Chronicle, January 14, 1971.

Alber, J., Kohler, U. (2008) .Informal Food Production in the Enlarged European Union, in: Social Indicators Research, 89 (1) : 113-27.

Alesina, A., Fuchs - Schündeln, N. (2007) .Goodbye Lenin (or not) ? The Effect of Communism on People, in: American Economic Review, 97 (4) : 1507-28.

Anand, S., Ravallion, M. (1993) .Human Development in Poor Countries: On the Role of Private Incomes and Public Services, in: Journal of Economic Perspectives, 7 (1) : 133-50.

Andorka, R., Kolosi, T., Rose, R., Vukovich, G. (Eds.) (1999) .A Society Transformed: Hungary in Time - Space Perspective, Budapest: Central European University Press.

Andrews, F.M. (Ed.) (1986) .Research on the Quality of Life, Ann Arbor, MI: Survey Research Center, Institute for Social Research, University of Michigan.

Andrews, F.M., Withey, S.B. (1976a) .Developing Measures of Perceived Life Quality: Results from Several National Surveys, in: Social Indicator Research, 1 (1) : 1-26.

Andrews, F.M., Withey, S.B. (1976b) .Social Indicators of Well - Being: Americans' Perceptions of Life Quality, New York, NY: Plenum Press.

Argyle, M. (1999) .Causes and Correlates of Happiness, in: Kahneman, D., Diener, E.Schwarz, N. (Eds.) , Well-Being: The Foundations of Hedonic Psychology, New York, NY: Russell Sage, 353-73.

Argyle, M. (2001) .The Psychology of Happiness, New York, NY: Routledge.

Ashenfelter, O., Rouse, C. (1999) .Schooling, Intelligence, and Income in America: Cracks in the Bell Curve, NBER Working Paper No.6902.

Bachman, J.G., Johnston, L.D., O' Malley, P.M. (1980) .Monitoring the Future: Questionnaire Responses from the Nation's High School Seniors, Ann Arbor, MI: Survey Research Center, Institute for Social Research, University of Michigan.

Bachman, J.G., O' Malley P.M. (1984) .Yea-Saying, Nay-Saying, and Going to Extremes: Are Black-White Differences in Survey Results Due to Response Styles? , in: Public Opinion Quarterly, 48 (2) : 409-27.

Barr, N. (2005) .Labor Markets and Social Policy in Central and Eastern Europe:

The Accession and Beyond, Washington, DC: The World Bank.Bell, D. (1970) .Unstable America, in: Encounter, 34 (June) : 11-26.

Belson, W.A. (1966) .The Effects of Reversing the Presentation Order of Verbal Rating Scales, in: Journal of Advertising Research, 6 (4) : 30-37.

Berkowitz, L. (1971) .Frustrations, Comparisons, and Other Sources of Emotion Arousal as Contributors to Social Unrest, in: Journal of Social Issues, 28 (1) : 77-91.

Bertrand, M., Mullainathan, S. (2001) .Do People Mean What They Say? Implications for Subjective Survey Data, in: American Economic Review, 91 (2) : 67-72.

Blanchflower, D.G., (2009) .International Evidence on Well - Being, in: Krueger, A.B. (Ed.) , Measuring the Subjective Well-Being of Nations: National Accounts of Time Use and Well-Being, Chicago, IL: University of Chicago Press, 155-226.

Blanchflower, D.G., Oswald, A. (2000) .The Rising Well-Being of the Young, in: Blanchflower, D.G., Freeman, R.B. (Eds.) , Youth Employment and Joblessness in Advanced Countries, Chicago, IL: University of Chicago Press and NBER

Blanchflower, D.G., Oswald, A. (2004) .Well-Being over Time in Britain and the USA, in: Journal of Public Economics, 88 (7-8) : 1359-86.

Blanchflower, D.G., Oswald, A. (2007) .Is Well-Being U-Shaped over the Life Cycle? , IZA Discussion Paper 3075, Bonn: IZA.

Block, J. (1965) .The Challenge of Response Sets, New York, NY: Appleton.

Blundell, R., Preston, I., Walker, I. (Eds.) (1994) .The Measurement of Household Welfare, Cambridge: Cambridge University Press.

Boguszak, M., Gabal, I., Rak, V. (1990) .Czechoslovakia - January 1990 (Survey Report) , Prague: Association for Independent Social Analysis.

Bok, D. (2010) .The Politics of Happiness: What Government Can Learn from the New Research on Well-Being, Princeton, NJ: Princeton University Press.

Bradburn, N.M. (1969) .The Structure of Psychological Well-Being, Chicago, IL: Aldine.

Brady, D.S., Friedman, R. (1947) .Savings and the Income Distribution, in: NBER (Ed.) , Studies in Income and Wealth, Vol.10, New York, NY: NBER, 247-65.

Brainerd, E. (1998) .Winners and Losers in Russia's Economic Transition, in: American Economic Review, 88 (5) : 1094–116.

Brainerd, E., Cutler, D.M. (2005) .Autopsy on an Empire: Understanding Mortality in Russia and the Former Soviet Union, in: Journal of Economic Perspectives, 19 (1) : 107–30.

Brickman, P., Campbell, D.T. (1971) .Hedonic Relativism and Planning the Good Society, in: Appley, M.H. (Ed.) , Adaptation Level Theory: A Symposium, New York, NY: Academic Press, 287–302.

Brickman, P., Coates, D. (1978) .Lottery Winners and Accident Victims: Is Happiness Relative? , in: Journal of Personality and Social Psychology, 36 (8) : 917–27.

Brown, D.L., Kulcsár, L.J., Kulcsár, L., Obádovics, C. (2005) .Post-Socialist Restructuring and Population Redistribution in Hungary, in: Rural Sociology, 70 (3) : 336–59.

Bruni, L., Pier L.P. (2005) .Economics and Happiness: Framing the Analysis, Oxford: Oxford University Press.

Busch, U. (1999) .Sozialtransfers für Ostdeutschland-Eine Kritische Bilanz, in: Utopie Kreativ, 105: 12–24.

Campbell, A. (1972) .Aspirations, Satisfaction, and Fulfillment: in: Campbell, A., Converse, P.E. (Eds.) , The Human Meaning of Social Change, New York, NY: Russell Sage, 441–66.

Campbell, A. (1981) .The Sense of Well-Being in America, New York, NY: McGraw-Hill.

Campbell, A., Converse, P.E., Rodgers, W.L. (1976) .The Quality of American Life: Perceptions, Evaluations, and Satisfactions, New York, NY: Russell Sage.

Campos, N.F., Coricelli, F. (2002) .Growth in Transition: What We Know, What We Don't, and What We Should, in: Journal of Economic Literature, 40 (3) : 793–836.

Cantril, H. (1951) .Public Opinion, 1935– 1946, Princeton, NJ: Princeton University Press.

Cantril, H. (1965) .The Pattern of Human Concerns, New Brunswick, NJ: Rutgers University Press.

Casper, L.M., Cohen, P.N. (2000) .How Does POSSLQ Measure Up?

Historical Estimates of Cohabitation, in: Demography, 37 (2) : 237-45.

Chan, J.C. (1991) .Response - Order Effects in Likert - type Scales, in: Educational and Psychological Measurement, 51 (3) : 531-40.

Charles, S.T., Reynolds, C.A, Gatz, M. (2001) .Age-Related Differences and Change in Positive and Negative Affect over 23 Years, in: Journal of Personality and Social Psychology, 80 (1) : 136-51.

Clark, A.E. (2005) .What Makes a Good Job? Evidence from OECD Countries, in: Bazen, S., Lucifora, C., Salverda, W. (Eds.) , Job Quality and Employer Behaviour, Basingstoke: Palgrave MacMillan, 11-30.

Clark, A.E., Frijters, P., Shields, M.A. (2008) .Relative Income, Happiness, and Utility: An Explanation for the Easterlin Paradox and Other Puzzles, in: Journal of Economic Literature, 46 (1) : 95-144.

Clark, A.E., Oswald, A.J. (1994) .Unhappiness and Unemployment, in: Economic Journal, 104 (424) : 648-59.

Commission on Growth and Development (2008) .The Growth Report: Strategies for Sustained Growth and Inclusive Development, Washington, DC: The World Bank.

Costa Jr., P.T., Zonderman, A.B., McCrae, R.R., Cornoni - Huntley, J., Locke, B.Z., Barbano, H E. (1987) .Longitudinal Analyses of Psychological Well- Being in a National Sample: Stability of Mean Levels, in: Journal of Gerontology, 42 (1) : 50-5.

Coyle, D. (2007) .The Soulful Science, Princeton, NJ: Princeton University Press.

Csikszentmihalyi, M., Hunter, J. (2003) .Happiness in Everyday Life: The Uses of Experience Sampling, in: Journal of Happiness Studies, 4 (2) : 185-99.

Cummins, R.A. (1996) .The Domains of Life Satisfaction: An Attempt to Order Chaos, in: Social Indicators Research, 38 (3) : 303-28.

Cutler, D., Angus D., Lleras - Muney, A. (2006) .The Determinants of Mortality, in: Journal of Economic Perspectives, 20 (3) : 97-120.

Davies, J.C. (1962) .Toward a Theory of Revolution, in: American Sociological Review, 27 (1) : 5-19.

Davis, J.A. (1965) .Education for Positive Mental Health, Chicago, IL: Aldine.

Davis, J.A., Smith, T.W. (2002) .General Social Surveys, 1972-2002, Chicago:

National Opinion Research Center.

Davis, L.E., Easterlin, R.A., Parker, W.N. (1972) .American Economic Growth: An Economist's History of the United States, New York, NY: Harper.

Day, R.H. (1986) .On Endogenous Preferences and Adaptive Economizing, in: Day, R.H., Eliasson, G. (Eds.) , The Dynamics of Market Economies, Amsterdam: North Holland, 153-70.

De la Croix, D. (1998) .Growth and the Relativity of Satisfaction, in: Mathematical Social Sciences, 100 (36) : 105-25.

Deaton, A. (2008) .Income, Health, and Well - Being around the World: Evidence from the Gallup World Poll, in: Journal of Economic Perspectives, 22 (2) : 53-72.

Delbes, C., Gaymu, J. (2002) .The Shock of Widowhood on the Eve of Old Age: Male and Female Experiences, in: Population, 57 (6) : 885-914.

Di Tella, R., MacCulloch, R. (2008) .Gross National Happiness as an Answer to the Easterlin Paradox? , in : Journal of Development Economics, 86 (1) : 22-42.

Di Tella, R., MacCulloch, R.J., Oswald, A.J. (2001) .Preferences over Inflation and Unemployment: Evidence from Surveys of Happiness, in: American Economic Review, 91 (1) : 335-41.

Diaz- Serrano, L. (2006) .Housing Satisfaction, Homeownership and Housing Mobility: A Panel Data Analysis for Twelve EU Countries, IZA Discussion Paper No.2318.

Diener, E. (1984) .Subjective Well- Being, in: Psychological Bulletin, 95 (3) : 542-75.

Diener, E. (1996) .Traits Can Be Powerful, but Are not Enough: Lessons from Subjective Well- Being, in: Journal of Research in Personality, 30 (3) : 389-399.

Diener, E. (2000) .Subjective Well - Being: The Science of Happiness and a Proposal for a National Index, in: American Psychologist, 55 (1) : 34-44.

Diener, E., Lucas, R.E (1999) .Personality and Subjective Well - Being, in: Kahneman, D.Diener, E., Schwarz, N. (Eds.) , Well - Being: The Foundations of Hedonic Psychology, New York, NY: Russell Sage, 213-29.

Diener, E., Lucas R.E., Schimmack, U., Helliwell, J.F. (2009) .Well-Being for

Public Policy, New York, NY: Oxford University Press.

Diener, E., Lucas, R.E., Scollon, C.N. (2006) .Beyond the Hedonic Treadmill: Revising the Adaptation Theory of Well-Being, in: American Psychologist, 61 (4) : 305-14.

Diener, E., Oishi, S. (2000) .Money and Happiness: Income and Subjective Well-Being across Nations, in: Diener, E., Suh, E.M. (Eds.) , Culture and Subjective Well-Being, Cambridge, MA: MIT Press, 185-218.

Diener, E., Seligman, M.E.P. (2004) .Beyond Money: Toward an Economy of Well-Being, in: Psychological Science in the Public Interest, 5 (1) : 1-31.

Diener, E., Suh, E.M., Lucas, R.E., Smith, H.L. (1999) .Subjective Well-Being: Three Decades of Progress, in: Psychological Bulletin, 125 (2) : 276-302.

Directorate of General Research, European Commission (2005) .Eurobarometer 63.1: Social Values, Science and Technology, downloaded from: http: // www.gesis.org/en/data service/eurobarometer/ Donovan, N., Halpern, D. (2002) .Life Satisfaction: The State of Knowledge and Implications for Government, UK Long Term Strategy Unit.

Dorn, D., Fischer, J.A.V., Kirchgassner, G., Sousa- Poza, A. (2007) .Is it Culture or Democracy? The Impact of Democracy and Culture on Happiness, in: Social Indicators Research, 82 (3) : 505-26.

Dubnoff, S. (1985) .How Much Income is Enough? Measuring Public Judgements, in: Public Opinion Quarterly, 49 (3) : 285-99.

Duesenberry, J.S. (1949) .Income, Savings, and the Theory of Consumer Behaviour, Cambridge, MA: Harvard University Press.

Duncan, O.D. (1975) .Does Money Buy Satisfaction? , in: Social Indicators Research, 2 (3) : 267-74.

Durkheim, E. (1996) .Suicide: A Study in Sociology, New York, NY: Free Press.

Easterlin, R.A. (1969) .Towards a Socio- Economic Theory of Fertility: a Survey of Recent Research on Economic Factors in American Fertility, in: Behrman, S.J., Corsa, Jr., L., Freedman, R. (Eds.) , Fertility and Family Planning: A World View, Ann Arbor, MI: University of Michigan Press, 127-56.

Easterlin, R.A. (1973) .Does Money Buy Happiness? , in: The Public Interest, 30: 3-10.

Easterlin, R.A. (1973) .Relative Economic Status and the American Fertility Swing, in: Sheldon, E.B. (Ed.) , Family Economic Behavior: Problems and Prospects, Philadelphia, PA: L.B.Lippincott, 170–223.

Easterlin, R.A. (1974) .Does Economic Growth Improve the Human Lot? , in: David, P.A., Reder, M.S. (Eds.) , Nations and Households in Economic Growth: Essays in Honour of Moses Abramovitz, New York, NY: Academic Press, 89–125.[Chapter 1 in this volume] Easterlin, R.A. (1987) .Birth and Fortune: The Impact of Numbers on Personal Welfare, Chicago, IL: University of Chicago Press.

Easterlin, R.A. (1995) .Will Raising the Incomes of all Increase the Happiness of All? , in: Journal of Economic Behavior and Organization, 27 (1) , 35–47. [Chapter 2 in this volume] Easterlin, R.A. (2000) .The Worldwide Standard of Living Since 1800, in: Journal of Economic Perspectives, 14 (1) : 7–26.

Easterlin, R.A. (2001a) .Income and Happiness: Towards a Unified Theory, in: Economic Journal, 111 (473) , 465– 84.[Chapter 6 in this volume] Easterlin, R.A. (2001b) .Life Cycle Welfare: Trends and Differences, in: Journal of Happiness Studies, 2 (1) : 1–12.

Easterlin, R.A. (2003a) .Happiness of Women and Men in Later Life: Nature, Determinants, and Prospects, in: Sirgy, M.J., Rahtz, D., Coskun Samli, A. (Eds.) , Advances in Quality-of-Life Theory and Research, Dordrecht: Kluwer Academic Publishers, 13–26.

Easterlin, R.A. (2003b) .Explaining Happiness, in: Proceedings of the National Academy of Sciences, 100 (19) : 11176–83.[Chapter 11 in this volume]

Easterlin, R.A. (2004) .The Reluctant Economist: Perspectives on Economics, Economic History, and Demography, Cambridge: Cambridge University Press.

Easterlin, R.A. (2005a) .Diminishing Marginal Utility of Income? Caveat Emptor, in: Social Indicators Research, 70 (3) : 243–55.

Easterlin, R.A. (2005b) .Feeding the Illusion of Growth and Happiness: A Reply to Hagerty and Veenhoven, in: Social Indicators Research, 74 (3) : 429– 43.

Easterlin, R.A. (2006) .Life Cycle Happiness and Its Sources: Intersections of Psychology, Economics and Demography, in: Journal of Economic Psychology, 27 (4) : 463–82.[Chapter 7 in this volume]

Easterlin, R.A. (2009) .Lost in Transition: Life Satisfaction on the Road to Capitalism, in: Journal of Economic Behavior and Organization, 71 (2) : 130-45.[Chapter 4 in this volume]

Easterlin, R.A., Angelescu, L. (2009) .Happiness and Growth the World Over: Time Series Evidence on the Happiness - Income Paradox, IZA Discussion Paper No.4060.[Chapter 5 in this volume]

Easterlin, R.A., Crimmins, E.A. (1991) .Private Materialism, Personal Self - Fulfillment, Family Life, and Public Interest, in: Public Opinion Quarterly, 55 (4) : 499-533.

Easterlin, R.A., Plagnol, A. (2008) .Life Satisfaction and Economic Conditions in East and West Germany Pre-and Post-Unification, in: Journal of Economic Behavior & Organization, 68 (3) : 433-44.

Easterlin, R.A., Schaeffer, C.M. (1999) .Income and Subjective Well - Being over the Life Cycle, in: Ryff, C.D., Marshall, V.W. (Eds.) , The Self and Society in Aging Processes, New York, NY: Springer, 279-301.

Easterlin, R.A., Sawangfa, O. (2009) .Happiness and Domain Satisfaction: New Directions for the Economics of Happiness, in: Dutt, A.K., Radcliff, B. (Eds.) , Happiness, Economics, and Politics: Towards a Multi- Disciplinary Approach, Cheltenham: Edward Elgar, 70-96.[Chapter 10 in this volume]

Easterlin, R.A., Sawangfa, O. (2010) .Happiness and Economic Growth: Does the Cross - Section Predict Time Trends? Evidence from Developing Countries, in: Diener, E., Helliwell, J.F., Kahneman, D. (Eds.) , International Differences in Well-Being, New York, NY: Oxford University Press, 166-216.[Chapter 3 in this volume]

Easterly, W. (1999) .Life during Growth, in: Journal of Economic Growth, 4 (3) : 239-75.

Eckaus, R.S. (1972) .Basic Economics, Boston, MA: Little, Brown.

Economic Commission for Europe (2003) .Economic Survey of Europe, No.1, New York and Geneva: United Nations.Economic Report of the President (1993) .Washington, DC: U.S.Government Printing Office.

Edwards, A.L. (1957) .The Social Desirability Variable in Personality Assessment and Research, New York, NY: Holt.Ekirch, A.A. (1944) .The Idea of Progress in America, 1815- 1860, New York: NY, Columbia University Press.Emerson, R.W. (1860) .Wealth, in: Emerson, R.W., The Conduct of Life, Boston, MA: Ticknor and Fields.

European Bank for Reconstruction and Development (2007) .Transition Report 2007: People in Transition, London: European Bank for Reconstruction and Development.

Fox, L. (2003) .Safety Nets in Transition Economies: A Primer.Social Safety Net Primer Series, Washington, DC: The World Bank.

Frank, R.H. (1985a) .Choosing the Right Pond, New York, NY: Oxford University Press.

Frank, R.H. (1985b) .The Demand for Unobservable and Other Nonpositional Goods, in: American Economic Review, 75 (1) : 101-16.

Frank, R.H. (1997) .The Frame of Reference as a Public Good, in: Economic Journal, 107 (445) : 1832-47.

Frederick, S., Loewenstein, G. (1999) .Hedonic Adaption, in: Kahneman, D., Diener, E., Schwarz, N. (Eds.) , Well-Being: The Foundations of Hedonic Psychology, New York, NY: Russell Sage, 302-29.

Freedman, D.S. (1963) .The Relation of Economic Status to Fertility, in: American Economic Review, 53 (3) : 412-26.

Freedman, D.S. (1975) .Consumption of Modern Goods and Services and Its Relation to Fertility: A Study in Taiwan, in: Journal of Development Studies, 12 (1) : 95-117.

Frey, B.S. (2008) .Happiness: A Revolution in Economics, Cambridge, MA: The MIT Press.

Frey, B.S., Stutzer, A. (1999) .Measuring Preferences by Subjective Well - Being, in: Journal of Institutional and Theoretical Economics, 155 (4) : 755-78.

Frey, B.S., Stutzer, A. (2000) .Happiness, Economy, and Institutions, in: Economic Journal, 110 (466) : 918-38.

Frey, B.S., Stutzer, A. (2002a) .Happiness and Economics: How The Economy and Institutions Affect Well- Being, Princeton, NJ: Princeton University Press.

Frey, B.S., Stutzer, A., (2002b) .What Can Economists Learn From Happiness Research? , in: Journal of Economic Literature, 40 (2) : 402-35.

Frijters P., Haisken-DeNew, J.P., Shields, M.A. (2004) .Money Does Matter! Evidence from Increasing Real Income and Life Satisfaction in East Germany

Following Reunification, in: American Economic Review, 94 (3) : 730-40.

Frijters, P., Geishecker, I., Haisken-DeNew, J.P., Shields, M.A. (2006) .Can the Large Swings in Russian Life Satisfaction be Explained by Ups and Downs in Real Incomes? , in: Scandinavian Journal of Economics, 108 (3) : 433-58.

Frijters, P., Shields, M.A., Haisken-DeNew, J.P. (2004) .Investigating the Patterns and Determinants of Life Satisfaction in Germany Following Reunification, in: Journal of Human Resources, 39 (3) : 649-74.

Fuchs, V. (1983) .How We Live, Cambridge, MA: Harvard University Press.

Fuchs, V.R. (1967) .Redefining Poverty and Redistributing Income, in: The Public Interest, 8: 88-95.

Fujita, F., Diener, E. (2005) .Life Satisfaction Setpoint: Stability and Change, in: Journal of Personality and Social Psychology, 88 (1) : 158-64.

Galbraith, J.K. (1958) .The Affluent Society, Boston, MA: Houghton.

Galbraith, J.K. (1967) .Review of a Review, in: The Public Interest, 9: 109-18.

Gallie, D., Russell, H. (1998) .Unemployment and Life Satisfaction: a Cross-Cultural Comparison, in: Archives Européennes de Sociologie, 39 (2) , 248-80.

Gallup, G.H. (1976) .Human Needs and Satisfactions: A Global Survey, in: Public Opinion Quarterly, 40 (4) : 459-67.

Gassmann, F., de Neubourg, C. (2000) .Coping with Little Means in Latvia, Quantitative Analysis of Qualitative Statements, Social Policy Research Series, Riga: Ministry of Welfare of the Republic of Latvia.

Gassmann, F., de Neubourg, C. (2002) .Not only for the Poor: The Relevance of Coping Strategies to Make Ends Meet, Maastricht University, Mimeo.

George, L.K. (1992) .Economic Status and Subjective Well-Being: A Review of the Literature and an Agenda for Future Research, in: Cutler, N.R., Gregg, D.W., Lawton, M.P. (Eds.) , Aging, Money, and Life Satisfaction: Aspects of Financial Gerontology, New York, NY: Springer, 69-99.

Gertner, J. (2003) .The Futile Pursuit of Happiness, The New York Times Magazine, September 7: 44-7, 86, 90-1.

Gilbert, M.et al. (1958) .Comparative National Products and Price Levels, Paris: OEEC.

Glatzer, W., B.s, M. (1998) .Subjective Attendants of Unification and

Transformation in Germany, in: Social Indicators Research, 43 (1-2) : 171-96.

Glenn, N.D. (1996) .Values, Attitudes, and the State of American Marriage, in Popenoe, D.Elshtain, J.B., Blankenhorn, D. (Eds.) , Promises to Keep: Decline and Renewal of Marriage in America, Lanhman, MD: Rowman and Littlefield, 15-33.

Górniak, J. (2001) .Poverty in Transition: Lessons from Eastern Europe and Central Asia, in: Grinspun, A. (Ed.) , Choices for the Poor: Lessons from National Poverty Strategies, New York, NY: United Nations, 145-72.

Graham, C. (2005) .Insights on Development from the Economics of Happiness, World Bank Research Observer, 20 (2) : 201-31.

Graham, C. (2008) .The Economics of Happiness: New Lenses for Old Policy Puzzles, in: Durlauf, S., Blume L. (Eds.) , The New Palgrave Dictionary of Economics, Basingstoke: Palgrave-MacMillan.

Graham, C., Pettinato, S. (2002) .Happiness and Hardship: Opportunity and Insecurity in New Market Economies, Washington, DC: The Brookings Institution.

Guriev, S., Zhuravskaya, E. (2009) . (Un) happiness in Transition, in: Journal of Economic Perspectives, 22 (2) : 143-68.

Gurin, G., Veroff, J., Feld, S. (1960) .Americans View their Mental Health, New York, NY: Basic Books.

Gurr, T.R. (1970) .Why Men Rebel, Princeton, NJ: Princeton University Press.

Hagen, E.E. (1962) .On the Theory of Social Change: How Economic Growth Begins, Homewood, IL: Dorsey Press.

Hagerty, M.R., Veenhoven, R. (2003) .Wealth and Happiness Revisited - Growing National Income Does Go with Greater Happiness, in: Social Indicators Research, 64 (1) : 1-27.

Hagerty, M.R., Veenhoven, R. (2006) .Rising Happiness in Nations 1946-2004: A Reply to Easterlin, in: Social Indicators Research, 79 (3) : 421-436.

Hahnel, R., Albert, M. (1990) .Quiet Revolution in Welfare Economics, Princeton, NJ: Princeton University Press.

Haisken-DeNew, J.P., Frick, J.R. (Eds.) (2005) .Desktop Companion to the German Socio - Economic Panel (GSOEP) , Version 8.0, Berlin: DIW

(German Institute for Economic Research) .

Halpern, D. (2010) .The Hidden Wealth of Nations, Cambridge: Polity Press.

Hansen, T., Slagsvold, B., Moum, T. (2008) .Financial Satisfaction in Old Age: A Satisfaction Paradox or a Result of Accumulated Wealth? , in: Social Indicators Research, 89 (2) : 323-47.

Hausman, D., McPherson, M.S. (1993) .Taking Ethics Seriously: Economics and Contemporary Moral Philosophy, in: Journal of Economic Literature, 31 (2) : 671-731.

Havrylyshyn, O. (2006) .Divergent Paths in Post - Communist Transformation, Basingstoke: Palgrave Macmillan.

Hayo, B., Seifert, W. (2003) .Subjective Economic Well - Being in Eastern Europe, in: Journal of Economic Psychology, 24 (3) : 329-48.

Headey, B., Andorka, R., Krause, P. (1995) .Political Legitimacy versus Economic Imperatives in System Transformation: Hungary and East Germany 1990-93, in: Social Indicators Research, 36 (3) : 247-273.

Headey, B., Holmstr.m, E., Wearing, A. (1984) .The Impact of Life Events and Changes in Domain Satisfaction on Well - being, in: Social Indicators Research, 15 (3) : 203-27.

Headey, B., Veenhoven, R., Wearing, A. (1991) .Top-down versus Bottom-up Theories of Subjective Well- being, in: Social Indicators Research, 24 (1) : 81-100.

Headey, B., Wearing, A. (1989) .Personality, Life Events, and Subjective Well -Being: Toward a Dynamic Equilibrium Model, in: Journal of Personality and Social Psychology, 57 (4) : 731-9.

Helliwell, J.F., Putnam, R.D. (2004) .The Social Context of Well - Being, in: Articles from Philosophical Transactions of the Royal Society B, Biological Sciences, 359 (1449) : 1435-46.

Helson, H. (1964) .Adaptation-Level Theory, New York, NY: Harper and Row.

Herzog, A.R., Rodgers, W.L., Woodworth, J. (1982) .Subjective Well-Being among Different Age Groups, Ann Arbor, MI: University of Michigan, Institute for Social Research.

Heston, A., Summers, R., Aten, B. (2006) .Penn World Table Version 6.2, University of Pennsylvania: Center for International Comparisons of Production, Income and Prices.

Hirata, J. (2001) .Happiness and Economics: Enriching Economic Theory with Empirical Psychology, Unpublished Master Thesis, Maastricht: Maastricht University.

Hirsch, F. (1976) .Social Limits to Growth, Cambridge, MA: Harvard University Press.

Hollander, H. (2001) .On the Validity of Utility Statements: Standard Theory versus Duesenberry's? , in: Journal of Economic Behavior and Organization, 45 (3) : 227-49.

Hornans, G.C. (1961) .Social Behavior: Its Elementary Forms, New York, NY: Harcourt.

Houthakker, H.S., Pollak, R.A. (forthcoming) .The Theory of Consumer's Choice.San Francisco, CA: Holden-Day.

Hsieh, C.M. (2003) .Income, Age and Financial Satisfaction, in: International Journal of Aging & Human Development, 56 (2) : 89-112.

Huang, Y., Bocchi, A.M. (Eds.) (2009) .Reshaping Economic Geography in East Asia, Washington DC: The World Bank.

Hyman, H.H. (1968) .Reference Groups, in: Sills, D.L. (Ed.) , International Encyclopedia of the Social Sciences, Vol.XIII, New York, NY: Macmillan, 353-61.

Idler, E.L., Benyamini, Y. (1997) .Self-Rated Health and Mortality: A Review of Twenty- Seven Community Studies, in: Journal of Health and Social Behavior, 38 (1) : 21-37.

Inglehart, R. (1988) .The Renaissance of Political Culture, in: American Political Science Review, 82 (4) : 1203-30.

Inglehart, R., Foa, R., Peterson, C., Wetzel, C. (2008) .Development, Freedom, and Rising Happiness: A Global Perspective (1981- 2007) , in: Perspectives on Psychological Science, 3 (4) : 264-85.

Inglehart, R., Klingemann, H.-D. (2000) .Genes, Culture, Democracy, and Happiness, in: Diener, E.Suh, E.M. (Eds) , Culture and Subjective Well-being, Cambridge, MA: MIT Press, 165-84.

Inglehart, R., Rabier, J. (1986) .Aspirations Adapt to Situations - But Why are the Belgians So Much Happier Than the French? , in: Andrews, F.M. (Ed.) , Research on the Quality of Life, Ann Arbour, MI: Survey Research Centre, Institute for Social Research, University of Michigan, 1-56.

Inglehart, R., Reif, K. (1992) .European Communities Studies, 1970-1989:
    Cumulative File, Ann Arbour, MI: Inter-University Consortium for Political
    and Social Research.

Inkeles, A. (1960) .Industrial Man: The Relation of Status to Experience,
    Perception, and Value, in: American Journal of Sociology, 66 (1) : 1-31.

Inkeles, A. (1993) .Industrialization, Modernization and the Quality of Life, in:
    International Journal of Comparative Sociology, 34 (1-2) : 1-23.

Inkeles, A., Diamond, L. (1980) .Personal Development and National
    Development: A Cross-National Perspective, in: Szalai, A., Andrews, F.
    M. (Eds.) , The Quality of Life: Comparative Studies, London: Sage, 73-
    109.

Johnson, D.R., Wu, J. (2002) .An Empirical Test of Crisis, Social Selection,
    and Role Explanations of the Relationship between Marital Disruption and
    Psychological Distress: A Pooled Time-Series Analysis of Four-Wave Panel
    Data, in: Journal of Marriage and Family, 64 (1) , 211-24.

Johnson, H.G. (1967) .Money, Trade, and Economic Growth, Cambridge,
    MA: Harvard University Press.

Kahneman, D. (1999) .Objective Happiness, in: Kahneman, D., Diener, E.,
    Schwarz, N. (Eds.) , Well-Being: The Foundations of Hedonic
    Psychology, New York, NY: Russell Sage, 3-27.

Kahneman, D. (2003) .A Psychological Perspective on Economics, in:
    American Economic Association Papers and Proceedings, 93 (2) : 162-68.

Kahneman, D. (2008) .The Sad Tale of the Aspiration Treadmill, Edge World
    Question Center at http://www.edge.org/q2008/q08_17.html#kahneman
    Kahneman, D., Diener, E., Schwarz N. (Eds.) (1999) .Well-Being: The
    Foundations of Hedonic Psychology, New York, NY: Russell Sage.

Kahneman, D., Knetsch, J.L., Thaler, R.H. (1991) .Anomalies: The
    Endowment Effect, Loss Aversion, and Status Quo Bias, in: Journal of
    Economic Perspectives, 5 (1) : 193-206.

Kahneman, D., Krueger, A.B. (2006) .Developments in the Measurement of
    Subjective Well-being, in: Journal of Economic Perspectives, 20 (1) : 3-24.

Kahneman, D., Krueger, A.B., Schkade, D.A., Schwarz, N., Stone, A.A.
    (2004) .A Survey Method for Characterizing Daily Life Experience: The Day
    Reconstruction Method (DRM) , in: Science, 306 (5702) : 1776-80.

Kahneman, D., Snell, J. (1992) .Predicting Taste Change: Do People Know What They Will Like? , in: Journal of Behavioral Decision-Making, 5 (3) : 187-200.

Kahneman, D., Wakker, P.P., Sarin, R. (1997) .Back to Bentham? Explorations of Experienced Utility, in: Quarterly Journal of Economics, 112 (2) : 375-405.

Kammann, R. (1983) .Objective Circumstances, Life Satisfactions, and Sense of Wellbeing: Consistencies across Time and Place, in: New Zealand Journal of Psychology, 12 (1) : 14-22.

Katona, G. (1951) .Psychological Analysis of Economic Behavior, New York, NY: McGraw-Hill.

Katona, G., Strumpel, B., Zahn, E. (1971) .Aspirations and Affluence, New York, NY: Mc-Graw-Hill.

Knight, J.R., Gunatilaka, R. (2009) .Does Economic Growth in China Raise Happiness? , Paper presented to the Conference on Finance and Economic Performance in China, China Economic Research Center, Stockholm School of Economics.

Knight, J.R., Gunatilaka, R. (2010) .Great Expectations? The Subjective Well-Being of Rural-Urban Migrants, in: World Development, 38 (1) : 113-24.

Kuran, T., (1991) .Now Out of Never: The Element of Surprise in the East European Revolution of 1989, in: World Politics, 44: 7-48.

Kusago, T. (2007) .Rethinking of Economic Growth and Life Satisfaction in Post-WWII Japan-A Fresh Approach, in: Social Indicators Research, 81 (1) : 79-102.

Kuznets, S. (1948) .National Income: A New Version, in: The Review of Economics and Statistics, 30 (3) : 151-79.

Kuznets, S., Epstein, L., Jenks, E. (1941) .National Income and Its Composition, 1919-1938, Volume I, New York, NY: NBER.

Lane, R.E. (1993) .Does Money Buy Happiness? , in: The Public Interest, 113, 56-65.

Layard, R. (1980) .Human Satisfactions and Public Policy, in: Economic Journal, 90 (363) : 737-50.

Layard, R. (2005) .Happiness: Lessons from a New Science, New York, NY: Penguin Press.

Leibenstein, H. (1976) .Beyond Economic Man, New York, NY: Harvard University Press.

Lelkes, O. (2006) .Tasting Freedom: Happiness, Religion and Economic Transition, in: Journal of Economic Behavior and Organization, 59 (2) : 173-94.

Lewin, K., Dembo, T., Festinger, L., Sears, P.S. (1944) .Level of Aspiration, in: Hunt, J.McV.

(Ed.) , Personality and the Behavior Disorders, New York, NY: Ronald Press.

Lewin, S. (1996) .Economics and Psychology: Lessons for Our Own Day from the Early Twentieth Century, in: Journal of Economic Literature, 34 (3) : 1293-323.

Lipset, S.M. (1960) .Political Man: The Social Bases of Politics, Garden City, NY: Doubleday.

Lipset, S.M., Schneider, W. (1987) .The Confidence Gap: Business, Labor, and Government in the Public Mind, Baltimore, MD: Johns Hopkins University Press.

Little, I.M.D. (1950) .A Critique of Welfare Economics, London and New York, NY: Oxford University Press.

Loewenstein, G., Schkade, D. (1999) .Wouldn't It Be Nice? Predicting Future Feelings, in: Kahneman, D., Diener, E, Schwarz, N. (Eds.) , Well-Being: The Foundations of Hedonic Psychology, New York: Russell Sage, 87-105.

Lucas, R.E., Clark, A.E., Georgellis, Y., Diener, E. (2003) .Reexamining Adaptation and the Set Point Model of Happiness: Reactions to Changes in Marital Status, in: Journal of Personality and Social Psychology, 84 (3) : 527-39.

Lucas, R.E., Clark, A.E., Georgellis, Y., Diener, E. (2004) .Unemployment Alters the Set Point for Life Satisfaction, in: Psychological Science, 15 (1) : 8-13.

Lykken, D. (1999) .Happiness: What Studies on Twins Show Us about Nature, Nurture, and the Happiness Set-Point, New York, NY: Golden Books.

Lykken, D., Tellegen, A. (1996) .Happiness is a Stochastic Phenomenon, in: Psychological Science, 7 (3) : 180-9.

Lyubomirsky, S. (2001) .Why Are some People Happier than Others? The Role of Cognitive and Motivational Processes on Well - Being, in: American Psychologist, 56 (3) : 239–49.

Mack, R.P. (1956) .Trends in American Consumption and the Aspiration to Consume, in: American Economic Review, 46 (1) : 55–68.

Macunovich, D.J. (1997) .A Conversation with Richard Easterlin, in: Journal of Population Economics, 10 (2) : 119–36.

Maddison, A. (1991) .Dynamic Forces in Capitalist Development, Oxford: Oxford University Press.

Maddison, A. (2003) .The World Economy: Historical Statistics (CD–ROM) , Paris: OECD.March, J.G., Simon, H.A. (1958) .Organizations, New York, NY: John Wiley.

Markus, C.B. (1986) .Stability and Change in Political Attitudes: Observed, Recalled, and Explained, in: Political Behavior, 8 (1) : 21–44.

McClelland, D.C. (1961) .The Achieving Society, Princeton, NJ: Van Nostrand Reinhold.

McCrae, R.R., Costa Jr., P.T., (1990) .Personality in Adulthood, New York, NY: Guilford.

McLanahan, S., Sorensen, A.B. (1985) .Life Events and Psychological Well - Being over the Life Course, in: Elder Jr., C.H. (Ed) , Life Course Dynamics: Trajectories and Transitions, 1968– 1980, Ithaca, NY: Cornell University Press, 217–38.

Mehnert, T., Krauss, H.H., Nadler, R., Boyd, M. (1990) .Correlates of Life Satisfaction in Those with Disabling Conditions, in: Rehabilitation Psychology, 35 (1) : 3–17.

Merton, R.K. (1968) .Social Theory and Social Structure, New York, NY: Free Press.

Michalos, A.C. (1986) .Job Satisfaction, Marital Satisfaction and the Quality of Life, in: Andrews F.M. (Ed.) , Research on the Quality of Life, Ann Arbor, MI: University of Michigan, Survey Research Center, Institute for Social Research, 57–83.

Michalos, A.C. (1991) .Global Report on Student Well - Being: Vol.I, Life Satisfactions and Happiness, New York, NY: Springer.

Michalos, A.C., Zumbo, B.D., Hubley, A. (2000) .Health and the Quality of Life, in: Social Indicators Research, 51 (3) : 245–86.

Mickiewicz, T. (2005) .Economic Transition in Central Europe and the Commonwealth of Independent States, Basingstoke: Palgrave Macmillan.

Milanovic, B. (1997) .Income, Inequality, and Poverty during the Transition from Planned to Market Economy, Washington, DC: The World Bank.

Milanovic, B. (1999) .Explaining the Increase in Inequality during the Transition, in: Economics of Transition, 7 (2) : 299-341.

Mishan, E.J. (1968) .Welfare Economics, in: International Encyclopedia of the Social Sciences, Vol.16, New York, NY: Macmillan, 504-12.

Mishan, E.J. (1969) .Welfare Economics: Ten Introductory Essays, New York, NY: Random House.

Modigliani, F. (1949) .Fluctuations in the Saving-Income Ratio: A Problem in Economic Forecasting, in: Conference on Research in Income and Wealth, Studies in Income and Wealth, Vol.XI, New York, NY: NBER, 371-443.

M.ller, V. (1998) .Quality of Life in South Africa: Post-Apartheid Trends, in: Social Indicators Research, 43 (1-2) : 27-68.

M.ller, V. (2001) .Happiness Trends under Democracy: Where will the New South African Set-level Come to Rest? , in: Journal of Happiness Studies, 2 (1) : 33-53.

M.ller, V. (2007) .Researching Quality of Life in A Developing Country: Lessons from the South Africa Case, in: Gough, I., McGregor, J.A. (Eds.) , Wellbeing in Developing Countries: From Theory to Research.Cambridge: Cambridge University Press, 242-58.

Morawetz, D., Atia, E., Bin-Nun, G., Felous, L., Gariplerden, Y., Harris, E., Soustiel, S., Tombros, G., Zarfaty, Y. (1977) .Income Distribution and Self-Rated Happiness: Some Empirical Evidence, in: The Economic Journal, 87 (347) : 511-22.

Morgan, J.N. (1968) .The Supply of Effort, the Measurement of Well-Being, and the Dynamics of Improvement, in: American Economic Review, 58 (3) : 1-39.

Morris, C. (1956) .Varieties of Human Value, Chicago, IL: University of Chicago Press.

Mroczek, D.K., Kolarz, C.M. (1998) .The Effect of Age on Positive and Negative Affect: a Developmental Perspective on Happiness, in: Journal of Personality and Social Psychology, 75 (5) , 1333-49.

Mroczek, D.K., Spiro III, A., (2005) .Changes in Life Satisfaction during Adulthood: Findings from the Veterans Affairs Normative Aging Study, in: Journal of Personality and Social Psychology, 88 (1) : 189−202.

Murrell, P. (1996) .How Far has the Transition Progressed? , in: Journal of Economic Perspectives, 10 (2) : 25−44.

Myers, D.G. (1992) .The Pursuit of Happiness: Who is Happy and Why, New York, NY: William Morrow.

Myers, D.G. (1999) Close Relationships and Quality of Life, in: Kahneman, D., Diener, E, Schwarz, N. (Eds.) , Well-Being: The Foundations of Hedonic Psychology, New York, NY: Russell Sage, 374−91.

Myers D.G. (2000) .The Funds, Friends, and Faith of Happy People, in: American Psychologist, 55 (1) : 56−67.

National Opinion Research Centre, (1991) General Social Surveys, 1972− 1991: Cumulative Codebook, Chicago, IL: National Opinion Research Centre.

National Opinion Research Center (1999) .General Social Surveys, 1972−1998: Cumulative Codebook, Chicago, IL: National Opinion Research Center.

National Research Council (2003) .Cities Transformed: Demographic Change and Its Implications in the Developing World, Washington, DC: National Academies Press.

Ng, Y.K. (1978) .Economic Growth and Social Welfare: The Need for a Complete Study of Happiness, in: Kyklos, 31 (4) : 575−87.

Ng, Y.K (1997) .A Case for Happiness, Cardinalism, and Interpersonal Comparability, in: Economic Journal, 107 (445) : 1848−58.

Noelle-Neumann, E. (1991) .The German Revolution: The Historic Experiment of the Division and Unification of Germany as Reflected in Survey Research Findings, in: International Journal of Public Opinion Research, 3 (3) : 238−59.

Nolen-Hoeksema, S., Rusting, C.L. (1999) .Gender Differences in Well-Being, in: Kahneman, D., Diener, E., Schwarz , N. (Eds.) , Well-Being: the Foundations of Hedonic Psychology, New York, NY: Russell Sage, 330−50.

Nordhaus, W., Tobin, .J. (1972) .Is Growth Obsolete? , in: NBER, Economic Growth, 5th Anniversary Series, New York.NY: Columbia University Press, 1−80.

Nussbaum, M.C., Sen, A. (Eds.) (1993) .The Quality of Life, Oxford:

Clarendon Press.

OECD (1970) .National Accounts Statistics: 1950-1968, Paris: OECD.

OECD (1992) .Historical Statistics 1960-1990, Paris: OECD.

Offer, A. (Ed.) (1996) .In Pursuit of the Quality of Life, New York, NY: Oxford University Press.

Olson, J.M., Herman, C.P., Zanna, M.P. (Eds.) (1986) .Relative Deprivation and Social Comparison, The Ontario Symposium, Vol.4, Hillsdale, NJ: Erlbaum.

Orenstein, M.A., Haas, M.R. (2005) .Globalization and the Development of Welfare States in Central and Eastern Europe, in: Glatzer, M., Rueschemeyer, D. (Eds) , Globalization and the Future of the Welfare State, Pittsburgh, PA: University of Pittsburgh Press, 130-52.

Oswald, A.J. (1997) .Happiness and Economic Performance, in: Economic Journal, 107 (445) : 1815-31.

Parducci, A. (1995) .Happiness, Pleasure, and Judgment: The Contextual Theory and Its Applications, Mahwah, NJ: Erlbaum.

Pascall, G., Manning, N. (2000) .Gender and Social Policy: Comparing Welfare States in Central and Eastern Europe and the Former Soviet Union, in: Journal of European Social Policy, 10 (3) : 240-66.

Pettigrew, T.F. (1967) .Social Evaluation Theory: Convergences and Applications, in: Levine, D. (Ed.) , Nebraska Symposium on Motivation, Lincoln, NE: Nebraska University Press, 241-311.

Pfaff, M. (1973) .Economic Life Styles, Values, and Subjective Welfare - an Empirical Approach: a Response, in: Sheldon, E.B. (Ed.) , Family Economic Behavior: Problems and Prospects, Philadelphia, PA: J.B. Lippincott, 126-38.

Philipov, D. (2002) .Fertility in Times of Discontinuous Societal Change: The Case of Central and Eastern Europe, MPIDR Working Paper 2002-024, Max Planck Institute for Demographic Research.

Philipov, D., Dorbritz, J. (2003) .Demographic Consequences of Economic Transition in Countries of Central and Eastern Europe, Population Studies No.39, Strasbourg: Council of Europe Publishing.

Pigou, A.C. (1932) .The Economics of Welfare, London: Macmillan.

Plagnol, A. (forthcoming) .Chasing the 'Good Life' : Gender Differences in

Work Aspirations of American Men and Women, in: Eckermann, E. (Ed.) , Gender, Lifespan and Quality of Life: International Perspectives, New York, NY: Springer.

Plagnol, A., Easterlin, R.A. (2008) .Aspirations, Attainments and Satisfaction: Life Cycle Differences between American Women and Men, in: Journal of Happiness Studies, 9 (4) : 601-19.[Chapter 9 in this volume]

Pollak, R.A. (1970) .Habit Formation and Dynamic Demand Functions, in: Journal of Political Economy, 78 (4) : 745-63.

Pollak, R.A. (1976) .Interdependent Preferences, in: American Economic Review, 66 (3) : 309-20.

Prescott, E. (2007) .Review of Alessina (Alberto) and Gianazzi (Francesco) 'The Future of Europe: Reform or Decline' , in: Economic Journal, 117 (524) : F648-F650.

Rabin, M. (1998) .Psychology and Economics, in: Journal of Economic Literature, 36 (1) : 11-46.

Rainwater, L. (1974) .What Money Buys, New York, NY: Basic Books.

Rainwater, L. (1990) .Poverty and Equivalence as Social Constructions, paper presented at the Seminar on Families and Levels of Living: Observations and Analysis.European Association for Population Studies, Barcelona, October 29-31 (Luxembourg Income Study Working Paper No: 55) .

Rainwater.L. (1994) .Family Equivalence as a Social Construction, in: Ekert - Jaffe, O. (Ed.) , Standards of Living and Families: Observation and Analysis, Montrouge: John Libbey Eurotext, 23-39.

Ramsey, F. (1928) .A Mathematical Theory of Savings, Economic Journal, 38 (152) : 543-59.

Reynolds, S.L., Crimmins, E.M., Saito, Y. (1998) .Cohort Differences in Disability and Disease, in: The Gerontologist, 38 (5) : 576-90.

Robinson, J.P., Shaver, P.R. (1969) .Measures of Social Psychological Attitudes, Appendix B to Measures of Political Attitudes, Ann Arbor, MI: Survey Research Center, Institute for Social Research.

Robinson, J.P., Godbey, G. (1997) .Time for Life: The Surprising Ways Americans Use their Time, University Park, PA: Pennsylvania State University Press.

Rojas, M. (2007) .The Complexity of Well-Being: A Life Satisfaction Conception and Domains-of-Life Approach, in: Gough, I., McGregor, J.A. (Eds.) , Well-Being in Developing Countries: From Theory to Research, New York, NY: Cambridge University Press, 259-80.

Roper-Starch Organization (1979) .Roper Reports 79-1, Storrs, CT: University of Connecticut, The Roper Center.

Roper-Starch Organization (1995) .Roper Reports 95-1, Storrs, CT: University of Connecticut, The Roper Center.

Rorer, L.G. (1965) .The Great Response - Style Myth, in: Psychological Bulletin, 63 (3) : 129-56.

Rosenstein - Rodan, P.N. (1961) .International Aid for Underdeveloped Countries, in: Review of Economics and Statistics, 43 (2) : 107-38.

Rostow, W.W. (1960) .The Stages of Economic Growth, London and New York, NY: Cambridge University Press.

Salvatore N., Mu.oz Sastre, M.T. (2001) .Appraisal of Life: "Area" Versus "Dimension" Conceptualizations, in: Social Indicators Research, 53 (3) : 229-55.

Samuelson, P.A. (1947) .Foundations of Economic Analysis, Cambridge, MA: Harvard University Press.

Sanfey, P., Teksoz, U. (2007) .Does Transition Make you Happy? , in: Economics of Transition, 15 (4) : 707-31.

Saris, W.E. (2001) .What Influences Subjective Well- Being in Russia? , in: Journal of Happiness Studies, 2 (2) : 137-46.

Saris, W.E., Andreenkova, A. (2001) .Following Changes in Living Conditions and Happiness in Post Communist Russia: The Russet Panel, in: Journal of Happiness Studies, 2 (2) : 95-109.

Saris, W.E., Veenhoven, R., Scherpenzeel, A.C., Bunting, B. (Eds.) (1996) .A Comparative Study of Satisfaction with Life in Europe, Budapest: E.tv.s University Press.

Schmidt, L., Sevak, P. (2006) .Gender, Marriage, and Asset Accumulation in the United States, in: Feminist Economics, 12 (1-2) : 139-66.

Schuman, H., Presser, S. (1981) .Questions and Answers in Attitude Surveys: Experiments on Question Form, Wording and Context, New York, NY: Academic Press, 56-77.

Schwarz, N., Strack, F. (1999) .Reports of Subjective Well-Being: Judgmental

Processes and their Methodological Implications, in: Kahneman, D., Diener, E., Schwarz, N. (Eds.) , Well-Being: the Foundations of Hedonic Psychology, New York, NY: Russell Sage, 61–84.

Schwarze, J. (1996) .How Income Inequality Changed in Germany Following Reunification: An Empirical Analysis Using Decomposable Inequality Measures, in: Review of Income and Wealth, 42 (1) : 1–11.

Scitovsky, T.v. (1976) .The Joyless Economy, Oxford: Oxford University Press.

Scitovsky, T.v. (1986) .Human Desire and Economic Satisfaction, New York, NY: New York University Press.

Scitovsky, T.v. (1996) .My Own Criticism of the Joyless Economy, in: Critical Review: A Journal of Politics and Society, 10 (4) : 595–605.

Seligman, M.E.P. (2002) .Authentic Happiness:Using the New Positive Psychology to Realize Your Potential for Lasting Fulfillment, New York, NY: Free Press.

Siegel, S. (1964) .Level of Aspiration and Decision Making, in: Brayfield, A. H., Messick, S.

(Eds.) , Decision and Choice: Contributions of Sidney Siegel, New York, NY: McGraw-Hill, 111–26.

Silver, M. (1980) .Money and Happiness? : Towards 'Eudaimonology' , in: Kyklos, 33 (1) : 157–60.

Simai, M. (2006) .Poverty and Inequality in Eastern Europe and the CIS Transition Countries, Working Paper No.17, New York: United Nations, Department of Economic and Social Affairs.

Smelser, N.J. (1962) .Theory of Collective Behavior, New York, NY: Free Press.

Smith, T.W. (1979) .Happiness: Time Trends, Seasonal Variations, Intersurvey Differences, and Other Mysteries, in: Social Psychology Quarterly, 42 (1) : 18–30.

Smith, V.K., Taylor Jr., D.H., Sloan, F.A. (2001) .Longevity Expectations and Death: Can People Predict Their Own Demise? , in: American Economic Review, 91 (4) : 1126–34.

Smolensky, E. (1965) .The Past and Present Poor, in: Chamber of Commerce of the United States Task Force on Economic Growth and Opportunity (Ed.) , The Concept of Poverty, Washington, DC: Chamber of

Commerce of the United States, 35-67.

Sobotka, T. (2002) .Ten Years of Rapid Fertility Changes in the European Post-communist Countries: Evidence and Interpretation, Population Research Centre, University of Groningen, Working Paper Series 02-1, 1-86.

Sobotka, T. (2003) .Re-emerging Diversity: Rapid Fertility Changes in Central and Eastern Europe after the Collapse of the Communist Regimes, in: Population, 58 (4-5) : 451-85.

Sokoloff, K. (2008) .Richard A.Easterlin, in: Lyons, J.S., Cain, L.P., Williamson, S.H. (Eds.) , Reflections on the Cliometrics Revolution: Conversations with Economic Historians: Routledge.

Solberg, E.C., Diener, E., Wirtz, D., Lucas, R.E., Oishi, S. (2002) . Wanting, Having, and Satisfaction: Examining the Role of Desire Discrepancies in Satisfaction with Income, in: Journal of Personality and Social Psychology, 83 (3) : 725-34.

Spéder, Z., Paksi B., Elekes, Z. (1999) .Anomie and Satisfaction at the Beginning of the Nineties, in: Kolosi, T., Gy.rgy Tóth, I., Vukovich, G. (Eds) , Social Reporter 1998, Budapest: Social Research Informatics Center, 483-505.

Spence, M., Annez, P.C., Buckley, R.M. (Eds.) (2009) .Urbanization and Growth.Washington, DC: The World Bank.

Stevenson, B., Wolfers, J. (2008) .Economic Growth and Subjective Well-Being: Reassessing the Easterlin Paradox, in: Brookings Papers on Economic Activity, 2008 (Spring) : 1-87.

Stouffer, S.A., Suchman, E.A., De Vinney, L.C., Star, S.A., Williams jr., R. M. (1949) .Studies in Social Psychology in World War II, Vol.I, The American Soldier: Adjustment During Army Life, Princeton, NJ: Princeton University Press.

Strumpel, B. (1973) .Economic Life Styles, Values, and Subjective Welfare-An Empirical Approach, in: Sheldon, E.B. (Ed.) Family Economic Behavior: Problems and Prospects, Philadelphia, PA: J.B.Lippincott, 69-125.

Stutzer, A. (2004) .The Role of Income Aspirations in Individual Happiness, in: Journal of Economic Behavior & Organization, 54 (1) : 89-109.

Sugden, R. (1993) .Welfare, Resources, and Capabilities: A Review of 'Inequality Reexamined' by Amartya Sen, in: Journal of Economic

Literature, 31 (4) : 1947-62.

Sugden, R. (2008) .Capability, Happiness, and Opportunity, in: Bruni, L., Comim, F., Pugno, M. (Eds.) , Capabilities and Happiness, New York, NY: Oxford University Press, 299-322.

Summers, R., Heston, A. (1991) .The Penn World Table (Mark 5) : An Expanded Set of International Comparisons, 1950- 1988, in: Quarterly Journal of Economics, 106 (2) : 327-68.

Svejnar, J. (2002) .Transition Economies: Performance and Challenges, in: Journal of Economic Perspectives, 16 (1) : 3-28.

Szivós, P., Giudici, C. (2004) .Demographic Implications of Social Exclusion in Central and Eastern Europe, Population Studies No.46, Strasbourg: Council of Europe Publishing.

Tabbarah, R.B. (1972) .The Adequacy of Income, A Social View of Economic Development, in: Journal of Development Studies, 8 (3) : 57-76.

Tammaru, T., Kulu, H., Kask, I. (2004) .Urbanization, Suburbanization, and Counterurbanization in Estonia, in: Eurasian Geography and Economics, 45 (3) : 212-29.

Tomes, N. (1986) .Income Distribution, Happiness, and Satisfaction: a Direct Test of the Interdependent Preferences Model, in: Journal of Economic Psychology, 7 (4) : 425-46.

TransMONEE Database, 2008.UNICEF Innocenti Research Centre, Florence. Available at http: //www.unicef-irc.org/databases/transmonee/.

Tversky, A., Griffin, D. (1991) .Endowment and Contrast in Judgments of Well-Being, in: Strack, F., Argyle M., Schwarz, N. (Eds.) , Subjective Well - Being: An Interdisciplinary Perspective, Oxford: Pergamon Press, 101-18.

Tversky, A., Kahneman, D. (1991) .Loss Aversion in Riskless Choice: A Reference- Dependent Model, in: Quarterly Journal of Economics, 106 (4) : 1039-61.

U.S.Bureau of the Census (1992) .Measuring the Effect of Benefits and Taxes on Income and Poverty: 1979 to 1991, Current Population Reports: Consumer Income Series P-60, No.182-RD.

UN-Habitat (United Nations Human Settlement Programme) (2004) .The State of the World's Cities 2004/2005: Globalization and Urban Culture, London:

Earthscan.

UNICEF （2001）.A Decade of Transition, The MONEE Project: CEE/CIS/Baltics. Regional Monitoring Report No.8, Florence: UNICEF.

UNICEF, （1999）.Women in Transition, The MONEE Project: CEE/CIS/Baltics. Regional Monitoring Report No.6.Florence: UNICEF.

Van Praag, B., Ferrer - i - Carbonell, A. （2004）.Happiness Quantified: A Satisfaction Calculus Approach, Oxford: Oxford University Press, Chapter 3.

Van Praag, B., Frijters, P. （1999）.The Measurement of Welfare and Well - Being: The Leyden Approach, in: Kahneman, D., Diener, E., Schwarz, N. （Eds.）, Well - Being: The Foundations of Hedonic Psychology, New York, NY: Russell Sage, 413-33.

Van Praag, B., Frijters P., Ferrer - i - Carbonell, A. （2003）.The Anatomy of Subjective Well-Being, in: Journal of Economic Behavior and Organization, 51 （1）: 29-49.

Van Praag, B., Kapteyn, A. （1973）.Further Evidence on the Individual Welfare Function of Income, in: European Economic Review, 4 （1）: 33-62.

Varian, H.R. （1987）.Intermediate Economics: A Modern Approach, New York, NY: Norton.

Veenhoven, R. （1991）.Is Happiness Relative? , in: Social Indicators Research, 24 （1）: 1-34.

Veenhoven, R. （1993）.Happiness in Nations, Subjective Appreciation of Life in 56 Nations 1946-1992, Rotterdam: Erasmus University.

Veenhoven, R. （2001）.Are the Russians as Unhappy as they say they are? , in: Journal of Happiness Studies, 2 （2）: 111-36.

Veenhoven, R. （2005）.World Database of Happiness.Available at: world data base of happiness.eur.nl.

Vera - Toscano E., Ateca - Amestoy V., Serrano - del - Rosal R. （2006）.Building Financial Satisfaction, in: Social Indicators Research, 77 （2）: 211-43.

Veroff, J., Douvan, E., Kulka, R.A. （1981）.The Inner American: A Self - Portrait from 1957 to 1976, New York, NY: Basic Books.

Wachter, M.L. （1971a）.A Labor Supply Model for Secondary Workers. Discussion Paper No.226, Wharton School of Finance and Commerce, University of Pennsylvania.

Wachter, M.L. （1971b）.A New Approach to the Equilibrium Labor Force,

Wharton School of Finance and Commerce Discussion Paper No.226.

Waite, L.J. (1995) .Does Marriage Matter? , in: Demography, 32 (4) : 483-507.

Waite, L.J., Browning, D., Doherty, W.J., Gallagher, M., Luo, Y., Stanley, S.M. (2002) .Does Divorce Make People Happy? Findings from a Study of Unhappy Marriages, New York, NY: Institute for American Values.

Waite, L.J., Luo Y. (2009) .Marital Happiness and Marital Stability: Consequences for Psychological Well-Being, in: Social Science Research, 38 (1) : 201-12.

Warr, P. (1999) .Well-Being and the Workplace, in: Kahneman, D., Diener, E., Schwarz, N. (Eds.) , Well - Being: The Foundations of Hedonic Psychology, New York, NY: Russell Sage, 392-412.

Wessman, A.E. (1956) .A Psychological Inquiry into Satisfactions and Happiness. Ph.D.Dissertation in Psychology, Princeton, NJ: Princeton University.

Wilson, W. (1967) .Correlates of Avowed Happiness, Psychological Bulletin, 67 (4) : 294-306.

Winkelmann, L., Winkelmann, R. (1998) .Why are the Unemployed so Unhappy? Evidence from Panel Data, in: Economica, 65 (257) : 1-15.

World and European Values Surveys Four Wave Integrated File, 1981- 2004, v.20060423, 2006.World Value Survey Association (www.worldvaluessurvey. org) and European Values Study Foundation (www.europeanvalues.nl) .

World Bank (1990) .World Development Report 1990, Oxford: Oxford University Press.

World Bank (2000a) .Balancing Protection and Opportunity: A Strategy for Social Protection in Transition Economies, Washington, DC: World Bank.

World Bank (2000b) .Making Transition Work for Everyone: Poverty and Inequality in Europe and Central Asia, Washington, DC: World Bank.

World Bank (2002) .Transition: The First Ten Years.Analysis and Lessons for Eastern Europe and the Former Soviet Union, Washington, DC: World Bank.

World Bank (2009) .World Development Report 2009: Reshaping Economic Geography, Washington, DC: World Bank.

World Development Indicators.World Bank.Retrieved from February 26, 2008 to June 11, 2008 from http: //go.worldbank.org/IW6ZUUHUZ0.

World Survey 111 (1965) .International Data Library and Reference Service, University of California, Berkeley: Survey Research Center.

World Values Survey 2005 Official Data File, v.20081015, 2008.World Values Survey Association (www.worldvaluessurvey.org) .Aggregate File Producer: ASEP/JDS, Madrid.

Wortman, C.B., Silver, R.C., Kessler, R.C. (1993) .The Meaning of Loss and Adjustment to Bereavement, in: Stroebe, M.S., Stroebe, W., Hansson, R.O. (Eds.) , Handbook of Bereavement: Theory, Research, and Intervention, New York, NY: Cambridge University Press, 349-66.

Yasuba, Y. (1991) .Japan's Post-War Growth in Historical Perspective, Japan Forum, 57-70.

Zimmermann, A.C. (2007) .Adaptation, Assets, and Aspirations, Three Essays on the Economics of Subjective Well-Being, Los Angeles, CA: University of Southern California.

Zimmermann, A.C., Easterlin, R.A. (2006) .Happily Ever After? Cohabitation, Marriage, Divorce and Happiness in Germany, in: Population Development Review, 32 (3) : 511-28.